鲁迅决定弃医从文

胡适策动文学革命

陈独秀呼唤"新青年"

蔡元培执掌北大

毛泽东问学北大

郭沫若追寻文艺"女神"

周作人倡导"人的文学"

徐志摩在剑桥

郁达夫在日本

白话的中国

先行者

孙中山勾画未来中国蓝图

陶行知
推行四通八达的教育

闻一多
在"死水"边点燃"红烛"

五四运动把贵族少女
冰心"震上文坛"

"叛逆之子"巴金
走出封建之"家"

"丁香诗人"戴望舒
走出"雨巷"

"乡下人"沈从文
走出"边城"

孤独者萧红
走出"呼兰河畔"

林语堂
在美国神侃"吾土吾民"

朱自清
凝望父亲的"背影"

瞿秋白
说出"多余的话"

先行者 白话的中国

鲁迅笑看青年

茅盾穿行在都市"子夜"

老舍一口"京味儿"

《围城》时的钱锺书

张爱玲
一个贵族气的
"苍凉的手势"

林徽因
"你是人间四月天"

"现代的哈姆雷特"穆旦

"永远的五四青年"马寅初

储安平神秘失踪

陈寅恪
"平生所学供埋骨"

顾准
"拆下肋骨当火把"

艾青复出文坛

白话的中国

先行者

余光中满腹"乡愁"　李敖笑傲江湖　　"汉语的女儿"张晓风　董桥"给后花园点灯"

真水无香汪曾祺　张承志　　　　　　莫言　　　　　　　木心神游美的世界
　　　　　　　　澡浴"清洁的精神"　建筑"高密王国"

钱理群"重铸学魂"　北岛用朦胧诗清晰地　早逝的天才诗人海子　　"浪漫骑士"王小波
　　　　　　　　　回答今天

白话的中国

敬　启

　　严凌君先生主编的"青春读书课"系列丛书，立意高远，贴近青少年阅读心理，选文题材广泛，内容丰富。在编辑过程中，我们按照现代出版规范对选文进行了统一处理，对部分选文做了删减，力求提供一套符合现代文字规范的青少年读物，以帮助读者建立对纯洁汉语的认知与体悟。敬请作者、译者见谅。

　　另外，我们已经联系到部分选文的作者和译者，他们同意将作品列入"青春读书课"系列丛书出版，但由于作者面广，仍有部分作者和译者无法取得联系。请作者和译者看到本系列丛书后尽快与我们联系，以便奉寄样书和稿酬。

　　诚致谢意！

　　联系人：蒋鸿雁
　　电话：0755-83460371
　　Email：984213171@qq.com

海天出版社

青春读书课·珍藏本 第五卷

成长教育系列读本

严凌君 主编／导读

白话的中国

二十世纪人文读本 ［上］

海天出版社（中国·深圳）

图书在版编目(CIP)数据

青春读书课．白话的中国．上／ 严凌君主编、导读．—深圳:海天出版社，2018.1 (2019.8重印)

ISBN 978-7-5507-2184-5

Ⅰ．①青… Ⅱ．①严… Ⅲ．①阅读课－中学－课外读物 Ⅳ．①G634.333

中国版本图书馆CIP数据核字(2017)第269126号

青春读书课． 白话的中国．上
QINGCHUNDUSHUKE. BAIHUA DE ZHONGGUO. SHANG

出 品 人　聂雄前
责任编辑　蒋鸿雁　谢　芳
责任技编　梁立新
责任校对　叶　果
书籍设计　韩湛宁
插页设计　李晓光

出版发行　海天出版社
地　　址　深圳市彩田南路海天综合大厦（518033）
网　　址　www.htph.com.cn
订购电话　0755-83460293（批发）　83460397（邮购）
排版制作　深圳市思成致远创意文化有限公司 Tel：0755-82537697
印　　刷　深圳市华信图文印务有限公司
开　　本　787mm×1092mm　1/16
印　　张　18.75
字　　数　340千
版　　次　2018年1月第1版
印　　次　2019年8月第2次
定　　价　32.00元

序

在阅读好书中构建自己的精神家园

（一）

简直不敢相信，这厚厚的七大卷书竟出自一位普通的中学老师一人之手——我编过类似的中学生课外读物：《新语文读本》。我们是动员了十多位朋友，先后折腾了两年，才编出来的，其中的艰苦，我是深有体会的。因此，我懂得这数百万字的分量。

对于一直在关注、思考中学语文教育的我，这套书更有一种特殊的意义。当我发现在许多重要的教育理念、编辑思想上，我，以及我们《新语文读本》的朋友与这套书的编者严凌君确有相通之处，自有一种志同道合的欣慰感，在某种程度上，这是反映了一种共同或类似的教育思潮的；而当我进一步发现，严老师的思考有许多属于他自己的独立创造与开拓，更是感到由衷的喜悦。这正是我要感激严凌君先生以及他的学生的：他们的试验激发与深化了我的思考。

因此，我十分乐意为这套书写序，也借此向严老师，以及所有处在教育第一线的语文老师们，表示我最大的敬意。因为只有他们，才是中国语文教育改革的主力，如果不能保证中学语文老师自由言说的权利，不能充分发挥他们的积极性与创造性，并且落实到他们的具体教学实践中，中国的教育改革，就会如有些老师所担心的那样，仅仅成为一阵喧嚣。有什么样的教师，就有什么样的教育；中学语文教育改革的成败，全系于语文老师的文化、精神素质和主动精神。严凌君老师编写的课外阅读教材和他主持的深圳育才中学"青春读书课"的成功，之所以如此令人振奋，就是因为这是期待已久的第一线老师的个性化的言说，是他们对中国语文教育的思考与追求的独立表达；而且我知道，像严凌君这样已经或准备发出自己的声音，并在努力实践的老师，其绝对量并不小，而且将会越来越多。这正是中国语文教育改革的希望所在，也是这套读本的独特价值所在。

<h1 style="text-align:center">（二）</h1>

严老师说，他的读书课和他编的教材，都是他送给学生的"礼物"。听听学生的反应，是不能不为之感动的——"读书课给予我们一个和伟人交流的机会和氛围，再不是和网友胡侃，不是包围在数理化的题海里，不是每天重复过着日子，平庸地思考。它让我知道世界上还有这么一群人，在思考着这么一些问题，发现原来世界并不像自己想象的那么简单，知道原来我们祖先是这样一步一步地走向文明……老师的一句解说让我们恍然大悟，豁然开朗，引起太多太多的思考——我们到底为什么活着？自由的意义是什么？……原来活在这个世界上，不仅需要知识，还需要那么一点精神支柱；我终于懂得，不仅需要知识武装自我，还需要有精神来升华自我。"

这里，涉及一个非常重要的问题：中学教育究竟意味着什么？我们知道，中学阶段，正是人生的起始，是人的个体生命的"童年"。而中学生活与人际关系的相对单纯、无邪、明亮、充满理想，就使得中学更是人生中的梦之乡，它不可重复，留下的却是永恒的神圣记忆：一个人有还是没有这样的神圣记忆，是大不一样的。中学阶段当然需要学习知识，但更需要的是通过知识的学习，构筑一片属于自己的精神家园，即使带有梦幻色彩，却会为终生精神发展垫底，成为照耀人生旅程的精神之光；而且可以时时反顾，是能够返归的生命之根。

严老师正是从构建学生精神家园这一大视野，去思考与设置他的中学阅读教育的作用与方式的。他提出了两个非常有意思的概念："平面的生活"与"立体的生活"即"第二种生活"。所谓"平面的生活"是受具体时空限制的，是偏于肉体的、物质的；而"立体的生活"则是精神的、心灵的生活，是超越时空的。中学生就其平面生活而言，显然是狭窄有限的；但却可以通过书籍这个秘密通道，打破时空的限制，穿梭古今，漫游于人类所创造的精神空间，这不仅极大地扩展了学生的精神生活面，而且也极大地提高了学生精神生活的质量：在和创造人类与民族精神财富的大师、巨人的对话中，重新经历他们在书中所描述的生活，自会达到一种前所未有的精神境界。

由此而形成了一个基本理念："在阅读好书中构建自己的精神家园"。这一理念是贯穿全书的。

严老师的这套读本共分七卷，按我的理解，似乎可以分为三大板块。一至三卷，即《成长的岁月——我的学生时代读本》《心灵的日出——青春心智生活读本》与《世界的影像——文学理想启蒙读本》，某种程度上可以视为"生命读本"，是和学生一起讨论他们从童年到少年、青年的生命成长过程中所遇到的各种精神命题，帮助他们认识自己和自己赖以生存的世界。其中又贯穿着两个教育理念："成长的权利"与"敬畏青年"。严老师满怀激情地这样写道："从出生到大学毕业，一个人要用二十几年来求学，在此期间，他无须对社会有所贡献，他的任务就是学习、成长"，于是就有了"成长之美"与"成长的感觉"，更重要的是，还有"成长的权利"："儿童的权利，就是探索、发现和成长的权利。"而"青春时代不只是为了成年生活做准备，它本身就是一种生活，最多的梦想，最纯的情感，最强的求知欲，最真的人生态度……让我们一边欣赏自己青春的美，一边为自己的未来播种"。应试教育的最大问题正是在于对孩子仰望天空的幻想的权利的剥夺，对好奇、探索、发现、创造的欲望的压抑，用残酷的生存竞争，打磨年轻人生存的锐气，消解他们的理想与青春激情，最终把学生变成一个"成熟"的庸人。严老师的读本所要做的工作，不过是要把"属于孩子的还给孩子"，放手让他们自由而健康地成长。

第四卷《古典的中国——日常生活人性读本》，第五卷《白话的中国——20世纪人文读本》，第六卷《人类的声音——世界文化随笔读本》，则可以视为"文化读本"。严老师也自有独特的理解与处理：讲中国古代文化，他强调要引导学生"看中国人如何诗意地栖居在大地上"。"知道中国民族文化的好处，才能高高兴兴地做一个中国人"，他认为引导青年学生'阅读20世纪白话文本'"就是认识20世纪的中国，从文字上为百年中国把脉"。这是刚刚过去的历史，与"现在的中国"的现实生活有着血肉联系，与今天的学子是更为休戚相关，也更重要："书籍一定要与人痛痒相关才值得去读。"而讲到外国文化，他这样开宗明义："人所具有的，我都具有。世界，是我们共有的世界；一切的文化都有我的一份；一切的声音，都有我的音量。"他要引导学生建立一种"人类的家园"意识：一切非本民族的文化都不是"他者"，而是"我"的一个部分；"我"也应该对人类文化的创造做出自己的贡献。

第七卷《人间的诗意——人生抒情诗读本》，是以"诗歌"为"青春读书课"系列读本作"结"，这里包含着对"诗"与"年轻的生命"的内在联系的深刻理解："几乎在每一个人的人生中，都有一段诗意盎然的岁月，仿佛只有诗歌才能述说满腹的心思、书写对生活最初的感应。每个年轻人天生的就是诗人。"严老师所要做的，正是要恢复诗歌本身，以及中学诗歌教学所应具有的神圣地位。从整套书系的结构上看，这显然是一个提升：将所有的阅读、思考、讨论，都升华为纯净而丰厚的心灵的诗。

　　这不仅是对生活的诗意的把握，更是对语言的诗意的感悟。"汉语家园"是"精神家园"题中应有之义：母语，是一个人存在的永远的皈依。引导中学生感悟汉语之美，感受正确而自如地用汉语表达自己的快乐，建立与母语的血肉联系，将母语所蕴含的民族文化、民族精神的根扎在心灵的深处，并在此基础上构造起自己的精神家园。这是中学语文教育的根本，也是严老师这套读本的归结点：这里充满着思想之美、文学之美与语言之美，相信孩子们会喜欢它，成年人，我们这些教育工作者，也能从中受到许多启示。

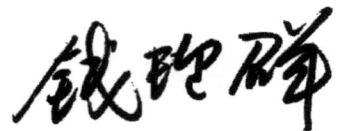

前　言

　　20世纪，中国人换了一种自然的腔调作文——史称"白话文"。白话文的功绩不只是替代了文言这种纯书面文字，它也改变了传统的思维方式，相伴而来的是心态的开放、个性的解放、与世界交流的强烈欲望以及文化教育的普及。一个民族开始用正常的声音说话了，中国文字由贵族的语言变为平民的语言。20世纪中国文学的魂魄，就是用白话表达的种种来自民间的声音。

　　世纪之初的启蒙者，大多是平民身份的知识分子，他们以一本杂志（《新青年》）、一所大学（北大）为堡垒，以科学与民主为弹药，向不合时宜的旧文化发动攻势。结果一呼百应，遍地开花。五四运动，建立民国，都是来自民间的运动，古老帝国的面貌焕然一新。在这个大破大立的时代，中国的文字充满火药味。而且，由于中国的政局一直动荡不安，这股火药味也就一直笼罩20世纪上半叶。

　　陈独秀、胡适、鲁迅、陶行知、闻一多……一代启蒙精英，个个都象霹雳火，直面现实，满纸生烟。写大文章，谈大话题，以文字干政，虽不脱传统士大夫策论习气，但文心已是现代化、个性化、自由化了。此后战火不断，文学的火种也绵延不绝。国难当头，抗战文学席卷文坛，民间与政府共赴国难，文学与政治发出统一的声音。在边缘地带，西南联大教授集团的人格高度独立，储安平及《观察》同人的自由言论，呵护着民间立场的微弱火种。当大局初定，文坛风云突变，老一代白话文学作家的创造力被集体人间蒸发，偌大的中国只有顾准、遇罗克、张志新等几朵亡灵的鬼火在暗中闪烁。其后，朦胧诗顽强钻出地面，标志着新一代民间思想者进入话语圈。老者巴金以衰年大勇带头忏悔，年轻的学人和作家以独立的意见传达出今天的汉语表白。

　　白话文学，是中国现代知识分子奠定尊严的文学，是白话文作家确立个性的文学，是中华民族重新审视自己的灵魂、探索自身命运的文学。一边是大刀阔斧的拓荒开路，一边是沉默坚忍的耕耘播种，白话文学逐渐堆积起文言时代所没有的厚度与广度。众多的声音沉淀下来，有鲁迅、李敖、王小波一路的思想呐喊，也有周作人、林语堂、张晓风、董桥一路的日常话语；有闻一多、徐志摩、艾青、舒婷的浪漫激情，也有穆旦、冯至、余光中、北岛、海子、于坚、欧阳江河的冷峻隽思；有茅盾、老舍、张爱玲、白先勇的都市斑斓，也有沈从文、贾平凹、莫言、张炜、余华、阿城、张承志、刘亮程的乡土中国。中国的白话文作家们，实际上一直在为建设现代中国人的自由心灵、开辟多彩多姿的民间生活而坚韧努力着。

　　阅读20世纪白话文本，就是认识20世纪的中国，从文字上为百年中国把脉。文学的目的不是文学。阅读文学的目的不是为了学会阅读文学作品。文学是人类的精神遗存，每一代阅读文学的青年都是从这个辉煌的通道中去品味生活——人的生活，以便进入世界的存在序列并找到自己的位置。阅读是一个人生审美的过程，书籍一定要与人痛痒相关才值得去读。简捷之道是进入文字的情境——本书的编撰体例即尝试设置这种情境，以便你把文字读活。回顾刚刚过去的20世纪中国历史，不要让现在求学的青年误以为我们只有一个落后挨打的中国，一个精神荒芜的中国，一个风花雪月的中国，一个歌舞升平的中国。所以，就有了这本书——请你仔细看一眼，我们一百年的精神遗产，我们的白话的中国。

目　录

下编
学问精魂

中国人是拖着一条长辫子进入二十世纪的，因而，世纪初的中国人所做的多是"剪辫子"的工作：推翻帝制、改革文言、兴工业、建强国、开民智、办新学、打倒孔家店、引进德赛二先生……可是，这辫子剪了又长，长了又剪，一百年过去了，我们还未完工。

鲁迅

聪明人和傻子和奴才①

这是一幅中国国民性的漫画。在中国，往往是认真的"傻子"缺货，因为他总是被"聪明人"和"奴才"合力打压；而油滑的"聪明人"总是活得左右逢源，因为他有意做了"主子"的帮凶；于是"奴才"就成了中国的特产，几千年繁衍不绝，子孙满堂。

鲁迅（1881~1936），浙江绍兴人，原名周树人，中国白话文草创时代的"民族魂"。

奴才总不过是寻人诉苦。只要这样，也只能这样。有一日，他遇到一个聪明人。

"先生！"他悲哀地说，眼泪联成一线，就从眼角上直流下来。"你知道的。我所过的简直不是人的生活。吃的是一天未必有一餐，这一餐又不过是高粱皮，连猪狗都不要吃的，尚且只有一小碗……"

"这实在令人同情。"聪明人也惨然说。

"可不是么！"他高兴了。"可是做工是昼夜无休息的：清早担水晚烧饭，上午跑街夜磨面，晴洗衣裳雨张伞，冬烧汽炉夏打扇。半夜要煨银耳，侍候主人要钱；头钱从来没分，有时还挨皮鞭……"

"唉唉……"聪明人叹息着，眼圈有些发红，似乎要下泪。

"先生！我这样是敷衍不下去的。我总得另外想法子。可是什么法子呢？……"

"我想，你总会好起来……"

"是么？但愿如此。可是我对先生诉了冤苦，又得你的同情和慰安，已经舒坦得不少了。可见天理没有灭绝……"

但是，不几日，他又不平起来了，仍然寻人去诉苦。

"先生！"他流着眼泪说，"你知道的。我住的简直比猪窠还不如。主人并不将我当人；他对他的叭儿狗还要好到几万倍……"

"混账！"那人大叫起来，使他吃惊了。那人是一个傻子。

---

① 选自《鲁迅全集》，人民文学出版社，1981年版。

"先生，我住的只是一间破小屋，又湿，又阴，满是臭虫，睡下去就咬得真可以。秽气冲着鼻子，四面又没有一个窗……"

"你不会要你的主人开一个窗的么？"

"这怎么行？……"

"那么，你带我去看去！"

傻子跟奴才到他屋外，动手就砸那泥墙。

"先生！你干什么？"他大惊地说。

"我给你打开一个窗洞来。"

"这不行！主人要骂的！"

"管他呢！"他仍然砸。

"人来呀！强盗在毁咱们的屋子了！快来呀！迟一点可要打出窟窿来了！……"他哭嚷着，在地上团团地打滚。

一群奴才都出来了，将傻子赶走。

听到了喊声，慢慢地最后出来的是主人。

"有强盗要来毁咱们的屋子，我首先叫喊起来，大家一同把他赶走了。"他恭敬而得胜地说。

"你不错。"主人这样夸奖他。

这一天就来了许多慰问的人，聪明人也在内。

"先生。这回因为我有功，主人夸奖了我了。你先前说我总会好起来，实在是有先见之明……"他大有希望似的高兴地说。

"可不是么……"聪明人也代为高兴似的回答他。

1925年12月26日

鲁迅

灯下漫笔①

"奴才"与"奴隶"不同:"奴隶"是被压迫的失去自由的人,而"奴才"却是主动交出自由的甘愿被压迫的人。一个人可以选择不做"奴才",却很难逃脱做"奴隶"的命运。鲁迅从一件小事醒悟到——人是很容易被奴役的,进而拎出两条中国人的命运主线:想做奴隶而不得,暂时做稳了奴隶。他把希望寄予青年——起来,掀翻这古老中国摆了几千年的吃人宴席。

一

有一时,就是民国二三年时候,北京的几个国家银行的钞票,信用日见其好了,真所谓蒸蒸日上。听说连一向执迷于现银的乡下人,也知道这既便当,又可靠,很乐意收受,行使了。至于稍明事理的人,则不必是"特殊知识阶级",也早不将沉重累赘的银元装在怀中,来自讨无谓的苦吃。想来,除了多少对于银子有特别嗜好和爱情的人物之外,所有的怕大都是钞票了罢,而且多是本国的。但可惜后来忽然受了一个不小的打击。

就是袁世凯②想做皇帝的那一年,蔡松坡先生溜出北京,到云南去起义。这边所受的影响之一,是中国和交通银行的停止兑现。虽然停止兑现,政府勒令商民照旧行用的威力却还有的;商民也自有商民的老本领,不说不要,却道找不出零钱。假如拿几十几百的钞票去买东西,我不知道怎样,但倘使只要买一枝笔,一盒烟卷呢,难道就付给一元钞票么?不但不甘心,也没有这许多票。那么,换铜圆,少换几个罢,又都说没有铜圆。那么,到亲戚朋友那里借现钱去罢,怎么会有?于是降格以求,不讲爱国了,要外国银行的钞票。但外国银行的钞票这时就等于现银,他如果借给你这钞票,也就借给你真的银元了。

---

① 选自《鲁迅全集》,人民文学出版社,1981年版。

② 袁世凯(1859~1916):1912年3月就任中华民国临时大总统,1913年10月为正式大总统,1916年元旦复辟君主专制政体,自称皇帝。蔡锷(字松坡)等在云南起义反对帝制,得到各省响应,袁世凯被迫于1916年3月22日取消帝制,6月6日死于北京。

我还记得那时我怀中还有三四十元的中交票①，可是忽而变了一个穷人，几乎要绝食，很有些恐慌。俄国革命以后的藏着纸卢布的富翁的心情，恐怕也就这样的罢；至多，不过更深更大罢了。我只得探听，钞票可能折价换到现银呢？说是没有行市。幸而终于，暗暗地有了行市了：六折几。我非常高兴，赶紧去卖了一半。后来又涨到七折了，我更非常高兴，全去换了现银，沉甸甸地坠在怀中，似乎这就是我的性命的斤两。倘在平时，钱铺子如果少给我一铜圆，我是决不答应的。

但我当一包现银塞在怀中，沉垫垫地觉得安心，喜欢的时候，却突然起了另一思想，就是：我们极容易变成奴隶，而且变了之后，还万分喜欢。

假如有一种暴力，"将人不当人"，不但不当人，还不及牛马，不算什么东西；待到人们羡慕牛马，发生"乱离人，不及太平犬"的叹息的时候，然后给与他略等于牛马的价格，有如元朝定律，打死别人的奴隶，赔一头牛②，则人们便要心悦诚服，恭颂太平的盛世。为什么呢？因为他虽不算人，究竟已等于牛马了。

我们不必恭读《钦定二十四史》，或者入研究室，审察精神文明的高超。只要一翻孩子所读的《鉴略》③——还嫌烦重，则看《历代纪元编》④，就知道"三千余年古国古"⑤的中华，历来所闹的就不过是这一个小玩艺。但在新近编纂的所谓"历史教科书"一流东西里，却不大看得明白了，只仿佛说：咱们向来就很好的。

但实际上，中国人向来就没有争到过"人"的价格，至多不过是奴隶，到现在还如此，然而下于奴隶的时候，却是数见不鲜的。中国的百姓是中立的，战时连自己也不知道属于那一面，但又属于无论那一面。强盗来了，就属于官，当然该被杀掠；官兵既到，该是自家人了罢，但仍然要被杀掠，仿佛又属于强盗似的。这时候，百姓就希望有一个一定的主子，拿他们去做百姓——不敢，是拿他们去做牛马，情愿自己寻草吃，只求他决定他们怎样跑。

假使真有谁能够替他们决定，定下什么奴隶规则来，自然就"皇恩浩荡"了。可惜的是往往暂时没有谁能定。举其大者，则如五胡十六国⑥的时候，黄巢⑦

① 中交票：中国银行和交通银行（都是当时的国家银行）发行的钞票。

② 多桑《蒙古史》第二卷第二章中引有元太宗窝阔台的话说："成吉思汗法令，杀一回教徒者罚黄金四十巴里失，而杀一汉人者其偿价仅与一驴相等。"（据冯承钧译文）当时汉人的地位和奴隶相等。

③ 《鉴略》：清代王仕云著，是旧时学塾用的初级历史读物，上起盘古，下迄明弘光。全为四言韵语。

④ 《历代纪元编》：清代李兆洛著，是中国历史的干支年表。

⑤ "三千余年古国古"：语出清代黄遵宪《出军歌》："四千余岁古国古，是我完全土。"

⑥ 五胡十六国：公元304年至439年间，我国匈奴、羯、鲜卑、氐、羌等五个少数民族先后在北方和西蜀立国，计有前赵、后赵、前燕、后燕、南燕、后凉、南凉、北凉、前秦、后秦、西秦、夏、成汉，加上汉族建立的前凉、西凉、北燕，共十六国，史称"五胡十六国"。

⑦ 黄巢（？～884）：曹州冤句（今山东菏泽）人，唐末农民起义领袖。唐乾符二年（875）参加王仙芝的起义。王仙芝阵亡后，被推为领袖，破洛阳，入潼关，广明一年（880）据长安，称大齐皇帝。后因内部分裂，为沙陀国李克用所败，中和四年（884）在泰山虎狼谷被围自杀。黄巢和张献忠一样，旧史书中都有关于他们杀人的夸大记载。

的时候，五代①时候，宋末元末时候，除了老例的服役纳粮以外，都还要受意外的灾殃。张献忠的脾气更古怪了，不服役纳粮的要杀，服役纳粮的也要杀，反他的要杀，降他的也要杀：将奴隶规则毁得粉碎。这时候，百姓就希望来一个另外的主子，较为顾及他们的奴隶规则的，无论仍旧，或者新颁，总之是有一种规则，使他们可上奴隶的轨道。

"时日曷丧，予及汝偕亡！"②愤言而已，决心实行的不多见。实际上大概是群盗如麻，纷乱至极之后，就有一个较强，或较聪明，或较狡猾，或是外族的人物出来，较有秩序地收拾了天下。厘定规则：怎样服役，怎样纳粮，怎样磕头，怎样颂圣。而且这规则是不像现在那样朝三暮四的。于是便"万姓胪欢"了；用成语来说，就叫作"天下太平"。

任凭你爱排场的学者们怎样铺张，修史时候设些什么"汉族发祥时代""汉族发达时代""汉族中兴时代"的好题目，好意诚然是可感的，但措辞太绕弯子了。有更其直截了当的说法在这里——

一，想做奴隶而不得的时代；

二，暂时做稳了奴隶的时代。

这一种循环，也就是"先儒"之所谓"一治一乱"③；那些作乱人物，从后日的"臣民"看来，是给"主子"清道辟路的，所以说："为圣天子驱除云尔。"④

现在入了那一时代，我也不了然。但看国学家的崇奉国粹，文学家的赞叹固有文明，道学家的热心复古，可见于现状都已不满了。然而我们究竟正向着那一条路走呢？百姓是一遇到莫名其妙的战争，稍富的迁进租界，妇孺则避入教堂里去了，因为那些地方都比较的"稳"，暂不至于想做奴隶而不得。总而言之，复古的，避难的，无智愚贤不肖，似乎都已神往于三百年前的太平盛世，就是"暂时做稳了奴隶的时代"了。

但我们也就都像古人一样，永久满足于"古已有之"的时代么？都像复古家一样，不满于现在，就神往于三百年前的太平盛世么？

自然，也不满于现在的，但是，无须反顾，因为前面还有道路在。而创造这中国历史上未曾有过的第三样时代，则是现在的青年的使命！

二

但是赞颂中国固有文明的人们多起来了，加之以外国人。我常常想，凡有来

---

① 五代：即公元907年至960年间的后梁、后唐、后晋、后又、后周五个朝代。

② "时日曷丧，予及汝偕亡"：语见《尚书·汤誓》。时日，指夏桀。

③ "一治一乱"：语见《孟子·滕文公》："天下之生久矣，一治一乱。"

④ 语出《汉书·王莽传赞》："圣王之驱除云尔。"唐代颜师古注："言驱逐蠲除以待圣人也。"

到中国的，倘能疾首蹙额而憎恶中国，我敢诚意地捧献我的感谢，因为他一定是不愿意吃中国人的肉的！

鹤见祐辅①氏在《北京的魅力》中，记一个白人将到中国，预定的暂住时候是一年，但五年之后，还在北京，而且不想回去了。有一天，他们两人一同吃晚饭——

> "在圆的桃花心木的食桌前坐定，川流不息地献着山海的珍味，谈话就从古董，画，政治这些开头。电灯上罩着支那式的灯罩，淡淡的光洋溢于古物罗列的屋子中。什么无产阶级呀，Proletariat②呀那些事，就像不过在什么地方刮风。
>
> "我一面陶醉在支那生活的空气中，一面深思着对于外人有着'魅力'的这东西。元人也曾征服支那，而被征服于汉人种的生活美了；满人也征服支那，而被征服于汉人种的生活美了。现在西洋人也一样，嘴里虽然说着Democracy③呀，什么什么呀，而却被魅于支那人费六千年而建筑起来的生活的美。一经住过北京，就忘不掉那生活的味道。大风时候的万丈的沙尘，每三月一回的督军们的开战游戏，都不能抹去这支那生活的魅力。"

这些话我现在还无力否认他。我们的古圣先贤既给与我们保古守旧的格言，但同时也排好了用子女玉帛所做的奉献于征服者的大宴。中国人的耐劳，中国人的多子，都就是办酒的材料，到现在还为我们的爱国者所自诩的。西洋人初入中国时，被称为蛮夷，自不免个个蹙额，但是，现在则时机已至，到了我们将曾经献于北魏，献于金，献于元，献于清的盛宴，来献给他们的时候了。出则汽车，行则保护：虽遇清道，然而通行自由的；虽或被劫，然而必得赔偿的；孙美瑶④掳去他们站在军前，还使官兵不敢开火。何况在华屋中享用盛宴呢？待到享受盛宴的时候，自然也就是赞颂中国固有文明的时候；但是我们的有些乐观的爱国者，也许反而欣然色喜，以为他们将要开始被中国同化了罢。古人曾以女人作苟安的城堡，美其名以自欺曰"和亲"，今人还用子女玉帛为作奴的赞敬，又美其名曰"同化"。所以倘有外国的谁，到了已有赴宴的资格的现在，而还替我们诅咒中国的现状者，这才是真有良心的真可佩服的人！

但我们自己是早已布置妥帖了，有贵贱，有大小，有上下。自己被人凌虐，但

---

① 鹤见祐辅（1885～1972）：日本评论家。作者曾选译过他的随笔集《思想·山水·人物》，《北京的魅力》一文即见于该书。

② Proletariat：英语，无产阶级。

③ Democracy：英语，民主。

④ 孙美瑶：当时占领山东抱犊崮的土匪头领。1923年5月5日他在津浦铁路临城站劫车，掳去中外旅客200多人，是当时轰动一时的事件。

也可以凌虐别人；自己被人吃，但也可以吃别人。一级一级的制驭着，不能动弹，也不想动弹了。因为倘一动弹，虽或有利，然而也有弊。我们且看古人的良法美意罢——

> "天有十日，人有十等。下所以事上，上所以共神也。故王臣公，公臣大夫，大夫臣士，士臣阜，阜臣舆，舆臣隶，隶臣僚，僚臣仆，仆臣台①。"（《左传》昭公七年）

但是"台"没有臣，不是太苦了么？无须担心的，有比他更卑的妻，更弱的子在。而且其子也很有希望，他日长大，升而为"台"，便又有更卑更弱的妻子，供他驱使了。如此连环，各得其所，有敢非议者，其罪名曰不安分！

虽然那是古事，昭公七年离现在也太辽远了，但"复古家"尽可不必悲观的。太平的景象还在：常有兵燹，常有水旱，可有谁听到大叫唤么？打的打，革的革，可有处士来横议么？对国民如何专横，向外人如何柔媚，不犹是差等的遗风么？中国固有的精神文明，其实并未为共和二字所埋没，只有满人已经退席，和先前稍不同。

因此我们在目前，还可以亲见各式各样的筵宴，有烧烤，有翅席，有便饭，有西餐。但茅檐下也有淡饭，路旁也有残羹，野上也有饿莩；有吃烧烤的身价不资的阔人，也有饿得垂死的每斤八文的孩子②（见《现代评论》二十一期）。所谓中国的文明者，其实不过是安排给阔人享用的人肉的筵宴。所谓中国者，其实不过是安排这人肉的筵宴的厨房。不知道而赞颂者是可恕的，否则，此辈当得永远的诅咒！

外国人中，不知道而赞颂者，是可恕的；占了高位，养尊处优，因此受了蛊惑，昧却灵性而赞叹者，也还可恕的。可是还有两种，其一是以中国人为劣种，只配悉照原来模样，因而故意称赞中国的旧物。其一是愿世间人各不相同以增自己旅行的兴趣，到中国看辫子，到日本看木屐，到高丽看笠子，倘若服饰一样，便索然无味了，因而来反对亚洲的欧化。这些都可憎恶。至于罗素在西湖见轿夫含笑③，便赞美中国人，则也许别有意思罢。但是，轿夫如果能对坐轿的人不含笑，中国也早不是现在似的中国了。

这文明，不但使外国人陶醉，也早使中国一切人们无不陶醉而且至于含笑。

---

① 王、公、大夫、士、皂、舆、隶、僚、仆、台是奴隶社会等级的名称。前四种是统治者的等级，后六种是被奴役者的等级。

② 每斤八文的孩子：1925年5月2日《现代评论》第一卷第二十一期载有仲瑚的《一个四川人的通信》，叙说当时军阀统治下四川劳动人民的悲惨生活，其中说："男小孩只卖八枚铜子一斤，女小孩连这个价钱也卖不了。"

③ 罗素（B.Russell，1872～1970）：英国哲学家。1920年曾来中国讲学，并在各地游览。关于"轿夫含笑"事，见他所著《中国问题》一书："我记得一个大夏天，我们几个人坐轿过山，道路崎岖难行，轿夫非常的辛苦；我们到了山顶，停了十分钟，让他们休息一会。立刻他们就并排地坐下来了，抽出他们的烟袋来，谈着笑着，好像一点忧虑都没有似的。"

因为古代传来而至今还在的许多差别，使人们各各分离，遂不能再感到别人的痛苦；并且因为自己各有奴使别人，吃掉别人的希望，便也就忘却自己同有被奴使被吃掉的将来。于是大小无数的人肉的筵宴，即从有文明以来一直排到现在，人们就在这会场中吃人，被吃，以凶人的愚妄的欢呼，将悲惨的弱者的呼号遮掩，更不消说女人和小儿。

这人肉的筵宴现在还排着，有许多人还想一直排下去。扫荡这些食人者，掀掉这筵席，毁坏这厨房，则是现在的青年的使命！

1925年4月29日

鲁迅

墓碣文①

　　鲁迅是20世纪中国的良心。他的思想之所以总是比别人深刻，是因为他自剖的时候总是比别人更勇敢。他以笔为匕首、为投枪，敢于同黑暗肉搏，更敢于投向自己的灵魂深处。所以，与其说鲁迅是个天才，不如说他是个用笔作战的勇士，一个"横站"的士兵。

　　剜出一颗心来噬咬、品尝，想知道痛苦到底是什么滋味。我没有读过比这更惨痛酷烈的中国文字。鲁迅比常人想得更透彻，因而他比常人更痛苦。鲁迅先生可能是20世纪最痛苦的中国人了。

我梦见自己正和墓碣②对立，读着上面的刻辞。那墓碣似是沙石所制，剥落很多，又有苔藓丛生，仅存有限的文句——

　　……于浩歌狂热之际中寒；于天上看见深渊。于一切眼中看见无所有；于无所希望中得救。……

　　……有一游魂，化为长蛇，口有毒牙。不以啮人，自啮其身，终以殒颠③。……

　　……离开！……

我绕到碣后，才见孤坟，上无草木，且已颓坏。即从大阙口中，窥见死尸，胸腹俱破，中无心肝。而脸上却绝不显哀乐之状，但蒙蒙如烟然。

我在疑惧中不及回身，然而已看见墓碣阴面的残存的文句——

　　……抉心自食，欲知本味。创痛酷烈，本味何能知？……

　　……痛定之后，徐徐食之。然其心已陈旧，本味又何由知？……

　　……答我。否则，离开！……

---

① 选自《鲁迅全集》，人民文学出版社，1981年版。

② 墓碣：圆顶的墓碑。

③ 殒颠：死亡。

我就要离开。而死尸已在坟中坐起，口唇不动，然而说——

"待我成尘时，你将见我的微笑！"

我疾走，不敢反顾，生怕看见他的追随。

1925年6月17日

鲁迅

过　客①

　　这是一出灵魂的戏剧，用的是现代派的表现手法。鲁迅在这里把自己一分为三：是被某种"声音"催促着不能停步的"过客"，又是理智地明白前面只是"坟地"——死亡的宿命在静候着的"老者"，还是遥望见希望的"蔷薇"的"小女孩"。就这么矛盾着却坚忍地走下去，最后，"死在路上"。谁的人生不是做一名过客呢？先生告诉我们：即便在绝望中，也要抗争到底。

时：
　　或一日的黄昏。
地：
　　或一处。
人：
　　老翁——约七十岁，白须发，黑长袍。
　　女孩——约十岁，紫发，乌眼珠，白地黑方格长衫。
　　过客——约三四十岁，状态困顿倔强，眼光阴沉，黑须，乱发，黑色短衣裤皆破碎，赤足著破鞋，胁下挂一个口袋，支着等身②的竹杖。

　　东，是几株杂树和瓦砾；西，是荒凉破败的丛葬；其间有一条似路非路的痕迹。一间小土屋向这痕迹开着一扇门；门侧有一段枯树根。

（女孩正要将坐在树根上的老翁搀起。）
翁——孩子。喂，孩子！怎么不动了呢？
孩——（向东望着，）有谁走来了，看一看罢。
翁——不用看他。扶我进去罢。太阳要下去了。
孩——我——看一看。

---

① 选自《鲁迅全集》，人民文学出版社，1981年版。
② 等身：和身材一样高。

翁——唉，你这孩子！天天看见天，看见土，看见风，还不够好看么？什么也不比这些好看。你偏是要看谁。太阳下去时候出现的东西，不会给你什么好处的。……还是进去罢。

孩——可是，已经近来了。阿阿，是一个乞丐。

翁——乞丐？不见得罢。

（过客从东面的杂树间跄踉走出，暂时踌躇之后，慢慢地走近老翁去。）

客——老丈，你晚上好？

翁——阿，好！托福。你好？

客——老丈，我实在冒昧，我想在你那里讨一杯水喝。我走得渴极了。这地方又没有一个池塘，一个水洼。

翁——唔，可以可以。你请坐罢。（向女孩）孩子，你拿水来，杯子要洗干净。

（女孩默默地走进土屋去。）

翁——客官，你请坐。你是怎么称呼的。

客——称呼？——我不知道。从我还能记得的时候起，我就只一个人。我不知道我本来叫什么。我一路走，有时人们也随便称呼我，各式各样地，我也记不清楚了，况且相同的称呼也没有听到过第二回。

翁——阿阿。那么，你是从哪里来的呢？

客——（略略迟疑，）我不知道。从我还能记得的时候起，我就在这么走。

翁——对了。那么，我可以问你到哪里去么？

客——自然可以。——但是，我不知道。从我还能记得的时候起，我就在这么走，要走到一个地方去，这地方就在前面。我单记得走了许多路，现在来到这里了。我接着就要走向那边去，（西指，）前面！

（女孩小心地捧出一个木杯来，递去。）

客——（接杯，）多谢，姑娘。（将水两口喝尽，还杯，）多谢，姑娘。这真是少有的好意。我真不知道应该怎样感谢！

翁——不要这么感激。这于你是没有好处的。

客——是的，这于我没有好处。可是我现在很恢复了些力气了。我就要前去。老丈，你大约是久住在这里的，你可知道前面是怎么一个所在么？

翁——前面？前面，是坟①。

客——（诧异地，）坟？

孩——不，不，不的。那里有许多许多野百合、野蔷薇，我常常去玩，去看它们的。

———————————

① 坟：作者在《写在〈坟〉后面》中说："我只很确切地知道一个终点，就是：坟。然而这是大家都知道的，无须谁指引。问题是在从此到那的道路。那当然不只一条，我可正不知哪一条好，虽然至今有时也还在寻求。"

客——（四顾，仿佛微笑，）不错。那些地方有许多许多野百合、野蔷薇，我也常常去玩过，去看过的。但是，那是坟。（向老翁，）老丈，走完了那坟地之后呢？

翁——走完之后？那我可不知道。我没有走过。

客——不知道？！

孩——我也不知道。

翁——我单知道南边；北边；东边，你的来路。那是我最熟悉的地方，也许倒是于你们最好的地方。你莫怪我多嘴，据我看来，你已经这么劳顿了，还不如回转去，因为你前去也料不定可能走完。

客——料不定可能走完？……（沉思，忽然惊起，）那不行！我只得走。回到那里去，就没一处没有名目，没一处没有地主，没一处没有驱逐和牢笼，没一处没有皮面的笑容，没一处没有眶外的眼泪。我憎恶他们，我不回转去！

翁——那也不然。你也会遇见心底的眼泪，为你的悲哀。

客——不。我不愿看见他们心底的眼泪，不要他们为我的悲哀！

翁——那么，你，（摇头，）你只得走了。

客——是的，我只得走了。况且还有声音常在前面催促我，叫唤我，使我息不下。可恨的是我的脚早经走破了，有许多伤，流了许多血。（举起一足给老人看，）因此，我的血不够了；我要喝些血。俚血在哪里呢？可是我也不愿意喝无论谁的血。我只得喝些水，来补充我的血。一路上总有水，我倒也并不感到什么不足。只是我的力气太稀薄了，血里面太多了水的缘故罢。今天连一个小水凼也遇不到，也就是少走了的缘故罢。

翁——那也未必。太阳下去了，我想，还不如休息一会的好罢，像我似的。

客——但是，那前面的声音叫我走。

翁——我知道。

客——你知道？你知道那声音么？

翁——是的。他似乎曾经也叫过我。

客——那也就是现在叫我的声音么？

翁——那我可不知道。他也就是叫过几声，我不理他，他也就不叫了，我也就记不清楚了。

客——唉唉，不理他……（沉思，忽然吃惊，倾听着，）不行！我还是走的好。我息不下。可恨我的脚早经走破了。（准备走路。）

孩——给你！（递给一片布，）裹上你的伤去。

客——多谢，（接取，）姑娘。这真是……这真是极少有的好意。这能使我可以走更多的路。（就断砖坐下，要将布缠在踝上，）但是，不行！（竭力站起，）姑娘，还了你罢，还是裹不下。况且这太多的好意，我没法感激。

翁——你不要这么感激，这于你没有好处。

客——是的，这于我没有什么好处。但在我，这布施是最上的东西了。你看，我全身上可有这样的。

翁——你不要当真就是。

客——是的。但是我不能。我怕我会这样：倘使我得到了谁的布施，我就要像兀鹰看见死尸一样，在四近徘徊，祝愿她的灭亡，给我亲自看见；或者咒诅她以外的一切全部灭亡，连我自己，因为我就应该得到咒诅①。但是我还没有这样的力量；即使有这力量，我也不愿意她有这样的境遇，因为她们大概总不愿意有这样的境遇。我想，这最稳当。（向女孩，）姑娘，你这布片太好，可是太小一点了，还了你罢。

孩——（惊惧，退后，）我不要了！你带走！

客——（似笑，）哦哦……因为我拿过了？

孩——（点头，指口袋，）你装在那里，去玩玩。

客——（颓唐地退后，）但这背在身上，怎么走呢？……

翁——你息不下，也就背不动。——休息一会，就没有什么了。

客——对咧，休息……（默想，但忽然惊醒，倾听。）不，我不能！我还是走好。

翁——你总不愿意休息么？

客——我愿意休息。

翁——那么，你就休息一会罢。

客——但是，我不能……

翁——你总还是觉得走好么？

客——是的。还是走好。

翁——那么，你也还是走好罢。

客——（将腰一伸，）好，我告别了。我很感激你们。（向着女孩，）姑娘，这还你，请你收回去。

（女孩惊惧，敛手，要躲进土屋里去。）

翁——你带去罢。要是太重了，可以随时抛在坟地里面的。

孩——（走向前，）阿阿，那不行！

客——阿阿，那不行的。

翁——那么，你挂在野百合野蔷薇上就是了。

---

① 作者在写本篇后不久给许广平的信中说："同我有关的活着，我倒不放心，死了，我就安心，这意思也在《过客》中说过。"（《两地书·二四》）可参看。

孩——（拍手，）哈哈！好！

客——哦哦……

（极暂时中，沉默。）

翁——那么，再见了。祝你平安。（站起，向女孩，）孩子，扶我进去罢。你看，太阳早已下去了。（转身向门。）

客——多谢你们。祝你们平安。（徘徊，沉思，忽然吃惊，）然而我不能！我只得走。我还是走好罢……（即刻昂了头，奋然向西走去。）

（女孩扶老人走进土屋，随即阖了门。过客向野地里跄踉地闯进去，夜色跟在他后面。）

1925年3月2日

陈丹青

笑谈大先生①

关于鲁迅，大陆的学生或许有些审美疲劳了。因为往他身上贴的标签太多，鲁迅成了铜像，让后人只有膜拜的份儿，亲近不得。而作为一个真人活人的鲁迅被各种人给说没了，同时被过度诠释而消解掉的还有鲁迅的灵魂，这就有些可怕了。作为白话时代中国最伟大的灵魂——认真的中国学人心中的"大先生"，岂能眼睁睁让他人间蒸发？陈丹青先生从"大先生"的"好看与好玩"入手，试图还原一个可亲可爱的鲁迅，这个举动本身，也是可亲可爱的。本文是作者在鲁迅纪念馆的演讲稿，原题《鲁迅的好看和好玩》，收入文集后改题。

陈丹青（1953年生），画家、作家，公共知识分子。著有《纽约琐记》《多余的素材》《退步集》《退步集续编》《荒废集》《外国音乐在外国》等。

今天在鲁迅纪念馆讲话，心里紧张——老先生就住在隔壁，讲到一半，他要是走进来怎么办？其实，我非常巴望老先生真的会走进来，因为我知道，我们根本休想见到鲁迅先生了。

鲁迅先生被过度谈论了。其实在今天的社会尺度中，鲁迅是最不该被谈论的人。按照胡塞尔的定义："一个好的怀疑主义者是个坏公民。"鲁迅的性格、主见，不管在哪个朝代，恐怕都是"坏公民"。好在今天对鲁迅感兴趣的年轻人，恐怕不多了吧。

我们这代人欢喜鲁迅，其实是大有问题的。我小学毕业，"文革"开始，市面上能够出售、准许阅读的书，只有《毛泽东选集》和鲁迅的书。从上世纪50年代开始，鲁迅在中国被弄成一尊神。这是另一个大话题，今天不说。反正我后来读到王朔同志批评鲁迅的文章，读到不少撩拨鲁迅的文字，我猜，他们讨厌的大概是那块牌坊。其实，民国年间鲁迅先生还没变牌坊，住在弄堂里，"浑身痱子，一声不响"，也有许多人讨厌他。我就问自己：为什么我这样喜欢鲁迅呢？今天我来试着以一种私人的方式，谈论鲁迅先生。

————————
① 选自陈丹青《笑谈大先生》，广西师范大学出版社，2011年版。

第一，我喜欢看他的照片，他的样子，我以为鲁迅先生长得真好看。

"文革"中间我弄到一本日记本，里面每隔几页就印着一位中国"五四"以来大作家的照片，当然是按照上世纪50年代官方钦定的顺序排列："鲁、郭、茅，巴、老、曹"之类。我记得最后还有赵树理的照片——平心而论，郭沫若、茅盾、老舍、冰心的模样，各有各的性情与分量。近20多年，胡适之、梁实秋、沈从文、张爱玲的照片，也公开发布了，也都各有各的可圈可点之处，尤其胡适，真是相貌堂堂，如今我们新时期新文学男男女女作家群，排得出这样的脸谱吗？

可是我看来看去，看来看去，还是鲁迅先生样子最好看。

"五四"那一两代人，单是模样摆在那里，就使今天中国的文艺家不好比。前些日子，我在三联买到两册抗战照片集，里面有陈公博、林柏生、丁默邨、褚民谊押赴公堂，负罪临刑的照片——即便在丧尽颜面的时刻，他们一个个都还是书生文人的本色。其中还有一幅珍贵的照片，就是被押赴法庭的周作人。他穿件干净的长衫，瘦得一点点小，可是那样置之度外、斯文通脱。

我这是第一次看见周作人这幅照片，一看之下，惊叹他们周家人气质非凡。

到了1979年，"文革"后第一次文代会召开，报纸上许多久违的老脸出现了：胡风、聂绀弩、丁玲、萧军……一个个都是劫后余生。我看见什么呢？看见他们的模样无一例外地坍塌了，被扭曲了。

这时我回头看看鲁迅先生：老先生的相貌先就长得不一样。这张脸非常不买账，非常无所谓，非常酷，又非常慈悲，看上去一脸清苦、刚直、坦然，骨子里却透着风流与俏皮……可是他拍照片似乎不做什么表情，就那么对着镜头，意思是说：怎么样！我就是这样！

所以鲁迅先生的模样真是非常非常配他，配他的文学，配他的脾气，配他的命运，配他的地位与声名。我们说起"五四"新文学，都承认他是头一块大牌子，可他要是长得不像我们见到的这副样子，你能想象吗？

鲁迅的时代，中国的文艺差不多衔接着西方18、19世纪。人家西方18、19世纪文学史，法国人摆得出司汤达、巴尔扎克的好样子，英国人摆得出哈代、狄更斯的好样子，德国人摆得出歌德、席勒的好样子，俄国人摆得出托尔斯泰或者陀思妥耶夫斯基的好样子，20世纪的印度还有个泰戈尔，也是好样子——现代中国呢，谢天谢地，总算五四运动闹过后，留下鲁迅先生这张脸摆在世界文豪群像中，不丢我们的脸——大家想想看，上面提到的中国文学家，除了鲁迅先生，哪一张脸摆出去，比他更有分量？更有泰斗相？更有民族性？更有象征性？更有历史性？

而且鲁迅先生生得那么矮小，那么瘦弱，穿件长衫，一副无所谓的样子站在那里。他要是长得跟萧伯纳一般高大，跟巴尔扎克那么壮硕，便是一个致命的错误。可他要是也留着于右任、张群那样的长胡子，或者像吴稚晖、沈钧儒那样光脑袋，古风倒是有古风，毕竟有旧族遗老的气息，不像他——他长得非常的"五四"，非常的"中国"，又其实非常摩登："五四"中国相较于大清国，何其摩登，可是你比比当年顶摩登的人物：胡适之、徐志摩、邵洵美……鲁迅先生的模样既不洋派，也非老派，他长得是正好像鲁迅他自己。

我记得上世纪70年代《参考消息》报道联合国秘书长见周恩来，叹其风貌，说是在你面前，我们西方人还是野蛮人。这话不管是真心还是外交辞令，确是说出一种真实。西洋人因为西洋的强大，固然在模样上占了便宜，可是真要遇见优异的中国人，那种骨子里的儒雅凝练，脱略虚空，那种被彼得·卢齐准确形容为"高贵的消极"的气质，实在是西方人所不及。这也好比中国画的墨色，可以将西洋的七彩给比下去。你将鲁迅先生的相貌去和西方文豪的模样摆在一起比比看，真是文气逼人，然而一点不嚣张。

有人会说，这是因为历史已经给了鲁迅莫大的地位，他的模样被印刷媒体引用了70多年，早经先入为主成为后世公众的视觉符号。是的，很可能是的，但这形象效应是互为因果的：时代凝视这形象，因这形象足以换取时代的凝视，这乃是一种大神秘，俨然宿命，而宿命刻印在模样上——托尔斯泰那部大胡须，是应该写写《战争与和平》；鲁迅那笔小胡子，是应该写写《阿Q正传》；当托尔斯泰借耶稣的话对沙皇说："你悔改吧！"这句话与托尔斯泰的模样很般配；当鲁迅随口给西洋文人看相，说是"陀思妥耶夫斯基一副苦相、尼采一副凶相"，这些话，与鲁迅的模样也很般配——大家要知道，托尔斯泰和鲁迅这样的说法，骄傲得很呢！他们都晓得自己伟大，晓得自己长得有样子。那年萧伯纳在上海见鲁迅，即称赞他好样子，据说老先生应声答道：早年的样子还要好。这不是鲁迅会讲话，是他看得起萧伯纳，也看得起他自己。

我这不是以貌取人吗？是的，在最高意义上，一个人的相貌，便是他的人。但以上说法只是我对老先生的一厢情愿，单相思，并不能征得大家同意的。

"就文学论，就人物论，鲁迅是百年来中国第一好玩的人"。

我喜欢鲁迅的第二个理由，是老先生好玩。就文学论，就人物论，他是百年来中国第一好玩的人。"好玩"这个词，说来有点轻佻，是现在小青年的口头禅，形容鲁迅先生，对不对呢？我想来想去，还是选了这个词。这个词用来指鲁迅，什么意思呢？我只好试着说下去，看看能不能说出意思来。

老先生去世，到明年整70年了。70年来，崇拜鲁迅的人说他是位斗士、勇士、先驱、导师、革命家，说他愤怒激烈、疾恶如仇、是"没有半点媚骨的人"；厌恶鲁迅的人，则说他心胸狭窄、不知宽容、睚眦必报、有失温柔敦厚的人。总之，综合正反两面的印象与评价，都仿佛鲁迅是个很凶、很严厉、不通人情的人。

鲁迅先生到底是怎样一个人呢？

最近20多年，"鲁迅研究"总算比较平实地看待他，将他放回他生存的年代和"语境"中去，不再像过去那样，给他涂上厚厚的涂料。那么，平心而论，在他先后、周围，可称斗士、先驱、导师、革命家的人，实在很不少。譬如章太炎斗袁世凯，鲁迅就很激赏；创建民国的辛亥烈士，更是不计其数；梁启超鼓吹共和、孙中山创立三民主义、陈独秀创建共产党，蔡元培首倡学术自由、胡适宣扬民主理念、梁漱溟亲历乡村建设……这些人物不论成败，在中国近代史上都称得起先驱和导师，他们的事功，可以说均在鲁迅之上。

当年中间偏左的一路，譬如七君子，譬如杨杏佛、李公朴和闻一多，更别说真正造反的大批左翼人士与共产党人，论胆量，论行动力，论献身的大勇，论牺牲的壮烈，更在鲁迅之上。即便右翼阵营，或以今天的说法，在民国"体制"内敢于和最高当局持续争斗，不假辞色的人，就有廖仲恺、傅斯年、雷震等等一长串名单。据说傅斯年单独扳倒了民国年间两任财政部长，他与蒋介石同桌吃饭，总裁打招呼，他也不相让，居然以自己的脑袋来要挟，总裁也拿他无奈何——这种事，鲁迅先生一件没干过，也不会去干，我们就从来没听说鲁迅和哪位民国高官吃过饭。

总之，鲁迅的时代，英雄豪杰爱国志士多了去了。只不过50多年来，许多民国时期人物被贬低了、歪曲了、抹掉了、遗忘了……在我们几代人接受的教育中，万恶的"旧社会"与'新中国成立前'、文坛上好像只有鲁迅一个人在那里左右开弓跟黑暗势力斗。鲁迅一再说，他只有一支笔，可是我们偏要给他背后插许多军旗，像个在舞台上凶巴巴唱独角戏的老武生……

什么叫做"好玩"？"好玩"有什么好？"好玩"跟道德文章什么关系？为什么我要来强调鲁迅先生的"好玩"？

以我个人的心得，所谓"好玩"一词能够超越意义、是非，超越各种文字限，超越层层叠叠油垢一般的价值判断与意识形态，直接感知那个人。从少年时代阅读鲁迅，我就不断发笑，成年后，我知道这发笑有无数秘密的理由，但说不出来，而且幸亏说不出来——这样一种阅读的快乐。在现代中国的作家中，读来读去，读来读去，只有鲁迅能够给予我，我确信，他这样一句一句写下去，明知道有人会发笑。

我常会想起胡兰成。他是个彻底的失败者，因此成为一个旁观者：他不是左翼，也不是右翼，他在鲁迅的年代是个小辈，没有"五四"同人对鲁迅的种种情结与偏颇，他的流亡身份使他没有国共两党在评价鲁迅、看待鲁迅时那种政治色彩或党派意气，所以他点评鲁迅，我以为倒最中肯。他说，鲁迅先生经常在文字里装得"呆头呆脑"，其实很"刁"，照他看来，鲁迅真正的可爱处，是他的"跌宕自喜"。

"跌宕自喜"什么意思呢？也不好说，这句话我们早就遗忘了，我只能粗暴而庸俗地翻译成"好玩"。然而"跌宕自喜"也罢、"好玩"也罢，都属于点到为止的说法，领会者自去领会，不领会，或不愿领会的，便说了也白说。我今天要来强说鲁迅的"好玩"，先已经不好玩，怎么办呢，既是已经在这里装成讲演的样子，只好继续做这吃力不讨好的事。

我们先从鲁迅的性格说起。最近我弄到一份40多年前的内部文件，是当年为拍摄电影《鲁迅传》邀请好些文化人搞的谈话录，其中一部分是文艺高官，都和老先生打过交道。他们几乎每个人都提到鲁迅先生并不是一天到晚板面孔，而是非常诙谐、幽默、随便、喜欢开玩笑，千万不能给他描绘得硬邦邦。夏衍，是老先生讨厌责骂的四条汉子之一，他也说老先生"幽默得要命"。

我有一位上海老朋友，他的亲舅舅即是当年和鲁迅先生玩的小青年，名字叫唐弢。唐弢五六十年代看见世面上把鲁迅弄成那副凶相、苦相，私下里对他外甥说，哎呀，鲁迅不是那个样子的。他说，譬如鲁迅跑来看唐弢，兴致好时，一进门就轻快地在地板上打旋子，一路转到桌子前，一屁股坐在桌面上，手里拿支烟，嬉笑言谈。唐弢还说，那时打笔仗，不是像我们想象的那样一本正经火气大，不过是一群文人你也讲讲，我也讲讲，夜里写了骂某人的文章，老先生隔天和那被骂的朋友酒席上互相说起，照样谈笑。前面说到夏衍，我本以为鲁迅根本不与他玩，结果据夏衍的说法，他们时常一起吃饭谈天，熟得很。

这样看来，鲁迅与所谓"论敌"的关系，半数是"熟人"与朋友之间的关系。不熟不识的人，鲁迅怎样看待，人家又怎样看待鲁迅呢？我的一位师尊认识一位当年与鲁迅打过笔仗的老先生，50年代谈起他年轻时为文撩拨鲁迅，鲁迅回应几句，那老先生到晚年还得意洋洋地说："好哉，我就给鲁迅先生一枪刺下马来！"说罢，哈哈大笑。

这样子听下来，不但鲁迅好玩，而且民国时期的文人、社会、气氛，都有好玩、开心的一面，并不全是凶险，全是暗杀，并不成天你死我活、我活你死。我们的历史教育、历史记忆，是缺乏质感的。历史的某一面被夸张变形，另一面却给藏起来，总是不在场的。我们要还原鲁迅，先得尽可能还原历史的情境。

在回忆老先生的文字中，似乎女性比较能够把握老先生"好玩"的一面。譬如章衣萍太太回忆有一天和朋友去找鲁迅玩，瞧见老先生正在四川北路往家走，于是隔着马路喊，鲁迅没听见，待众人撵到他家门口，对他说喊了你好几声呢！于是老先生"哦、哦、哦……"的哦了好几声。问他为什么连声回应，鲁迅笑说，你不是叫我好几声吗，我就还给你呀……接着进屋吃栗子，周建人关照要拣小的吃，味道好，鲁迅应声道："是的，人也是小的好！"章太太这才明白又在开玩笑，因她丈夫是个小个子。

这样子看下来，鲁迅简直是随时随地对身边人、身边事在那里开玩笑。照江南话说，他是个极喜欢讲"戏话"的人，连送本书给年轻朋友也要顺便开玩

笑——那年他送书给刚结婚的川岛,就在封面上题词道:

"我亲爱的一撮毛哥哥呀,请你从爱人的怀抱中汇出一只手来,接受这枯燥乏味的《中国文学史略》。"

那种亲昵、仁厚、淘气与得意!一个智力与感受力过剩的人,大概才会这样随时随地并"戏话"。我猜,除了老先生遇见什么真的愤怒的事,他醒着的每一刻,都在寻求这种自己制造的快感。

"好玩"是一种活泼而罕见的人格。

但我们并非没有机会遇见类似的滑稽人,平民百姓中就多有这样可爱的无名的智者。我相信,在严重变形的民国时期人物中,一定也有不少诙谐幽默之徒。然而我所谓的"好玩"是一种活泼而罕见的人格,我不知道用什么词语定义它,它绝不只是滑稽、好笑、可喜,它的内在的力量远远大于我们的想象。好玩,不好玩,甚至有致命的力量——希特勒终于败给丘吉尔,因为希特勒一点不懂得"好玩";蒋介石败给毛泽东,因为蒋介石不懂得"好玩"。好玩的人懂得自嘲,懂得过逼;他总是放松的,游戏的,豁达的;"好玩",是人格乃至命运的庞大的余地、丰富的侧面、宽厚的背景;好玩的人一旦端正严肃,一旦愤怒激烈,一旦发起威来,不懂得好玩的对手,可就遭殃了。

我们再回头看看清末民初及"五四"英雄们——康有为算得雄辩滔滔,可是不好玩;陈独秀算得鲜明锋利,可是不好玩;胡适算得开明绅士,也嫌不好玩;郭沫若风流盖世,他好玩吗?茅盾则一点好玩的基因也没有;郁达夫性情中人,然而性情不就是好玩;周作人的人品文章淡归淡,总还缺一点调皮与好玩——他虽也论到心里的所谓"流氓鬼",即文笔偶尔"不正经"——可是论开阖,比他哥哥的纵横交错有真气,到底窄了好几圈,虽这说法不免有偏爱之嫌。最可喜的是林语堂,他当年在乱世中提倡英国式的幽默,给鲁迅好生骂了好几回——顺便说一句,鲁迅批判林语堂,可就脸色端正,将自己的"好玩"暂时收起来——可是我们看不出林语堂平时真好玩,他或许幽默吧,毕竟是种种西式的刻意的自我教养,与鲁迅天性里骨子里的大好玩,哪里比得过。

这样子比下来,我们就可以从鲁迅日常的滑稽好玩寻开心,进入他的文章与思想。然而鲁迅先生的文章与思想,已经被长期困在一种诠释模式里。倒是胡兰成接着说,后来那些研究鲁迅的人"斤斤计较",一天到晚根据鲁迅的著作"核对"鲁迅的思想,这"核对"一句,我以为说得中肯极了。

依我看,历来推崇鲁迅那些批判性的、战斗性的"革命"文章,今天看来,就叫做"写作的愉悦"——所谓"愉悦",直白的说法,可不就是"好玩"?譬如鲁迅书写的种种事物,反礼教、解剖国民性、鼓吹白话、反对强权等等,前面说了,当时也有许多人在写,激烈深刻,不在鲁迅之下,时或犹有过之。然而90多年过去,我们今天翻出来看看，"五四"众人的批判文章总归不及鲁迅，不在主张和道理，而在鲁迅懂得写作的愉悦，懂得词语调度的快感，懂得文章的游戏性。

可是我们看他的文字，通常只看到犀利与深刻，看不到老先生的得意。因为老先生不流露，这不流露，也是一种得意。一种"玩"的姿态，就像他讲笑话，自己不笑的。

好玩与道德文章是什么关系？

我们单是看鲁迅各种集子的题目，就不过是捡别人的讥嘲，拿来耍着玩。什么《而已集》啊、《三闲集》啊，《准风月谈》啊、《南腔北调集》啊，还有那未曾结集的《五讲三嘘集》，真是顺手玩玩，一派游戏态度，结果字面、意思又好看，又高明。他给文章起的题目，也都好玩，一看之下就想读，譬如《论他妈的》《一思而行》《人心很古》《马上支日记》等等等等，数也数不过来。想必老先生一起这题目，就在八字胡底下笑笑，自己得意起来。

历来我们称引鲁迅，尤其是编在中小学语文课本里摁着孩子死命念的篇目——临了还逼着学生硬写什么"主题思想"之类——总是拣那几篇沉痛激愤之作，而许多绝妙的游戏文章，向来不称引。譬如那篇《阿金》，意思深得很呢。另有不少爽快的杂文，譬如《花边文学》中的《京派与海派》《北人与南人》，当时的文人纷纷谈论，言不及义，此后迄今，也还没人比得过，查对日期，竟是同一天所写；《南腔北调集》另有两篇随手撩撩的短文：《上海的少女》《上海的儿童》，搁在今天看，意思也还精辟醒豁，也写在同一天——老人家显然半夜里写得兴起，实在得意，烟抽得一塌糊涂，索性再写一篇。

鲁迅下笔，实在是讲快感的，他自己说他作文是被"挤"出来的，并非"文思泉涌"，我只信一半。因这又是他藏在胡子底下的"戏话"，几分认真，几分调笑，顺便刺刺煞有介事的文学家。而他所谓"匕首"之类，并不真要见血，不过刺着好玩，态度又常是温厚。譬如《论他妈的》，语气把握得好极了，我们读着，自然明白他是在批判国民性的某一端，可是读到结尾，老先生另起一段，忽然这么写道：

> 但偶尔也有例外的用法：或表惊异，或表感服。我曾在家乡看见农民父子一同午饭，儿子指着一碗菜向他父亲说："这不坏，妈的你尝尝看！"父亲回答道："我不要吃。妈的你吃去罢！"则简直已经醇化为现在时兴的"我的亲爱的"那种意思了。

我猜老先生写到这里，一定得意极了。

中国散文这样子到末尾一笔宕开，宕得这么恳切，又这么漂亮，真是还得看鲁迅。大家不要小看这结尾：它不单是为文章的层次与收笔，我以为更深的意思是，老先生看事情非常体贴，既犀利，又厚道，既是激烈的，又是清醒的，不会将自己的观点与态度推到极端，弄得像在发高烧。一个愤怒的人同时很睿智，一个批判者同时心里在发笑，他的愤怒，他的批判，便是漂亮的文学。

有这样浑身好玩的态度，鲁迅写文章便可尽管峭刻，然后套个好玩的题目，自己笑笑——他晓得自己的文章站得比别人高，晓得他自己站得比他的文章还要高——这样站得高，看得开，所以他游戏得起。所谓"嬉笑怒骂皆成文章"，其实古今中外，没几个人可以做得到。

文章的张力，是人格的张力；写作的维度，是人格的维度——激愤，同时好玩；深刻，然而精通游戏；挑衅，却随时自嘲；批判，忽而话又说回来……鲁迅作文，就是这样地在玩自己人格的维度与张力。他的语气和风调，哪里只是峻急犀利这一路，他会忽而淳厚沉郁，如他的回忆文字；忽而辛辣调皮，如中年以后的杂文；忽而平实郑重，如涉学问或翻译；忽而苍老精辟，如《故事新编》；忽而温润出神，如《朝花夕拾》。而有一种异常绝望虚空的况味，几乎隐在他各时期的文字中，尤其是他的序、跋、题记、后记，以上那些反差极大的品质，会出人意料地糅杂在一起，难分难解。

许多意见以为鲁迅先生后期的杂文没有文学价值。我的意见正好相反，老先生越到后来越是泼辣无忌、妙笔生花，越是深味"写作的愉悦"。有些绝妙文章，《古文观止》也不乏相似而相应之例，雄辩如韩愈，变幻如苏轼，读到鲁迅的杂文也会惊异赞赏，因他触及的主题与问题，远比古人开阔而杂异；与西人比，要论好玩，则乔叟、塞万提斯、蒙田、伏尔泰，似乎都能找见鲁迅人格的影子。当然，鲁迅直接的影响来自尼采，凭他对世界与学问的直觉，他也如尼采一样，早就是"伟大的反系统论者"，只是尼采的德国性格太认真，也缺鲁迅的好玩，结果发疯，虽然这发疯也令人起敬。

将鲁迅与今人比，又是一大话题。譬如鲁迅的《花边文学》几乎每篇都是游戏文章的妙品，今日报纸上的专栏文章，休想清来这样的笔杆子。鲁迅晚期杂文，尤其是"且介亭"系列，老先生早就半自觉倾心于桑塔格形容巴特尔的所谓"写作本身"——当鲁迅闷在上海独自玩耍时，本雅明、萨特、巴特尔、德里达等等，都还是小青年或高中生。当生于光绪年间的鲁迅自认是唯物主义初学者时，当马克思主义在当年中国成为思想时尚时，他凭自己的笔力与洞察力，单独一人，大胆地，自说自话地，异常敏锐而前卫地，触及了二战以后现代写作的种种问题与方式。他完全不是靠信息获知并实践这类新的文学观念，而是凭借自己内在的天性，即我所谓的"好玩"，玩弄文学，玩弄时代，玩弄他自己。

再借桑塔格对巴特尔的描述——所谓"修辞策略"、所谓"散文与反散文的实践"、所谓"写作变成了冲动与制约的记录"、所谓"思想的艺术变成一种公开的表演"、所谓"让散文公开宣称自己是小说"、所谓"短文的复合体"与"跨范畴的写作"，这些后现代写作特质不论能不能或有没有必要挪去比照鲁迅，然而在鲁迅晚期杂文中，早已无所不在。

而鲁迅大气，根本不在乎这类花招，不给出说法，只管自己玩。即便他得知后来种种西洋理论新说法，他仍然会做他自己——他要是活在今天这个被统称为后现代文化的时期，他也仍然清楚自己相信什么，怀疑什么，他会是后现代文化研究极度清醒的认识者与批判者。诚如巴特尔论及纪德的说法，鲁迅"博览群书，并没有因此改变自己"。

是的，我时常钦佩后现代文本，我们已经没有思想家了，只好借借别人的思想。但以我的偏见，他们似乎还是不及鲁迅——我们中国幸亏有过一个鲁迅，幸亏鲁迅好玩。为什么呢，因为鲁迅先生还有另一层迷人的底色，就是他一早便提醒我们的话。他说：他内心从来是绝望的、黑暗的、有毒的。

他说的是实话。

好玩，然而绝望，绝望，然而好玩，这是一对高贵的、不可或缺的品质。由于鲁迅其他深厚的品质——正直、刚烈、近于妇人之仁的同情心——他曾经一再欣然上当。许多聪明的正人君子因为他上这些当而贬损他。可是鲁迅都能跳脱，都能随即看破而道破，因为他内心克制不住地敏感到黑暗与虚空。

这就是鲁迅为什么至今远远高于他的"五四"同志们，为什么至今没有人能够掩盖他，企及他，超越他。

然而鲁迅这种绝望的特质，说来并不见容于中国文化与中国人——在我们任意夸张而援引的那位鲁迅身上，偏偏被排除了"绝望"与"好玩"这两样特质——这特质，反倒是现代西方人能意会，便如老牌左翼思想家葛兰西也说过"智慧上的悲观主义"这样的话，鲁迅听见了，或可引为同调吧。连我们眼中浅薄而开心的美国文化中，也有纽约大导演伍迪·爱伦无遮无拦的话："你这样地悲观绝望，这样地看破一切，你唯一的反应就是放声大笑。"——其实，在鲁迅诅咒的古语中，早就有一个词专门形容这种因绝望而发出的笑，只是我们已经忘了、不用了，这个词，叫做"痛哇"。

鲁迅的话题，说不完的。我关于鲁迅先生的两点私人意见——他好看、他好玩——就勉强说到这里。有朋友会问：鲁迅怎么算好看呢？怎能用好玩来谈论鲁迅呢？这是难以反驳的问题，这也是因此吸引我的问题。这问题的可能的答案之一，恐怕因为我们这个时代，我们的文学，越来越不好看，也不好玩了。

当然，这也是我的私人意见，无法征得大家同意的。我的话说完了。

陈独秀

敬告青年①

C27

　　"老革命党"陈独秀是个实干家,他创办的《新青年》杂志成为一代精英的思想擂台,在他诸多开风气之先的功绩中,"呼唤新青年"的诞生代表了一代启蒙思想家的共同心声。

　　陈独秀(1879～1942),安徽安庆人,《新青年》杂志主编,五四运动的精神领袖,新文化启蒙运动的先驱,中国共产党的创始人及首任总书记。

（一）自主的而非奴隶的
（二）进步的而非保守的
（三）进取的而非退隐的
（四）世界的而非锁国的
（五）实利的而非虚文的
（六）科学的而非想象的

1915年9月15日

---

① 选自《青年杂志》(后改名《新青年》)1卷1号,民国四年(1915)九月十五日发行。本文是纲要节选。

罗家伦

"五四"宣言①

　　五四运动的意义众多，其中一项便是以学生身份干预国事的一代"新青年"从此诞生了。蔡元培（1868~1940）先生治理下的北大成为社会变革的"弹药库"，他的名言"读书不忘救国，救国不忘读书。"今犹在耳。"五四"那天早上，即兴书写这份宣言的罗家伦，当时是北大英文系二年级学生。

　　罗家伦（1897~1969），浙江绍兴人，教育家，1928年任国立清华大学校长，去台后任"国史馆"馆长。

　　现在日本在万国和会上要求并吞青岛，管理山东一切权利，就要成功了！他们的外交大胜利了！我们的外交大失败了！山东大势一去，就是破坏中国的领土！中国的领土破坏，中国就亡了！所以我们学界今天排队游行，到各公使馆去，要求各国出来维持公理。务望全国工商各界，一律起来，设法开国民大会，外争主权，内除国贼，中国存亡，就在此举了！

　　今与全国同胞立两条信条道：

　　中国的土地，可以征服，不可以断送！

　　中国的人民，可以杀戮，不可以低头！

　　国亡了！同胞起来呀！

1919年5月4日

---

① 选自陈平原、夏晓虹主编《触摸历史——"五四"人物与现代中国》，广州出版社，1999年版。

刘东

"五四"那天早上①

> 五四运动的真实图景之一：一贯大智大勇的北大校长蔡元培先生，在"五四"那天早上，居然是去劝阻学生冲上街头的！为什么是这样？为什么要这样？

仿佛普天下都忽然想起了1919年5月4日的那场风潮：有关它的稿约和开会通知纷至沓来，大有榨尽脑汁之势；有的编辑竟还先把稿费送来，强作买文的定金。

当然应该写。无论从什么角度看，"五四"那天都是中国现代史的一次重大转折。不过，更使我怀想记念的，倒不是那天下午轰轰烈烈的壮举，而是那天早上的一件几乎不为人知的小事。

说来也巧，蔡元培先生70年前住过遂安伯胡同，与我眼下临时借居的二面胡同只有几步之遥。所以，虽说余生也晚，来不及亲瞻这位伟大教育家的素为人称道的气度风采，我却总觉得他离我很近，好像就在门口走着。由此我想，"五四"那天，这位从不忍心坐人力车的学界泰斗，一定也是从这里走向马神庙北大第一院的罢。

那么，他去干什么呢？这使我很费捉摸。看来，中国人太喜欢"为贤者讳"了，经历过"五四"的人，多含含混混不肯讲蔡先生那天上午的所作所为，似乎生怕给他抹上一个"政治污点"。所以，只是经过了对有关回忆录的仔细甄别之后，我才费大劲弄清了一件小事——这位被誉为五四运动之"护法"的老同盟会员，那天早上偏偏是去劝阻学生冲上街头的！

这使我大为震动。要知道，蔡先生绝非胆怯惜命之辈，事情真闹出来了，他为了营救学生，竟"愿以一人抵罪"，何等的英气凛然。如蒋梦麟所云："先生平常性情温和，如冬日之可爱，无疾言厉色。……但一遇大事，则刚强之性立见……故先生之中庸，是白刃可蹈之中庸，而非无举刺之中庸。"他当然更不会从道义上反对学生的爱国之举。事前他曾对学生说过——"政府不善，学生得纠察之，官不良，学生可惩戒之"；事后他又对学生说过——"仆深信本月四日之举，纯出爱国之热

---

① 选自刘东《浮世绘》，辽宁教育出版社，1996年版。

诚。仆亦国民之一，岂有不满于诸君之理"。

但细细想来，这件事又并不是那样的匪夷所思。他确乎有理由不愿意看到事态的闹大。据当事人回忆，他在那天上午赶到学校后，曾沉痛地劝止学生们"示威游行并不能扭转时局。北大因提倡学术自由，颇为守旧人物和政府所厌恶，被视为鼓吹异端邪说的洪水猛兽。现在同学们再出校游行，如果闹出事来，予人以口实，这个惨淡经营，植根未固的北大，将要首先受到摧残了"。

大勇者也有他害怕的事，那正是——鱼死而网不破。

他是太爱自己的北大了，甚至超过了自己的生命。出事之后，他曾经说过："如危及身体，而保重大学，亦无所不可。"但也正因为此，他的确害怕出事，害怕以任何借口推倒校园的围墙，害怕用任何理由采伐他未成材的幼林。他不得不一再强调学生的天职，要求他们"救国不忘读书"，甚至认为他们即使是因爱国而牺牲学业，其损失之大，也"几乎与丧失国土相等"。

而这样战战兢兢地维护着学生的每一张书桌，实出于一位教育家之本能。大学是他的武器，他只是忍辱负重地保全它，而不敢图一时之快地葬送它。因为他给这个社会开的是一剂治本的缓药，这药若想真正见效，就需要时间，而他毕竟还只当了短短28个月的北大校长，还来不及真正施展自己的抱负。

蔡元培是出名的"性近于学术而不宜于政治"，所以我一讲到"百无一用"的书生之抱负，就疑心有人会窃笑。但如果我们想到身为教师的孔子和苏格拉底，就会发现教育家其实志不在小——他们当真要教出一个崭新的文明来呢！在他们所传播的文化范式中，不管是科学家、文学家，还是政治家、军事家，都只能是他们精神的儿子。由于教师的实际地位每况愈下，我们现在简直一想到教育家就想到牺牲，想到将死的"春蚕"，想到成灰的"蜡炬"。有谁知道，教育家本来不只在奉献，他们有过令人炫目的个人事业！

只不过，教育家的伟业并不孕育于铁马冰河之中。不管外边的气氛如何，他都需要用高楼深院围出一种相对平和、自由、宽容、超脱的研讨学术的空气。和社会相比，一座高等学府永远应该有它相对独立的运作规律和评判标准，有它基于学理的自我主张，有它"宁静致远"的发展要求。蔡元培之所以下车伊始就宣布"大学者，研究高深学问者也"，之所以要把"仕而优则学"的京师大学堂改造成"学而优不仕"的最高学府，道理就在这里。

陈独秀曾经说过，蔡元培顶可令人佩服的地方在于："自戊戌政变以来，蔡先生自己常常倾向于新的进步的运动，然而他在任北大校长时，对于守旧的陈汉章、黄侃，甚至主张清帝复辟的辜鸿铭，参与洪宪运动的刘师培，都因为他们学问可为人师而和胡适、钱玄同、陈独秀容纳在一校；这样容纳异己的雅量，尊重学术思想自由的卓见，在习于专制好同恶异的东方人中实所罕见"。陈独秀以新文化运动主将的身份却盛赞蔡元培包容新、旧学的雅量，真可谓知人至深。

从长远的观点看，只有蔡元培的所谓 "无论何种学派，苟其言之成理，持之有故，尚不达自然淘汰之运命，即使彼此相反，也听他们自由发展" 的主张，才给了中华民族以真正的可能性，那便是——在精神的对打与超升中逐渐培养出生机勃勃的文化造血机制和内在冲动，从而创造出新的文化整一性，来克服斤斤于 "东、西" 的文化相对主义。无论多么艰难，中国文化的现代形态乃至于未来形态的价值核心都只能源出于此。大学越超然于现实，越会给社会带来超越之可能。

可惜，这种辉煌的可能性只在历史的某个瞬间闪耀过。内忧外患，很快就把远未学成的热血青年推向了前台，他们 "连请带推的将蔡校长拥走"，"在一片欢呼声中，蜂拥地向天安门出发了"！

人去校空后，我真想知道蔡元培先生的心情。

青年人的行为当然有充足的理由。然而这理由说到底只因为他们是国民，而非因为他们是学生。所以，身为国民的蔡元培服从了他们，身为教育家的蔡元培又同样有理由希望他们服从自己。他搞过革命，甚至还制造过炸弹，但他仍然认为，学生应以求学为最大的目的，因为 "救国之道，非止一端，根本要图，还在学术"。我想，他在随后的辞职启事中发出的那声 "我倦矣" 的长叹，明显道出了他作为教育家的失望。

蔡元培的这种看法，可以说是最典型的 "教育救国论"。多年以来，它和种种其他的 "科学救国论" "实业救国论" 一起，被毫不犹豫地抛弃了，就连高喊着 "出了研究室就进监狱，出了监狱就进研究室" 的陈独秀，也终于从研究室出走而一去不返。似乎任何想以自己所擅长的独特职业角色去更有效地参与社会的做法都是多余的，而社会也居然不再需要复杂的分工，因为只要全民族一起信奉 "马背救国论"，就万事大吉了。

可我却还老是记得 "五四" 那天早上，记得这件极少有人提起的小事。只要我觉得哭笑不得的时候，就每每代之以一声由衷的慨叹：要是人们当初能在蔡先生门下多读点儿书该多好呵！

中国怎么就再也出现不了蔡先生这样集立德、立功、立言于一身的伟大教育家呢? 贤人远引，总是令人怅然想起《毛诗》里的呼唤与祈求——

> 皎皎白驹
>
> 在彼空谷
>
> 生刍一束
>
> 其人如玉
>
> 毋金玉尔音
>
> 而有遐心

胡适

文学改良刍议①

在美国的绮色佳湖畔，胡适与朋友争论中国文字的"死活"，认定"白话文"才是中国文学的出路。在没有同道援军的情况下，这只孤独的"蝴蝶"独自飞上天了。事后回忆，他把"文学革命"称之为"逼上梁山"。

胡适（1891~1962），安徽徽州人。他率先创导文学革命，是白话文运动的先驱。

吾以为今日而言文学改良，须从八事入手。八事者何？

一曰，须言之有物。
二曰，不摹仿古人。
三曰，须讲求文法。
四曰，不作无病之呻吟。
五曰，务去滥调套语。
六曰，不用典。
七曰，不讲对仗。
八曰，不避俗字俗语。

1917年1月

---

① 选自谭合成、江山主编《世纪档案——影响20世纪中国历史进程的100篇文章》，中国档案出版社，1995年版。本文是纲要节选。

胡适

《尝试集》① （2首）

胡适在中国文学最坚固的围墙——诗歌这堵墙上，轻轻地踹（TRY，尝试）了一脚，围墙开裂了，新鲜空气扑面而来，早已在围墙边张望的人们便七手八脚地推倒旧院墙，涌向大自然。一个白话文学的时代开始了。胡适的《尝试集》是现代中国第一部白话诗集。

蝴 蝶

两个黄蝴蝶，双双飞上天。
不知为什么，一个忽飞还。
剩下那一个，孤单怪可怜；
也无心上天，天上太孤单。

民国五年八月二十三日

希 望

我从山中来，
带来兰花草，
种在小园中，
希望开花好。

一日望三回，
望到花时过；
急坏看花人，
苞也无一个。

眼见秋天到，

「文学革命」写「新诗」

---

① 选自《中国现代文学史参考资料·新诗选》（第一册），上海教育出版社，1979年版。

移花供在家；
明年春风回，
祝汝满盆花！

民国十年十月四日

郭沫若

炉中煤①
——眷念祖国的情绪

如果说胡适的《尝试集》还是个白话诗中的"放脚女人"，郭沫若（1892～1978）的《女神》就是白话诗中第一个"新生儿"，它的哭声是自然的婴儿的哭声，同时又像婴儿一样缺乏理性，一味嚎啕，但它毕竟是率真的，像"凤凰涅槃"之后那样顾盼自雄。

啊，我年青的女郎！
我不辜负你的殷勤，
你也不要辜负了我的思量。
我为我心爱的人儿
燃到了这般模样！

啊，我年青的女郎！
你该知道了我的前身？
你该不嫌我黑奴卤莽？
要我这黑奴的胸中，
才有火一样的心肠。

啊，我年青的女郎！
我想我的前身，
原本是有用的栋梁，
我活埋在地底多年，
到今朝总得重见天光。

啊，我年青的女郎！
我自从重见天光，
我常常思念我的故乡，

① 选自《□国现代文学史参考资料·新诗选》（第一册），上海教育出版社，1979年版。

我为我心爱的人儿
燃到了这般模样！

1920年12月间作

冰心

《繁星·春水》①（3首）

冰心（1900～1999）的文字是温暖人心的，因为她"一片冰心在玉壶"，一生纯真地折射着对母亲、对孩子、对人类的女性柔美的爱，但她毕竟不是思想家，她的"小诗"只能说是泰戈尔《飞鸟集》的中国少儿版，就像郭沫若是惠特曼的中国少儿版，以及后来的郭小川、贺敬之是马雅可夫斯基的中国少儿版一样。

其一

母亲呵！
天上的风雨来了，
　　鸟儿躲到他的巢里；
心中的风雨来了，
　　我只躲到你的怀里。

其二

墙角的花！
你孤芳自赏时，
　　天地便小了。

其三

弱小的草呵！
骄傲些吧，
只有你普遍地装点了世界。

---

① 选自《中国现代文学史参考资料·新诗选》（第一册），上海教育出版社，1979年版。

孙中山

就任临时大总统宣誓词①

　　一个原本要悬壶济世的医生，成为一名改朝换代的英雄，是时势造英雄，还是英雄造时势？一篇就职演说，却是辞职誓词，活生生折射出朝代更替之时无尽的悲凉与荒诞。无论如何，这篇"誓词"倒隐隐然有美国总统华盛顿去职之风。

　　颠覆满清专制政府，巩固中华民国，图谋民生幸福，此国民之公意，文实遵之，以忠于国，为众服务。至专制政府既倒，国内无变乱，民国卓立于世界，为列邦公认，斯时文当解临时大总统之职。谨以此誓于国民。

孙　文
1912年1月1日

---

① 选自谭合成、江山主编《世纪档案——影响20世纪中国历史进程的100篇文章》，中国档案出版社，1995年版。

孙中山

遗 嘱①

后人把孙中山（1866～1925）先生的《遗嘱》浓缩为两句话："革命尚未成功，同志仍须努力。"

余致力国民革命凡40年，其目的在求中国之自由平等。积40年之经验，深知欲达到此目的，必须唤起民众及联合世界上以平等待我之民族，共同奋斗。

现在革命尚未成功，凡我同志，务须依照余所著《建国方略》《建国大纲》《三民主义》及《第一次全国代表大会宣言》，继续努力，以求贯彻。最近主张开国民会议及废除不平等条约，尤须于最短期间促其实现。是所至嘱！

中华民国十四年二月二十四日

孙 文　　三月十一日补签

---

① 选自谭合成、江山主编《世纪档案——影响20世纪中国历史进程的100篇文章》，中国档案出版社 1995年版。

瞿秋白

多余的话①

做了一生的革命者，临死之前醒悟到自己本质上其实是一个"文人"。瞿秋白（1899~1935）这种勇气不亚于当年卢梭写《忏悔录》。

"文 人"

"一为文人，便无足观"——这是清朝一个汉学家说的。的确，所谓"文人"正是无用的人物。这并不是现代意义的文学家、作家或是文艺评论家，这是吟风弄月的"名士"，或者是……说简单些，读书的高等游民。他什么都懂得一点，可是没有一点真实的知识。正因为他对于当代学术水平以上的各种学问都有少许的常识，所以他自以为是学术界的人，可是，他对任何一种学问都没有系统的研究、真正的心得，所以他对于学术是不会有什么贡献的，对于文艺也不会有什么成就的。

自然，文人也有各种各样不同的典型，但是大都实际上是高等游民罢了。假使你是一个医生，或是工程师、化学技师……真正的作家，你自己会感觉到每天生活的价值，你能够创造或是修补一点什么，只要你愿意。就算你是一个真正的政治家罢，你可以犯错误，但是也会纠正错误。你可以坚持你的错误，但是也会认真的为着自己的见解去斗争、实行。只有文人就没有希望了，他往往连自己也不知道究竟做的是什么！

"文人"是中国中世纪的残余和"遗产"——一份很坏的遗产。我相信，再过十年八年没有这一种知识分子了。

不幸，我自己不能够否认自己正是"文人"之中的一种。

固然，中国的旧书、十三经、二十四史、子书、笔记、丛书、诗词曲等，我都看过一些，但是我是抓到就看，忽然想起就看，没有什么研究的。一些科学论文，马克思主义的和非马克思主义的，我也看过一些，虽然很少。所以这些新新旧旧的书对于我，与其说是知识的来源，不如说是消闲的工具。究竟在哪一种学问上，我有点真实的知识？我自己是回答不出的。

---

① 选自萧关鸿编《中国百年传记经典》（第二卷），东方出版中心，1999年版。本文是节选。

可笑得很，我做过所谓"杀人放火"的共产党的领袖（？），可是，我确是一个最懦怯的"婆婆妈妈"的书生，杀一只老鼠都不会的，不敢的。

但是，真正的懦怯不在这里。首先是差不多完全没有自信力，每一个见解都是动摇的，站不稳的。总希望有一个依靠。记得布哈林初次和我谈话的时候，说过这么一句俏皮话："你怎么和三层楼上的小姐一样，总那么客气，说起话来，不是'或是'，就是'也许''也难说'等。"其实，这倒是真心话。可惜的是人家往往把我的坦白当作"客气"或者"狡猾"。

我向来没有为着自己的见解而奋斗的勇气，同时，也很久没有承认自己错误的勇气。当一种意见发表之后，看看没有有力的赞助，立刻就会怀疑起来；但是，如果没有一个另外的意见来代替，那就只会照着这个连自己也怀疑的意见做去。看见一种不大好的现象，或是不正确的见解，却还没有人出来指摘，甚至其势汹汹的大家认为这是很好的事情，我也始终没有勇气说出自己的怀疑来。优柔寡断，随波逐流，是这种"文人"必然的性格。

虽然人家看见我参加过几次大的辩论，有时候仿佛很激烈，其实我是最怕争论的。我向来觉得对方说的话"也对"，"也有几分理由"，"站在对方的观点上他当然是对的"。我似乎很懂得孔夫子忠恕之道。所以我毕竟做了"调和派"的领袖。假使我激烈的辩论，那末，不是认为"既然站在布尔塞维克（布尔什维克）的队伍里就不应当调和"，因此勉强着自己，就是没有抛开"体面"立刻承认错误的勇气，或者是对方的话太幼稚了，使我"箭在弦上不得不发"。

其实，最理想的世界是大家不争论，"和和气气地过日子"。

我有许多标本的"弱者的道德"——忍耐、躲避、讲和气，希望大家安静些、仁慈些等等。固然从少年时候起，我就憎恶贪污、卑鄙……以至一切恶浊的社会现象，但是我从来没有想做侠客。我只愿意自己不做那些罪恶。有可能呢，去劝劝他们不要再那样做；没有可能呢，让他们去罢，他们也有他们的不得已的苦衷罢！

我的根本性格，我想，不但不足以锻炼成布尔塞维克的战士，甚至不配做一个起码的革命者。又仅为着"体面"，所以既然卷进了这个队伍，也就没有勇气自己认识自己，而请他们把我洗刷出来。

但是我想，如果叫我做一个"戏子"——舞台上的演员，倒很会有些成绩，因为十几年我一直觉得自己在扮演一定的角色。扮着大学教授，扮着政治家，也会真正忘记自己而完全成为"剧中人"。虽然，这对于我很苦，得每天盼望着散会，盼望同我谈政治的朋友走开，让我卸下戏装，还我本来面目——躺倒在床上去，极疲乏地念着"回'家'去罢，回'家'去罢！"这的确是很苦的——然而在舞台上的时候，大致总还扮得不差，像煞有介事的。

为什么？因为青年精力比较旺盛的时候，一点游戏和做事的兴会总有的。即使不是你自己的事，当你把它做好的时候，你也感觉到一时的愉快。譬如你有点小聪明，你会摆好几幅"七巧板图"或者"益智图"，你当时一定觉得痛快，正像在中学校的时候，你算出了几个代数难题似的，虽则你并不预备做数学家。

不过，扮演舞台上的角色究竟不是"自己的生活"，精力消耗在这里，甚至完全用尽，始终是后悔也来不及的事情。等到精力衰惫的时候，对于政治舞台，实在是十分厌倦了。

庞杂而无秩序的一些书本上的知识和累赘而反乎自己兴趣的政治生活，使我麻木起来，感觉生活的乏味。

本来，书生对于宇宙间的一切现象，都不会有亲切的了解，往往会把自己变成一大堆抽象名词的化身。一切都有一个"名词"，但是没有实感。譬如说，劳动者的生活、剥削、斗争精神、土地革命、政权……一直到春花秋月、崎嵚、委蛇，一切种种名词、概念、辞藻，说是会说的，等到追问你究竟是怎么一回事，那就会感觉到模糊起来。

对于实际生活，总像雾里看花似的，隔着一层膜。

"文人"和书生大致没有任何一种具体的知识。他样样都懂得一点，其实样样都是外行。要他开口议论一些"国家大事"，在不太复杂和具体的时候，他也许会。但是，叫他修理一辆汽车，或者配一剂药方，办一个合作社，买一批货物，或者清理一本账目，再不然，叫他办好一个学校……总之，无论哪一件具体而切实的事情，他都会觉得没有把握的。

例如，最近一年来，叫我办苏维埃的教育。固然，在瑞金、宁都、兴国这一带的所谓"中央苏区"，原来是文化非常落后的地方，譬如一张白纸，在刚刚着手办教育的时候，只是创办义务小学校，开办几个师范学校，这些都做了。但是，自己仔细想一想，对于这些小学校和师范学校，小学教育和儿童教育的特殊问题，尤其是国内战争中工农群众教育的特殊问题，都实在没有相当的知识，甚至普通常识都不够。

近年来，感觉到这一切种种，很愿意"回过去再生活一遍"。

雾里看花的隔膜的感觉，使人觉得异常的苦闷、寂寞和孤独，很想仔细地亲切地尝试一下实际生活的味道。譬如"中央苏区"的土地革命已经有三四年，农民的私人日常生活究竟有了怎样的具体变化？他们究竟是怎样的感觉？我曾经去考察过一两次。一开口就没有"共同的言语"，而且自己也懒惰得很，所以终于一无所得。

可是，自然而然的，我学着比较精细地考察人物，领会一切"现象"。我近年来重新来读一些中国和西欧的文学名著，觉得有些新的印象。你从这些著作中间，可以相当亲切地了解人生和社会，了解各种不同的个性，而不是笼统的"好人""坏人"或是"官僚""平民""工人""富农"等等。摆在你面前的是有血有肉有个性的人，虽则这些人都在一定的生产关系、一定的阶级之中。

我想，这也许是从"文人"进到真正了解文艺的初步了。

是不是太迟了呢？太迟了！

徒然抱着对文艺的爱好和怀念，起先是自己的头脑和身体被"外物"所占领了。后来是非常的疲乏笼罩了我三四年，始终没有在文艺方面认真地用力。书是乱七八糟看了一些；我相信，也许走进了现代文艺的水平线以上的境界，不至于辨别不出趣味的高低。我曾经发表的一些文艺方面的意见，都驳杂得很，也是一知半解的。

时候过得很快。一切都荒疏了。眼高手低是这必然的结果。自己写的东西——类似于文艺的东西是不能使自己满意的，我至多不过是一个"读者"。

讲到我仅有的一点具体知识，那就只有俄国文罢。假使能够仔细而郑重地、极忠实地翻译几部俄国文学名著，在汉文方面每字每句地斟酌着，也许不会"误人子弟"的。这一个最愉快的梦想，也比在创作和评论方面再来开始求得什么成就，要实际得多。可惜，恐怕现在这个可能已经"过时"了！

告　别

一出滑稽剧就此闭幕了！

我家乡有句俗话，叫做"捉住了老鸦在树上做窝"。这窝是始终做不成的。一个平凡甚至无聊的"文人"，却要他担负几年的"政治领袖"的职务。这虽然可笑，却是事实。这期间，一切好事都不是由于他的功劳——实在是由于当时几位负责同志的实际工作，他的空谈不过是表面的点缀，甚至早就埋伏了后来的祸害。这历史的功罪，现在到了最终结算的时候了。

你们去算账罢，你们在斗争中勇猛精进着，我可以羡慕你们，祝贺你们，但是已经不能够跟随你们了。我不觉得可惜，同样，我也不觉得后悔，虽然我枉费了一生心力在我所不感兴味的政治上。过去的是已经过去了，懊悔徒然增加现在的烦恼。应当清洗出队伍的，终究应当清洗出来，而且愈快愈好，更用不着可惜。

我已经退出了无产阶级的革命先锋的队伍，已经停止了政治斗争，放下了武器。假使你们——共产党的同志们——能够早些听到我这里写的一切，那我想早就应当开除我的党籍。像我这样脆弱的人物，敷衍、消极、怠惰的分子，尤其重要的是空洞地承认自己错误而根本不能够转变自己的阶级意识和情绪，而且，因为"历史的偶然"，这并不是一个普通党员，而是曾经当过政治局委员的——这样

的人，如何还不要开除呢？

现在，我已经是国民党的俘虏，再来说起这些，似乎多余的了。但是，其实不是一样吗？我自由不自由，同样是不能够继续斗争了。虽然我现在才要结束我的生命，可是我早已结束了我的政治生活。严格地讲，不论我自由不自由，你们早就有权利认为我也是叛徒的一种。如果不幸而我没有机会告诉你们我的最坦白最真实的态度而骤然死了，那你们也许还把我当一个共产主义的烈士。记得1932年讹传我死的时候，有的地方替我开了追悼会，当然还念起我的"好处"。我到苏区听到这个消息，真叫我不寒而栗，以叛徒而冒充烈士，实在太那个了。因此，虽然我现在已经因在监狱里，虽然我现在很容易装腔作势慷慨激昂而死，可是我不敢这样做。历史是不能够，也不应当欺骗的。我骗着我一个人的身后虚名不要紧，叫革命同志误认叛徒为烈士却是大大不应该的。所以虽反正是一死，同样是结束我的生命，而我决不愿意冒充烈士而死。

永别了，亲爱的同志们！——这是我最后叫你们"同志"的一次。我是不配再叫你们"同志"的了。告诉你们：我实质上离开了你们的队伍很久了。

唉！历史的误会叫我这"文人"勉强在革命的政治舞台上混了好些年。我的脱离队伍，不简单的因为我要结束我的革命，结束这一出滑稽剧，也不简单的因为我的痼疾和衰惫，而是因为我始终不能够克服自己的绅士意识，我终究不能成为无产阶级的战士。

永别了，亲爱的朋友们！七八年来，我早已感觉到万分的厌倦。这种疲乏的感觉，有时候，例如1930年初或是1934年八九月间，简直厉害到无可形容、无可忍受的地步。我当时觉着，不管全宇宙的毁灭不毁灭，不管革命还是反革命等等，我只要休息，休息，休息！！好了，现在已经有了"永久休息"的机会。

我留下这几页给你们——我的最后的最坦白的老实话。永别了！判断一切的，当然是你们，而不是我。我只要休息。

一生没有什么朋友，亲爱的人是很少的几个。而且除开我的之华以外，我对你们也始终不是完全坦白的。就是对于之华，我也只露一点口风。我始终戴着假面具。我早已说过：揭穿假面具是最痛快的事情，不但对于动手去揭穿别人的痛快，就是对于被揭穿的也很痛快，尤其是自己能够揭穿。现在我丢掉了最后一层假面具。你们应当祝贺我。我去休息了，永久去休息了，你们更应当祝贺我。

我时常说，感觉到十年二十年没有睡觉似的疲劳，现在可以得到永久的"伟大的"可爱的睡眠了。

从我的一生，也许可以得到一个教训：要磨练自己，要有非常巨大的毅力，去克服一切种种"异己的"意识以至最微细的"异己的"情感，然后才能从"异己的"阶级里完全跳出来，而在无产阶级的革命队伍里站稳自己的脚步。否则，不免是"捉住了老鸦在树上做窝",不免是一出滑稽剧。

我这滑稽剧是要闭幕了。

我留恋什么？我最亲爱的人，我曾经依傍着她度过了这十年的生命。是的，我不能没有依傍。不但在政治生活里，我其实从没有做过一切斗争的先锋，每次总要先找着某种依傍。不但如此，就是在私生活里，我也没有"生存竞争"的勇气，我不会组织自己的生活，我不会做极简单极平常的琐事。我一直是依傍着我的亲人，我唯一的亲人。我如何不留恋？我只觉得十分难受，因为我许多次对不起我这个亲人，尤其是我的精神上的懦怯，使我对于她也终究没有彻底地坦白，但愿她从此厌恶我，忘记我，使我心安罢。

我还留恋什么？这美丽世界的欣欣向荣的儿童，我的女儿，以及一切幸福的孩子们。我替他们祝福。

这世界对于我仍然是非常美丽的。一切新的、斗争的、勇敢的都在前进。那么好的花朵、果子，那么清秀的山和水，那么雄伟的工厂和烟囱，月亮的光似乎也比从前更光明了。

但是，永别了，美丽的世界！

一生的精力已经用尽，剩下一个躯壳。

如果我还有可能支配我的躯壳，我愿意把它交给医学校的解剖室。听说中国的医学校和医院的实习室很缺乏这种科学实验用具。而且我是多年的肺结核者（1919年到现在），时好时坏，也曾经照过几次X光的照片。1931年春的那一次，我看见我的肺部有许多瘢痕，可是医生也说不出精确的判断。假定先照过一张，然后把这躯壳解剖开来，对着照片研究肺部状态，那一定可以发现一些什么。这对于肺结核的诊断也许有些帮助。虽然，我对医学是完全外行，这话说得或许是很可笑的。

总之，滑稽剧始终是闭幕了。舞台上空空洞洞的。有什么留恋也是枉然的了。好在得到的是"伟大的"休息。至于躯壳，也许不能由我自己作主了。

告别了，这世界的一切。

最后……

俄国高尔基的《四十年》，《克里摩·萨摩京的生活》，屠格涅夫的《鲁定》，托尔斯泰的《安娜·卡列尼娜》，中国鲁迅的《阿Q正传》，茅盾的《动摇》，曹雪芹的《红楼梦》，都很可以再读一读。

中国的豆腐也是很好吃的东西，世界第一。

永别了！

1935年5月22日

闻一多

死 水①

中国历来有"诗史"传统，白话诗并没有抛弃这种阳刚精神，而是将它光大了。20世纪上半叶的中国一直被战火硝烟笼罩着，一个热爱生命的诗人，他的喉咙里不能不带着火药味。留美归来的闻一多（1899～1946）发现眼前的中国是一沟死水，他痛心疾首地拒绝说："这不是我的中国！"挥笔写下这首审丑杰作，情调类似波德莱尔眼中的巴黎，但风格是"戴着镣铐跳舞"的中国"新格律诗"所独具的，兼具音乐美、绘画美和建筑美。

> 这是一沟绝望的死水，
> 清风吹不起半点漪沦。
> 不如多扔些破铜烂铁，
> 爽性泼你的剩菜残羹。
>
> 也许铜的要绿成翡翠，
> 铁罐上锈出几瓣桃花；
> 再让油腻织一层罗绮，
> 霉菌给他蒸出些云霞。
>
> 让死水酵成一沟绿酒，
> 飘满了珍珠似的白沫；
> 小珠笑一声变成大珠，
> 又被偷酒的花蚊咬破。
>
> 那么一沟绝望的死水，
> 也就夸得上几分鲜明。
> 如果青蛙耐不住寂寞，
> 又算死水叫出了歌声。

歌代啸

046

---

① 选自陈梦家编《新月诗选·中国现代文学史参考资料》，上海书店影印，1981年版。

这是一沟绝望的死水，
这里断不是美的所在，
不如让给丑恶来开垦，
看他造出个什么世界。

1925年4月

闻一多

口 供①

如果这首诗是描画别人的，它意在指责知识者的表里不一——许多人身上共存着"绅士气"与"鬼气"；如果是自白，那就是理想的高洁与现实的卑污之间的纠缠。以"苦茶"为钥匙，我取后者。

我不骗你，我不是什么诗人，
纵然我爱的是白石的坚贞，
青松和大海，鸦背驮着夕阳，
黄昏里织满了蝙蝠的翅膀。
你知道我爱英雄，还爱高山，
我爱一幅国旗在风中招展，
自从鹅黄到古铜色的菊花。
记着我的粮食是一壶苦茶！

可是还有一个我，你怕不怕？——
苍蝇似的思想，垃圾桶里爬。

歌代啸

---

① 选自《中国现代文学史参考资料·新诗选》（第一册），上海教育出版社，1979年版。

田汉

毕业歌①

　　一首电影插曲，果然成了三四十年代大、中、小学生的"毕业歌"。这是时代的歌，青年的理想之歌。

　　　　同学们，大家起来，
　　　　担负起天下的兴亡！
　　　　听吧！
　　　　满耳是大众的嗟伤，
　　　　看吧！
　　　　一年年国土的沦丧！
　　　　我们是要选择"战"还是"降'？
　　　　我们要做主人去拼死在疆场，
　　　　我们不愿做奴隶而青云直上！
　　　　我们今天是桃李芬芳，
　　　　明天是社会的栋梁；
　　　　我们今天是弦歌在一堂，
　　　　明天要掀起民族自救的巨浪！
　　　　巨浪，巨浪，
　　　　不断地增长！
　　　　同学们！同学们！
　　　　快拿出力量，
　　　　担负起天下的兴亡！

　　　　　　　1934年电通影片公司摄制影片《桃李劫》主题歌歌词

歌代啸

049

田汉

义勇军进行曲①

　　一首电影插曲，居然成了新中国的"国歌"。这是人民之歌，是一个饱受欺凌的民族发出的自强的吼声。当我们还没有理由修改歌词的时候，我们要记着田汉（1898～1968）和聂耳（1912～1935）的提醒。

　　　　起来！不愿做奴隶的人们！
　　　　把我们的血肉，
　　　　筑成我们新的长城！
　　　　中华民族到了最危险的时候，
　　　　每个人被迫着发出最后的吼声。
　　　　起来！起来！起来！
　　　　我们万众一心，
　　　　冒着敌人的炮火前进！
　　　　冒着敌人的炮火前进！
　　　　前进！前进！进！

　　　　　　　　　1935年电通影片公司摄制影片《风云儿女》主题歌歌词

歌代啸

---

① 选自张永健、张芳彦主编《中国现代新诗三百首》，长江文艺出版社，1992年版。

田间

假使我们不去打仗①

抗战时期，田间（1916～1985）在墙头刷下的这些子弹一般简练而直击人心的诗句，无疑把文学的现实主义功能发挥到极致。这样的诗句，会把多少农民变成战士！

假使我们不去打仗，
敌人用刺刀
杀死了我们，
还要用手指着我们骨头说：
　　"看，
　　这是奴隶！"

1938年

① 选自《中国现代文学史参考资料·新诗选》（第二册），上海教育出版社，1979年版。

艾青

我爱这土地①

　　"用嘶哑的喉咙歌唱"的"鸟"的形象类比出苦难民族的"诗人"的形象，结句的直白是忍不住冲口而出的，所以扣人心弦。

　　艾青（1910～1996），曾留法学习美术，22岁在狱中写出成名作《大堰河——我的保姆》，从此成为诗人。

> 假如我是一只鸟，
> 我也应该用嘶哑的喉咙歌唱：
> 这被暴风雨所打击着的土地，
> 这永远汹涌着我们的悲愤的河流，
> 这无止息地吹刮着的激怒的风
> 和那来自林间的无比温柔的黎明……
> ——然后我死了，
> 连羽毛也腐烂在土地里面。
>
> 为什么我的眼里常含泪水？
> 因为我对这土地爱得深沉……

1938年11月

歌代啸

---

① 选自《中国现代抒情短诗一百首》，上海文艺出版社，1981年版。

戴望舒

我用残损的手掌①

因宣传抗战而在香港被捕入狱的诗人戴望舒（1905～1950），那曾经奉献给"雨巷'中"丁香一样的姑娘"的磁性的声音变得浑厚起来了。"残损"的不是"手掌"，而是备受蹂躏却越加敏感的诗人之"心"，一颗备加温柔的心的"抚摸"，才有那么精微的感觉和超拔的想象。

我用残损的手掌
摸索这广大的土地：
这一角已变成灰烬，
那一角只是血和泥；
这一片湖该是我的家乡，
（春天，堤上繁花如锦障，
嫩柳枝折断有奇异的芬芳）
我触到荇藻和水的微凉；
这长白山的雪峰冷到彻骨，
这黄河的水夹泥沙在指间滑出；
江南的水田，你当年新生的禾草
是那么细，那么软……现在只有蓬蒿；
岭南的荔枝花寂寞地憔悴，
尽那边，我蘸着南海没有渔船的苦水……
无形的手掌掠过无限的江山，
手指沾了血和灰，手掌粘了阴暗，
只有那辽远的一角依然完整，
温暖，明朗，坚固而蓬勃生春。
在那上面，我用残损的手掌轻抚，
像恋人的柔发，婴孩手中乳。

---

① 选自《戴望舒诗集》，四川人民出版社，1981年版。

我把全部的力量运在手掌

贴在上面，寄与爱和一切希望，

因为只有那里是太阳，是春，

将驱逐阴暗，带来苏生，

因为只有那里我们不像牲口一样活，

蝼蚁一样死……那里，永恒的中国！

1942年7月3日

穆旦

春①

春天点燃了"满园的欲望",青春却紧闭于"二十岁的肉体"。生命的自然冲动与现实压抑使人"无处归依",一种"赤裸"的痛苦,一个新鲜的"春"的意象。

穆旦(1918~1977),原名查良铮,天才的翻译家、诗人,他的诗作是中国白话诗进入现代主义诗歌的里程碑。

> 绿色的火焰在草上摇曳,
> 他渴求着拥抱你,花朵。
> 反抗着土地,花朵伸出来,
> 当暖风吹来烦恼,或者欢乐。
> 如果你是醒了,推开窗子,
> 看这满园的欲望多么美丽。
>
> 蓝天下,为永远的谜迷惑着的
> 是我们二十岁的紧闭的肉体,
> 一如那泥土做成的鸟的歌,
> 你们被点燃,却无处归依。
> 呵,光,影,声,色,都已经赤裸,
> 痛苦着,等待伸入新的组合。

1942年2月

① 选自《九叶集》,江苏人民出版社,1981年版。

苏金伞

头 发①

叙事诗要讲求典型形象，一把"头发"，像一部家族简史：父亲的长辫子被家长专制与政府专制双双纠打着，一直带进棺材；母亲的头发成为苦难人生的象征；而我剪短的硬发表达了我的觉醒和"不驯服"。

苏金伞（1906～1997），七月派诗人。

一

在我的记忆里，
父亲的头发，
还拖着一条长辫子。

祖父常用脚
踏着那辫子
拼命地拳击。

城里来的差人，
又把那辫子
吊在树上，
用鞭子打着
要钱粮。

但他的辫子并没有掉
一直拖进棺材
还那么粗大。

歌代啸

---

① 选自谭五昌编《中国新诗三百首》，北京出版社，1999年版。

二

母亲的头发
一辈子不梳。
上面落满了
磨面时荡出的面屑，
和烧锅时
飞出的灰星子。

且又最易脱落；
用手一挠，
就抓下一把乱发和母虱。

临死时，
交代姐姐：
"把我的头发梳一梳吧，
披头散发，
是不好见阎王的！"

姐姐梳梳她的头发，
于是她安心地闭上眼；
但虱子还在喝她的血！

三

赶到我，
头发变硬了，
不服梳理，
成天鬅鬅鬙鬙的，
叫人看着不顺眼。

更有人从我的头发
推测到我的心，
说我太不驯服
一定会碰出乱子来的。

于是在人面前，
我总是用手按住头发
不让它崛起，
替我惹祸。
但头发太硬
真是无可奈何！
手指一疏忽，
就又恢复了原来的姿势。

最后我把它剃光。
但又有人说：
这是秘密组织的标记，
应该用刀连根割下来！

1946年10月

歌代啸

杜运燮

追物价的人①

抗战年代，"物价"太"轻"，生存太"重"，为了追上物价（求生），人们抛妻别子（弃生），最后，是付出生命中不能承受之轻——"轻如鸿毛的死"。战争与腐败勾结，草菅人命。

杜运燮（1915～2002），九叶派诗人。

物价已是抗战的红人。
从前同我一样，用腿走，
现在不但有汽车，坐飞机，
还结识了不少要人，阔人，
他们都捧他，搂他，提拔他，
他的身体便如烟一般轻，
飞。但我得赶上他，不能落伍。
抗战是伟大的时代，不能落伍。
虽然我已经把温暖的家丢掉，
把好衣服厚衣服，把心爱的书丢掉，
还把妻子儿女的嫩肉丢掉，
而我还是太重，太重，走不动，
让物价在报纸上，陈列窗里，
统计家的笔下，随便嘲笑我。
啊，是我不行，我还存有太多的肉，
还有菜色的妻子儿女，他们也有肉，
还有重重补丁的破衣，它们也太重，
这些都应该丢掉。为了抗战，
为了抗战，我们都应该不落伍，
看看人家物价在飞，赶快迎头赶上，

① 选自《九十集》，江苏人民出版社，1981年版。

即使是轻如鸿毛的死，
也不要计较，就是不要落伍。

1945年于昆明

辛笛

风 景①

满载"问题"的列车，快要把"中国的肋骨"轧断。士兵惨黄的新装把丰绿的自然染病了，这不是和平的"风景"，而是病态的疮痍满目的中国。

辛笛（1912~2004），九叶派诗人。

列车车_在中国的肋骨上
一节接着一节社会问题
比邻而居的是茅屋和田野间的坟
生活距离终点这样近
夏天的土地绿得丰饶自然
兵士的新装黄得旧褪凄惨
惯爱想一路来行过的地方
说不出生疏却是一般的黯淡
瘦的耕牛和更瘦的人
都是病，不是风景！

1948年夏在沪杭道中

歌代啸

061

---

① 选自《九叶集》，江苏人民出版社，1981年版。

郑敏

金黄的稻束①

"金黄的稻束"与"疲倦的母亲"，在秋天的田野里静默成雕像，静观历史沧桑变换。人类生存意志坚韧不屈，是个母性形象，就像这朴素的稻束和田里的农妇。

郑敏（1920年生），九叶派女诗人。

> 金黄的稻束站在
> 割过的秋天的田里，
> 我想起无数个疲倦的母亲，
> 黄昏路上我看见那皱了的美丽的脸，
> 收获日的满月在
> 高耸的树巅上，
> 暮色里，远山
> 围着我们的心边，
> 没有一个雕像能比这更静默。
> 肩荷着那伟大的疲倦，你们
> 在这伸向远远的一片
> 秋天的田里低首沉思，
> 静默。静默。历史也不过是
> 脚下一条流去的小河，
> 而你们，站在那儿，
> 将成为人类的一个思想。

写于1942年至1947年之间

① 选自《九叶集》，江苏人民出版社，1981年版。

郁达夫

给一位文学青年的公开状①

社会"零余者"郁达夫（1895～1945）严词正告从湖南乡间来北京求学谋生的"惨绿少年"沈从文：你已经是既当不了土匪又拉不动洋车的"半去势的文人"，"长安米贵，居大不易"，出路有三：上策是去造炸弹革命，中策是回老家等死，下策是去做炮灰或做贼。冷酷的不是郁达夫，是那个知识者无以生的时代。郁达夫到底还是以慈心与慧眼，接济了这位未来的文坛巨星。

今天的风沙实在太大了，中午吃饭之后，我因为还要去教书，所以没有许多工夫和你谈天。我坐在车上，一路的向北走去，沙石飞进了我的眼睛。一直到午后四点钟止，我的眼睛四周的红圈，还没有褪尽。恐怕同学们见了要笑我，所以于上课堂之先，我从高窗口在日光大风里把一双眼睛曝晒了许多时。我今天上你那公寓里来看了你那一副样子，觉得什么话也说不出来。现在我想趁着这大家已经睡寂了的几点钟工夫，把我要说的话，写一点在纸上。

平素不认识的可怜的朋友，或是写信来，或是亲自上我这里来的，很多很多。我因为想报答两位已是我素不认识而对于我却有十二分的同情过的朋友的厚恩起见，总尽我的力量帮助他们。可是我的力量太薄弱了，可怜的朋友太多了，所以结果近来弄得我自家连一条棉裤也没有。这几天来天气变得很冷，我老想买一件外套，但终于没有买成。尤其是使我羞恼的，因为恰逢此刻，我和同学们所读的书里，正有一篇俄国郭哥儿（果戈理）著的嘲弄像我们一类人的小说《外套》。现在我的经济状态，比从前并没有什么宽裕，从数目上讲起来，反而比从前要少——因为现在我不能向家里去要钱花，每月的教书钱，额面上虽则有五十三加六十四合一百十七块，但实际上拿得到的只有三十三四块——而我的嗜好日深，每月光是烟酒的账，也要开销二十多块。我曾经立过几次对天的深誓，想把这一笔靡费戒省下来，但愈是没有钱的时候，愈想喝酒吸烟。向你讲这一番苦话，并不是因为怕你要问我借钱，而先事预防，我不过欲以我的身体来做一个证据：证明目下的

---

① 选自《中国现代文学史参考资料·散文选》（第一册），上海教育出版社，1979年版。

中国社会的不合理，以大学校毕业的资格来糊口的你那种见解的错误罢了。

引诱你到北京来的，是一个国立大学毕业的头衔，你告诉我说，你的心里，总想在国立大学弄到毕业，毕业以后至少生计问题总可以解决。现在学校都已考完，你一个国立大学也进不去，接济你的资金的人，又因他自家的地位动摇，无钱寄你，你去投奔你同县而且带有亲属的大慈善家H，H又不纳，穷极无路，只好写封信给一个和你素不相识而你也明明知道是和你一样穷的我，在这时候这样的状态之下，你还要口口声声地说什么"大学教育""念书"，我真佩服你的坚忍不拔的雄心。不过佩服虽可佩服，但是你的思想的简单愚直，也却是一样的可惊可异。现在你已经是变成了中性——半去势的文人了，有许多事情，譬如说高尚一点的，去当土匪，卑微一点的，去拉洋车等事情，你已经是干不了的了，难道你还嫌不足，还要想穿几年长袍，做几篇白话诗，短篇小说，达到你的全去势的目的么？大学毕业，以后就可以有饭吃，你这一种定理，是哪一本书上翻来的？

像你这样一个白脸长身、一无依靠的文学青年，即使将面包和泪吃，勤勤恳恳地在大学窗下住他五六年，难道你拿毕业文凭的那一天，天上就忽而会下起珍珠白米的雨来的么？

现在不要说中国全国，就是在北京的一区里头，你且去站在十字街头，看见穿长袍黑马褂或哔叽旧洋服的人，你且试对他们行一个礼，问他们一个人要一个名片来看看，我恐怕你不上半天，就可以积起一大堆的什么学士、什么博士来，你若再行一个礼，问一问他们的职业，我恐怕他们都要红红脸说："兄弟是在这里找事情的。"他们是什么？他们都是大学毕业生呵。你能和他们一样的有钱读书么？你能和他们一样的有钱买长袍黑马褂哔叽洋服么？即使你也和他们一样的有了读书买衣服的钱，你能保得住你毕业的时候，事情会来找你么？

大学毕业生坐汽车，吸大烟，一攫千金的人原是有的。然而他们都是为新上台的大老经手减价卖职的人，都是大刀枪杆在后面援助的人，都是有几个什么长在他们父兄身上的人，再粗一点说，他们至少都是爬乌龟钻狗洞的人，你要有他们那么的后援，或他们那么的乌龟本领，狗本领，那么你就是大学不毕业，何尝不可以吃饭？

我说了这半天，不过想把你的求学读书、大学毕业的迷梦打破而已。现在为你计，最上的上策，是去找一点事情干干。然而土匪你是当不了的，洋车你也拉不了的，报馆的校对，图书馆的拿书者，家庭教师，看护男，门房，旅馆火车菜馆的伙计，因为没有人可以介绍，你也是当不了的——我当然是没有能力替你介绍——所以最上的上策，于你是不成功的了。其次你就去革命去罢，去制造炸弹去罢！但是革命是不是同割枯草一样，用了你那裁纸的小刀，就可以革得成的呢？炸弹是不是可以用了你头发上的灰垢和半年不换的袜底里的腐泥来调和的呢？这些事情，你去问上帝去罢！我也不知道。

　　比较上可以做得到，并且也不失为中策的，我看还是弄几个旅费，回到湖南你的故土，去找出四五年你不曾见过的老母和你的小妹妹来，第一天相持对哭一天，第二天因为哭了伤心，可以在床上你的草窠里睡去一天，既可以休养，又可以省几粒米下来熬稀粥。第三天以后，你和你的母亲妹妹，若没有衣服穿，不妨三人紧紧地挤在一处，以体热互助的结果，同冬天雪夜的群羊一样，倒可以使你的老母不至冻伤，若没有米吃，你在日中天暖一点的时候，不妨把年老的母亲交付给你妹妹的身体烘着，你自己可以上村前村后去掘一点草根树根来煮汤吃。草根树根也有淀粉，我的祖母未死的时候，常把洪杨乱日，她老人家尝过的这滋味说给我听，我所以知道。现在我既没有余钱可以赠你，就把这秘方相传，作个我们两位穷汉，在京华尘土里相遇的纪念罢！若说草根树根，也被你们的督军省长师长议员知事掘完，你无论走往何处再也找不出一块一截来的时候，那么你且咽着自家的口水，同唱戏似的把北京的豪富人家的蔬菜，有色有香地说给你的老母亲小妹妹听听，至少在未死前的一刻半刻钟中间，你们三个昏乱的脑子里，总可以大事铺张地享乐一回。

　　但是我听你说，你的故乡连年兵燹，房屋田产都已毁尽，老母弱妹也不知是生是死，五年来音信不通，并且现在回湖南的火车不开，就是有路费也回去不得，何况没有路费呢！

　　上策不行，次之中策也不行，现在我为你实在是没有什么法子好想了。不得已我就把两个下策来对你讲罢！

　　第一，现在听说天桥又在招兵，并且听说取得极宽，上自五十岁的老人起，下至十六七岁的少年止，一律都收，你若应募之后，马上开赴前敌，打死在租界以外的中国地界，虽然不能说是为国效忠，也可以算得是为招你的那个同胞效了命，岂不是比饿死冻死在你那公寓的斗室里，好得多么？况且万一不开往前敌，或虽开往前敌而不打死的时候，只教你能保持你现在的这种纯洁的精神，只教你能有如现在想进大学读书一样的精神来宣传你的理想，难保你所属的一师一旅，不为你所感化。这是下策的第一个。

　　第二，这才是真正的下策了！你现在不是只愁没有地方住没有地方吃饭而又苦于没有勇气自杀么？你的没有能力做土匪，没有能力拉洋车，是我今天早晨在你公寓里第一眼看见你的时候，已经晓得的。但是有一件事情，我想你还能胜任的，要干的时候一定是干得到的。这是什么事情呢？啊啊，我真不愿意说出来——我并不是怕人家对我提起诉讼，说我在唆使你做贼，啊呀，不愿意说倒说出来了，做贼，做贼，不错，我所说的这件事情就是叫你去偷窃呀！

　　无论什么人的无论什么东西，只教你偷得着，尽管的偷罢！偷到了，不被发觉，那么就可以把这你偷自他，他抢自第三人的，在现在社会里称为赃物，在将来进步了的社会里，当然是要分归你有的东西，拿到当铺——我虽然不能为你介绍职业，但是像这样的当铺却可以为你介绍几家——里去换钱用。万一发觉了呢？也没有什么。第一你坐坐监牢，房钱总可以不付了。第二监狱里的饭，虽然没有今天中午我请你的那家馆子里的那么好，但是饭钱是可以不付的。第三或者什么什么司令，以军法从事，把你枭首示众的时候，那么你的无勇气的自杀，总算是他来代你执行了，也是你的一件快心的事情，因为这样活在世上，实在是没有什么意思。

我写到这里，觉得没有话再可以和你说了，最后我且来告诉你一种实习的方法罢！

你若要实行上举的第二下策，最好是从新近的熟人方面做起。譬如你那位同乡的亲戚老H家里，你可以先去试一试看。因为他的那些堆积在那里的富财，不过是方法手段不同罢了，实际上也是和你一样地偷来抢来的。再若你慑于他的慈和的笑里的尖刀，不敢去向他先试，那么不妨上我这里来作个破题儿试试，我晚上卧房的门常是不关，进去很便。不过有一件缺点，就是我这里没有什么值钱的物事。但是我有几本旧书，却很可以卖几个钱。你若来时，最好是预先通知我一下，我好多服一剂催眠药，早些睡下，因为近来身体不好，晚上老要失眠，怕与你的行动不便。还有一句话——你若来时，心肠应该要练得硬一点，不要因为是我的书的原因，致使你没有偷成，就放声大哭起来——

1924年11月13日午前2时

萧红

饿①

　　流亡香港的文学青年萧红(1911～1942)和萧军(1907～1988)，心灵的飘浮暂且不说，肚子的饿却是实实在在的：桌子可以吃吗？草褥子可以吃吗？现在肚子填饱了的文人再也写不出这样开口见心的文字了。

　　列巴圈挂在过道中别人的门上，过道好像还没有天明，可是电灯已经熄了！夜间遗留下来睡蒙蒙的气息充塞过道。茶房气喘着，抹着地板。

　　我不愿意醒得太早，可是已经醒了，并且再不能睡去。

　　厕所房的电灯仍开着，和夜间一般昏黄，好像黎明还没有到来，可是列巴圈已经挂上别人家的门了！有的牛奶瓶也规规矩矩地等在别人家的门外，只要一醒来，就可以随便吃喝，但这只限于别人，是别人的事，与自己无关。

　　扭开了电灯，他睡在床上，他睡得那样恬静，连呼吸也不震动空气一下。我听一听过道，连一个人也没走动，全旅馆的三层楼都在睡中，越这样越引诱我，我的那种想头越坚决，好像有一块黄金遗失在我家门外，即使我不开门，黄金也会跑进来似的。过道尚没有一点声息，过道越静越引诱我，我的那种想头越充胀：去拿吧！正是时候，即使是偷，那就偷吧！

　　轻轻扭动钥匙，门一点响动也没有，探头看了看，列巴圈对门就挂着，东隔壁也挂着，西隔壁也挂着。天快亮了，牛奶瓶的乳白色，看得真真切切，列巴圈比每天也大了些，结果什么也没去拿，我心里发烧，耳朵热了一阵，立刻想到这是"偷"，儿时的记忆再现出来——偷梨吃的孩子最羞耻——过了好久，我就贴在已关好的门扇上，仿佛是一个没有肉体没有灵魂的纸剪成的人。大概这样吧！街车唤醒了我，马蹄得得，车轮吱吱地响过去。我抱紧胸膛，把头也挂到胸口，向我自己心说：

　　"我，饿呀！我不是偷。"

　　第二次又打开门，这回我决心了：偷就偷，虽然只是几个列巴圈我也偷，为着我饿，为着他饿。第二次我又失败，那么不去做第三次了！下了最后的决心爬上

---

　　① 选自肖凤编《萧红散文选集》，百花文艺出版社，1991年版。

床，关了灯！推一推他，他没有醒，我怕他醒，怕他看见我要偷别人的东西，在偷这一刻，他也是我的敌人，假若我有母亲，母亲也是敌人。

天亮，人们醒了！马路也醒了！做了家庭教师无处吃饭也要去上课，并且要练把式。他喝了一杯空茶走的。我没有偷，他就没有吃到，过道的列巴圈们，早已不见了！都让别人吃掉了。

从昨夜饿到中午，四肢感到软，肚子好像在学校时被踢打放了气的皮球。

窗子在墙壁中央，天窗似的，我从窗口伸了出去，赤裸裸，完全和日光接近，市街临在我的脚下；直线的，错综着许多角度的楼房；大柱子一般的工厂烟囱；街道横竖交错着，秃光的街树；白云在天空作出各样的曲线。高空的风吹乱我的头发，飘荡我的衣襟。市街像一张繁繁杂杂颜色不清晰的地图挂在我的眼前。楼顶和树梢都挂住一层稀薄的白霜。整个城市在阳光下闪闪烁烁撒了一层银片。我的衣襟被风拍着作响。我冷了。我孤孤独独地好像站在无人的山顶。每家楼顶的白霜，一刻已不是银片了，而是一些雪片、冰花，或是什么更严寒的东西吸住我，像全身浴在冷水里一般。

我披了棉被再出现到窗口，那不是全身，仅仅是头和胸突在窗口。一个女人站在一家药店门口讨钱，手下牵着孩子，衣襟下裹着更小的孩子。药店没有人出来理她，过路人也不理她，都像说她有孩子不对，都像说她穷就不该有孩子，有也应该饿死。我只能看到街路的那半面，那女人大概向我的窗下走来，因为我听到那孩子的哭声很近。

"老爷……太太！可怜，可怜！"可是看不见她又在追逐什么人，虽然是三层楼也听得十分清晰，她一定是抱着孩子跑赶着，连她的断断续续的呼吸几乎都听得到：

"老爷……老爷……可怜……可怜吧！"

那女人一定正跟我相同，那女人一定早饭还没有吃，也许昨晚的饭也没有吃。她在楼下急迫的来复的呼吸传染了我，肚子立刻响起来，肠子不住呼叫……

他仍不回来，我拿什么喂我的肚子呢？桌子可以吗？草褥子可以吗？

晒着阳光的行人道，来往的行人，小贩，乞丐……这一些看得我疲倦了，打着呵欠从窗口爬下来。窗子一关起来，立刻生满了霜，过一刻玻璃片就流着眼泪了，起初是一条一条的，后来就大哭，满脸是泪，玻璃窗片好像行人道上讨饭的母亲的脸。

我坐在小屋里，像饿在笼中的鸡一般，只想合起眼睛来静着默着，但又不是睡。

"咯咯"，这是谁在打门，我快去开门。三年前旧学校里的图画先生。他和从前一样很喜欢说感伤一类的笑话，没有改变，只是胖了一点。眼睛又小了一点。

他随便说，说得很多。他的女儿，那个穿红花旗袍的小姑娘，红花旗袍又加了一件黑绒上衣，她坐在藤椅上，怪美丽的。但她有点不耐烦的样子：

"爸爸，我们走吧！"小姑娘哪里懂得人生；小姑娘只知道美；哪里懂得人生。高先生问我：

"你一个住人在这里吗？"

"是，"我当时不晓得为什么答应"是"，明明是和他同住，怎么要说自己住呢？

好像这几年并没有别开，我仍在那个学校读书一样。他说：

"总也没见到你，我想是到别处去了。……还是一个人好，可以把整个的心身献给艺术。你现在不喜欢画，喜欢文学，就把全身心献给文学。只有忠于艺术的心才不空虚。只有艺术才是美。'爱情'这话很难说，若是为了性欲才爱，那么就不如临时解决，随便可以找到一个！只要是异性。爱是爱，爱很不容易，那么就不如爱艺术比较有意义……"

"爸爸走吧，"小姑娘哪里懂得人生，只知道美，她看一看这屋子，一点意思也没有，床上只铺一张草褥子。

"是，走——"高先生又说，眼睛指着女儿，"你看我13岁就结了婚，这不是吗？高芸都15岁啦……"

"爸爸，我们走吧！"

他像我在学校读书时一样，总爱说他13岁就结了婚。差不多全校的同学都知道高先生是13岁就结了婚的。

"爸爸，我们走吧！"

他把一张钱票丢在桌上就带着女儿走了。

他还没有回来，我应该立刻想到饿，但我完全被青春迷惑了！读书的时候哪里懂得饿？只晓得青春最重要。虽然现在也并没老，但总觉得青春是过去了。

我这样冥想了一个长时期，心浪像海水一般翻了一阵，追求实际吧！青春唯有自私的人才系念它。只有饥寒，没有青春。

几天没有去过的小饭馆，又坐在那里边吃喝了，我对他说：

"很累了吧？腿疼不？道外，道里，南岗要有十五里路……"只要有得吃，他很满足，我也很满足，其余什么都忘掉。那个饭馆我已经习惯，还不等他坐下，我就抢了一个地方先坐下，我也把菜的名字记得很熟，什么辣椒白菜啦、什么酱鱼啦……怎么叫酱鱼呢？哪里有鱼；用鱼骨头炒一点酱，借一点鱼腥味就是啦！我很有把握，我简直都不用算一算就知这些样菜都超不过一角钱，因此我用很大的声音招呼，我不怕，我不怕花钱。

回来。没有睡觉之前，我们一面喝着开水一面说：

"这回又饿不着了！又够吃些日子！"

挣
扎
·
观
察
·
创
造

他的袜子破了，脚踵和脚趾全露在外面，我说：

"买一双去吧。"

他说："不能买，没有钱，连吃饭都不能，有钱也不能买袜子！"

闭了灯，又满足又安适地睡了一夜。

萧红

破落之街①

在沦落中苦苦挣扎与浑然不觉地堕落是两回事，前者是"从水泥中往外爬"，后者是"永远留在那里，那里淹没着他们的一生"。直视内心者与悲天悯人的旁观者的文字也是两种境界，是真文学与假文学的截然分野。有多少人这样做了，却不敢这样写："我们也是一条狗，和别的狗一样没有心肝。"

天明了，白白的阳光空空染了全室。

我们决穿衣服，折好被子，平结他自己的鞋带，我结我的鞋带。他到外面去打脸水，等他回来的时候我气愤坐在床沿。他手中的水盆被他忘记了，有水泼到地板。他问我，我气愤着不语，把鞋子给他看。

鞋带是断成三段了，现在又断了一段。他重新解开他的鞋子，我不知道他在做什么，我看他向床间寻了寻，他是找剪刀，可是没买剪刀，他失望用手把鞋带变成两段。

一条鞋带也要分成两段，两个人束着一条鞋带。

他拾起桌上的铜板说：

"就是这些吗？"

"不，我的衣袋还有哩！"

那仅是半角钱，他皱眉，他不愿意拿这票子。终于下楼了，他说："我们吃什么呢？"

用我的耳朵听他的话，用我的眼睛看我的鞋，一只是白鞋带，另一只是黄鞋带。

秋风是紧了，秋风的凄凉特别在破落之街道上。

苍蝇满集在饭馆的墙壁，一切人忙着吃喝，不闻苍蝇。

"伙伴，我来一分钱的辣椒白菜。"

"我来二分钱的豆芽菜。"

别人又喊了，伙计满头是汗。

---

① 选自肖凤编《萧红散文选集》，百花文艺出版社，1991年版。

"我再来一斤饼。"

苍蝇在那里好像是哑静了，我们同别的一些人一样，不讲卫生体面，我觉得女人必须不应该和一些下流人同桌吃饭，然而我是吃了。

走出饭馆门时，我很痛苦，好像快要哭出来，可是我什么人都不能抱怨。平他每次吃完饭都要问我：

"吃饱没有？"

我说："饱了！"其实仍有些不饱。

今天他让我自己上楼："你进屋去吧！我到外面有点事情。"

好像他不是我的爱人似的，转身下楼离我而去了。

在房间里，阳光不落在墙壁上，那是灰色的四面墙，好像匣子，好像笼子，墙壁在逼着我，使我的思想没有用，使我的力量不能与人接触，不能用于世。

我不愿意我的脑浆翻绞，又睡下，拉我的被子，在床上辗转，仿佛是个病人一样，我的肚子叫响，太阳西沉下去，平没有回来。我只吃过一碗玉米粥，那还是清早。

他回来，只是自己回来，不带馒头或别的充饥的东西回来。

肚子越响了，怕给他听着这肚子的呼唤，我把肚子翻向床，压住这呼唤。

"你肚疼吗？"我说不是，他又问我：

"你有病吗？"

我仍说不是。

"天快黑了，那么我们去吃饭吧！"

他是借到钱了吗？

"五角钱哩！"

泥泞的街道，沿路的屋顶和蜂巢样密挤着，平房屋顶，又生出一层平屋来。那是用板钉成的，看起来像是楼房，也闭着窗子，歇着门。可是生在楼房里的不像人，是些猪猡，是污浊的群。我们往来都看见这样的景致。现在街道是泥泞了，肚子是叫唤了！一心要奔到苍蝇堆里，要吃馒头。桌子的对边那个老头，他唠叨起来了，大概他是个油匠，胡子染着白色，不管衣襟或袖口，都有斑点花色的颜料，他用有颜料的手吃东西。并没有发见他是不讲卫生，因为我们是一道生活。

他嚷了起来，他看一看没有人理他，他升上木凳好像老旗杆样，人们举目看他。终归他不是造反的领袖，那是私事，他的粥碗里面睡着个苍蝇。

大家都笑了，笑他一定在发神经病。

"我是老头子了，你们拿苍蝇喂我！"他一面说，有点伤心。

一直到掌柜的呼唤伙计再给他换一碗粥来，他才从木凳降落下来。但他寂寞着，他的头摇曳着。

这破落之街我们一年没有到过了，我们的生活水平比他们高，和他们不同，我们是从水泥中向外爬。可是他们永远留在那里，那里淹没着他们的一生，也淹没着他们的子子孙孙，但是这要淹没到什么时代呢？

我们也是一条狗，和别的狗一样没有心肝。我们从水泥中自己向外爬，忘记别人，忘记别人。

储安平

政府利刃指向《观察》①

　　1947年大除夕，储安平（1909～1966）写信邀请胡适做《观察》周刊的撰稿人，谈到办刊目的："我们创办《观察》的目的，希望在国内能有一种真正无所偏倚的言论，能替国家培养一点自由思想的种子，并使杨墨以外的超然分子有一个共同说话的地方。"在别处又说："我们没有党，没有派，我们只是个人用真名实姓说我们的真话。""在这混乱的大时代，中国需要的就是无畏的言论，就是有决心的肯为言论而牺牲生命的人物。"1948年底，《观察》被国民党内政部以"攻击政府，讥评国事，为匪宣传，扰乱人心"的名义查封，40年代中国自由知识分子的最后一片阵地陷落了。

　　南京《新民报》遭受永久停刊处分以后，连日南京的政界、文化界、新闻界又盛传本刊将继《新民报》之后，遭受停刊处分。我们业已在多方面证实此项传说。听说当局最初曾想一口气"解决"几个在他们认为眼中之钉的报纸、杂志和通讯社。其后因为《新民报》的查封令发表以后，各方反应不佳，所以第二个查封本刊的命令迟迟未下。政治风云，变化莫测，本刊命运，存亡难卜；我们愿在尚未接奉停刊命令以前，对政府公开说几句话。

　　一、政府现在自称"行宪"，并在"行宪"以前，大吹大擂，说得一般人心痒痒地，好像从此中国，就要换个局面。其实，上海人一句话，大舞台对面"天晓得"！我们希望政府当局，扪心自问，你们行的到底是什么"宪"！人身之无保障如故，集会结社之不自由如故，而言论之遭受摧残，只有变本加厉。即以本刊而论，虽然截至今日，仍在出版，但在各地所受迫害，可说一言难尽。或者禁售，或者检扣；经销《观察》的，受到威胁，阅读《观察》的，已成忌讳；甚至连本社出版的"观察丛书"也已成为禁书，若干地方的邮检当局，一律加以扣留。读者申诉，日必数起，谅解我们的，把政府痛骂一阵，不明实情的，责怪我们何以款到而书不寄；每读来函，如坐针毡。此种情形，不仅《观察》一家，其他同业，亦有同样经

---

　　① 转引自谢泳《逝去的年代——中国自由知识分子的命运》，文化艺术出版社，1999年版。

验。我们创办刊物，献身言论，其目的无非想对国家有所贡献。国家是一个有机体，其组织既极繁杂，其活动尤极错综，全赖所有分子，献策献力，各在岗位，有所建树；分而言之，各尽一己之献，合而言之，充实国家之命。政府虽是汒理国家事务的一个最重要的机关，但是政府并不就是国家；政府官吏，受民之托，出面掌政，但是政府官吏并非国家祸福最后主宰之人。我们不仅认为执政人物，假如他们政策错误或不尽职责，可以令之去职，同时，对于过问国事，我们坚决认为，这既是我们的权利，亦复为我们的义务。在朝执政和在野论政，其运用的形式虽异，其对国家的贡献是一。所以欧美民主国家，在国会里无不有与政府枏对的反对党，在一般社会上，亦无不有健全的公共舆论：如无反对党派和反对意见，亦即不成其为民主政治。所以英国反对党的官衔是"英皇陛下的反对党"，而英儒戴雪复称公共舆论为政治的主权者；凡此皆为欧美宪政的精义所在。今兹政府既称行宪，不可昧于此义，若以为今日之事，可以由一二人主宰之，未免昧于事理；而欲禁止人民议政，务使一切民间报章杂志归于消减，万可谓糊涂太甚。抑有进者，批评政府与不忠国家绝为二事。"出版法"上有一条，谓不得有"意图颠覆政府或危害中华民国"的记载，这种限制，可谓滑天下之大稽。所谓"颠覆政府"者，亦即叫旧有的政府下台，让新的政府上台之谓也。以言英国，丘吉尔执政时，工党固无时无刻不处心积虑以求丘吉尔政府之颠覆，现在工党上台，保守党人又肆意攻诋，以求工党政府之垮台，然昔日之艾德礼无罪也，今日之丘吉尔亦无罪也。再观美国，杜威华莱士不正扯起堂堂之旗帜，以求杜鲁门之垮台乎，未闻有美人入杜威华莱士于颠覆政府之罪者。就说中国，数月以前为"国民政府"，现在则为中华民国政府，此岂非旧的"国民政府"已被颠覆，新的中华民国政府已告成立之谓乎？此"国民政府"既被颠覆矣，然则亦有人蒙颠覆"国民政府"之罪名乎？说来说去，实在说不通。但是我们的政府，一看见有人批评它，便脸红耳赤，度量既小，疑心又重，总以为人家要"颠覆"它，殊不知政府人物固无不可替换者，政府制度尤无不可更改者。拆穿了讲，毫无稀奇可言，只有那些占了茅坑不拉屎的人，才怕人家把他拉下来，于是今天想封这家报馆，明天想封那家刊物，说到头来，还是为了自己的私权，不是为了国家的福利，但是，既要行宪，得把国家放在第一，一切爱国的人都有发言论政的权利，一切爱国的人都有办报办刊物的权利，没有人可以剥夺人民这种权利。我们反对政府一切摧残舆论的行为和任何摧残舆论的意图，我们希望政府认真检讨自己的作风，封报馆封刊物的作风，是万万要不得的。

二、现在大家不满意政府是事实，然而政府应当平心静气地想想，你们过去所作所为，对于国计民生，有何改善？今日所作所为，对于当前局势，又有什么补救！今日一般国民，想到国家前途的暗淡，目睹一般子民的流离，无不悲从中来，欲哭无泪！在这种情形之下，要叫大家不讲话，不出悲愤之言，这是做得到的事吗？在政府里供职的朋友，或者接近政府的朋友，平时一开口就希望我们多做建设性的建议，其动机固不能为不善，但是请问，今日的时代是一个建设性的时代吗？请问今日政府自身，又在做些什么建设性的工作？假如政府完全在做破坏性的工作，我们发为建设性的言论，政府能采纳吗？又能施行吗？我们一直的态度是希望结束内战，这难道不是天字第一号的建设性的建议吗？然而政府能采纳我们这个建议吗？今日普天之下，皆无饭吃之民，无衣穿之民，无屋住之民，我们现在建议，请政府给无饭吃的人以饭吃，无衣穿的人以衣穿，无屋住的人以屋住，这不是又一个天字第一号的建设性的建议吗？然而，政府能采纳之而一一见之于行吗？再退一万步说，就说本刊三卷十三期所刊陈之迈先生所作《中国行政改革的新方向》一文，此文曾引起国内外读者广泛的重视，并誉为极有建设性的文字，然而该文发表以来，已八月矣，政府果会采纳实行吗？政府果能励精图治，做几件富国利民的事，则又何惧乎民间舆论之抨击；假如政府百事不为，只管自私，则又何能以一手而堵塞天下之怨诉！今日大局日非，政权浮动，政府欲加紧其政治控制，取缔一些不利于政府的言论，就其自私之立场言之，固未尝不近情近理，但就解决国家之困难而言，固南辕北辙，无补实益。假如政府害怕一般社会的动乱因而影响其政权，则政府应以有益方法，以苏民困，民困得苏，社会之动乱自平，此与封不封报纸杂志，风马牛毫不相关。重庆抢米，是出于报纸杂志煽动的结果吗？宁波抢米，又是出于报纸杂志煽动的结果吗？老实讲一句，今日造成社会普遍不安的就是政府；政府自身在制造社会的不安，而反将其责任嫁移到我们言论界身上，可谓不平之至。我们不相信封了一个《新民报》，再封一个《观察》，社会即能趋于安定。《文汇报》被封，业已一年，社会秩序又何尝因《文汇报》被封而稍改善。我们在此忠告政府，你们要挽回你们的颓局，就得全盘检讨，痛改前非，人民受你们的迫害，已经到了历史上少见的程度，假如你们以为封几个报纸刊物就能挽回你们的颓局，那就大错特错！

最后，我们愿意坦白说一句话，政府虽然怕我们批评，而事实上，我们现在则连批评政府的兴趣也已没有了，即以本刊而论，近数月来，我们已很少刊载剧烈批评的文字，因为大家都已十分消沉，还有什么话可说？说了又有什么用处？我们替政府想一想，一个政府弄到人民连批评它的兴趣也没有了，这个政府也就够悲哀的了！可怜政府连这一点自知之明也没有，还在那儿抓头挖耳，计算如何封民间的报纸刊物，真是可怜亦复可笑！我们愿意在此告诉一切关心我们的朋友们，封也罢，不封也罢，我们早已置之度外了。假如封了，请大家也不必惋惜，在这样一个血腥遍地的时代，被牺牲了的生命不知已有多少，被烧毁了的房屋财产也不知已有多少，多少人的家庭骨肉在这样一个黑暗的统治下被拆散了，多少人的理想希望在这样一个黑暗的统治下幻灭了，这小小的刊物，即使被封，在整个的国家的浩劫里，算得了什么！朋友们，我们应当挺起胸膛来，面对现实，面对迫害，奋不顾身，为国效忠。要是今天这个方式行不通，明天可以用另个方式继续努力，方式尽管不同，但我们对于国家的忠贞是永远不变的！

陶行知

创造一个四通八达的社会①
——致陶文渼

　　民主救国、科学救国、实业救国、教育救国、文艺救国，20世纪初那一代知识分子，忧患意识特别强烈，所以盛产"爱国者"。陶行知（1891～1946）终其一生，用行动来达成他年轻时立下的志愿："我要用四通八达的教育，来创办一个四通八达的社会。"他对教育者的定义是："教育者不是造神，不是造石像，不是造爱人。他们所要创造的是真善美的活人。"换成有韵的说法是："捧着一颗心来，不带半根草去。千教万教教人救真，千学万学学做真人。"他将自己的名字知行改为行知，以示行动创造真知识。

渼妹：

　　前在安庆接到家书，承嘱于修改后奉还，此事拟于到武昌后办理，一二日之内即可寄出。家中所需物品可以带京，请函冬弟购办。

　　知行一句（个）钟头内可以抵汉，拟于23日回安庆，24日赴芜湖。回京日期当在12月初。

　　知行近日买了一件棉袄，一双布棉套裤，一顶西瓜皮帽，穿在身上，戴在头顶，觉得完全是个中国人了，并且觉得很与一般人民相近得多。

　　我本来是一个中国的平民。无奈十几年的学校生活，渐渐地把我向外国的贵族的方向转移。学校生活对于我的修养固有不可磨灭的益处，但是这种外国的贵族的风尚，却是很大的缺点。好在我的中国性、平民性是很丰富的，我的同事都说我是一个"最中国的"留学生。经过一番觉悟，我就像黄河决了堤，向那中国的平民的路上奔流回来了。

　　平民教育的宗旨是要叫种种人受平民化。一方面我们要打通层层叠叠的横阶级。如贫富、贵贱、老爷小的、太太丫头等等，素来是不通声气的，我们要把他们沟通。又一方面我们要把深沟坚垒的纵阶级打通。纵阶级的最昭著的是三教九流

---

　　① 选自孙珉编《20世纪巨人随笔·社会科学家卷·人迹罕至的地方》，光明日报出版社，1995年版。标题为编者所拟。

七十行，江南江北、浙东浙西、男男女女等等都有恶魔把他们分得太严。这种此疆彼界也非打通不可。民国九年，南京高师办第一次暑期学校的时候，钮适之、王伯秋、仁鸿隽、陈衡哲、梅光迪诸先生和我几个人在地方公会园里月亮地上彼此谈论志愿，我说我要用四通八达的教育，来创造一个四通八达的社会。我这几年的事业，如开办暑期学校、提倡教职员学生之互助、提倡男女同学、服务中华教育改进社，都是实行这个目的。但是大规模的实行无过于平民教育。我深信平民教育一来，这个四通八达的社会不久要降临了。

我这一个多月来随便什么地方都去传平民教育。四天前，我到南昌监狱里去对400个犯人演讲，我说人间也有天堂地狱。若存好的念头，心中愉快，那时就在天堂；若存坏的念头，心里难过，那时就在地狱。我说到这里，忽然得到一个意思。这个意思就是天堂地狱也得要把他们打通。后来我想了一句上联送自己："出入天堂地狱"。下联没有想出来，请你给我对起来罢！

这次在轮船上觉得很安逸。记得前年我们到牯岭去，轮船上一夜数惊。我们生在此时，有一定的使命。这使命就是运用我们全副精神，来挽回国家厄运，并创造一个可以安居乐业的社会交与后代。这是我们对于千万年来祖宗先烈的责任，也是我们对于亿万年后子子孙孙的责任。

这时我在汉口南洋宝酒楼。这是个徽州馆。我在这里吃牛肉面，吃的饱得很，只费了一角五分钱。

再过半点钟，我就要渡江到武昌去了。我现在康健快乐。敬祝你和全家康健快乐！

> 行知
> 民国十二年十一月十二夜写起
> 十三日早晨写了

陶行知

自立立人歌①

这是一首顺口溜，但说的是真理。今天的孩子们特别要多念几遍。

（一）

滴自己的汗，
吃自己的饭，
自己的事自己干，
靠人靠天靠祖上，
不算是好汉。

（二）

滴自己的汗，
吃自己的饭，
别人的事我帮忙干，
不救苦来不救难，
可算是好汉？

（三）

滴大众的汗，
吃大众的饭，
大众的事不肯干，
架子摆成老爷样，
可算是好汉？

---

① 选自张永健、张芳彦主编《中国现代新诗三百首》，长江文艺出版社，1992年版。

（四）

大众滴了汗，
大众得吃饭，
大众的事大众干，
若想一个人包办，
不算是好汉。

1935年

毛泽东

中国人民站起来了①

　　历史跟跄跄撞进20世纪中叶，内忧外患也该打上一个分号了吧？毛泽东（1893～1976）向全世界发出庄严的宣告："中国人民站起来了！""新中国"诞生了，人民"当家作主"了，一切都会好起来的。

　　诸位代表先生们，全国人民所渴望的政治协商会议现在开幕了。

　　我们的会议包括600多位代表，代表着全中国所有的民主党派，人民团体，人民解放军，各地区，各民族和国外华侨。这就指明，我们的会议是一个全国人民大团结的会议。

　　……诸位代表先生们，我们有一个共同的感觉，这就是我们的工作将写在人类的历史上，它将表明：占人类总数四分之一的中国人从此站立起来了。中国人从来就是一个伟大的勇敢的勤劳的民族，只是在近代是落伍了。这种落伍，完全是被外国帝国主义和本国反动政府所压迫和剥削的结果。100多年以来，我们的先人以不屈不挠的斗争反对内外压迫者，从来没有停止过，其中包括伟大的中国革命先行者孙中山先生所领导的"辛亥革命"在内。我们的先人指示我们，叫我们完成他们的遗志。我们现在是这样做了。我们团结起来，以人民解放战争和人民大革命打倒了内外压迫者，宣布中华人民共和国成立了。我们的民族将从此列入爱好和平自由的世界各民族的大家庭，以勇敢而勤劳的姿态工作着，创造自己的文明和幸福，同时也促进世界的和平和自由。我们的民族再也不是一个被人侮辱的民族了，我们已经站起来了。我们的革命已经获得全世界广大人民的同情和欢呼，我们的朋友遍于全世界。

　　我们的革命工作还没有完结，人民解放战争和人民革命运动还在向前发展，我们还要继续努力。帝国主义者和国内反动派决不甘心于他们的失败，他们还要作最后的挣扎。在全国平定以后，他们也还会以各种方式从事破坏和捣乱，他们将每日每时企图在中国复辟。这是必然的，毫无疑义的，我们务必不要松懈自己

----

① 选自董进泉、余建华、沈跃萍编《影响世界历史进程的演说精粹》，百花洲文艺出版社，1995年版。本文是毛泽东在第一届中国人民政治协商会议上的开幕词节选。

的警惕性。

我们的人民民主专政的国家制度是保障人民革命的胜利成果和反对内外敌人的复辟阴谋的有力的武器，我们必须牢牢地掌握这个武器。在国际上，我们必须和一切爱好和平自由的国家和人民团结在一起，首先是和苏联及各新民主国家团结在一起，使我们的保障人民革命胜利成果和反对内外敌人复辟阴谋的斗争不致处于孤立地位。只要我们坚持人民民主专政和团结国际友人，我们就会是永远胜利的。

人民民主专政和团结国际友人，将使我们的建设工作获得迅速的成功。全国规模的经济建设工作业已摆在我们面前，我们的极好条件是有四万万七千五百万的人口和九百六十万平方公里的国土。我们面前的困难是有的，而且是很多的，但是我们确信：一切困难都将被全国人民的英勇奋斗所战胜，中国人民已经具有战胜困难的极其丰富的经验。如果我们的先人和我们自己能够渡过长期的极端艰难的岁月，战胜了强大的内外反动派，为什么不能在胜利以后建设一个繁荣昌盛的国家呢？只要我们仍然保持艰苦奋斗的作风，只要我们团结一致，只要我们坚持人民民主专政和团结国际友人，我们就能在经济战线上迅速地获得胜利。

随着经济建设的高潮的到来，不可避免地将要出现一个文化建设的高潮。中国人被人认为不文明的时代已经过去了，我们将以一个具有高度文化的民族出现于世界。

我们的国防将获得巩固，不允许任何帝国主义者再来侵略我们的国土。在英勇的经过了考验的人民解放军的基础上，我们的人民武装力量必须保存和发展起来。我们将不但有一个强大的陆军，而且有一个强大的空军和一个强大的海军。

让那些内外反动派在我们面前发抖吧，让他们去说我们这也不行那也不行吧，中国人民的不屈不挠的努力必将稳步地达到自己的目的。

在人民解放战争和人民革命中牺牲的人民英雄们永垂不朽！

庆贺人民解放战争和人民革命的胜利！

庆贺中华人民共和国的成立！

庆贺中国人民政治协商会议的成功！

1949年9月21日

新中国

083

红旗歌谣

我来了①

新中国

084

　　1958年，中国人饿着肚子开始了"大跃进"，要"20年超过英国，30年赶上美国"。对于百废待兴的中国，这当然是个浪漫主义的迷人想象。但联想到当时遍地都是"诗人"（绝对数量一定超过唐朝），再怎么浪漫也不显得过分。

　　　　天上没有玉皇，
　　　　地上没有龙王，
　　　　我就是玉皇！
　　　　我就是龙王！
　　　　喝令三山五岳开道，
　　　　我来了！

---

　　① 选自王川编《少年中国——20世纪图文纪念册》，湖南文艺出版社，1999年版。

王进喜

劳动号子①

1960年，饥饿使人们集体浮肿。大庆打出了第一口油井，王进喜（1923~1970）成为劳动英雄。

石油二人一声吼，
地球也要抖三抖。
石油工人干劲大，
天大困难也不怕。

---

① 选自王川编《少年中国——20世纪图文纪念册》，湖南文艺出版社，1999年版。

邓小平

答意大利记者奥琳埃娜·法拉奇问①
（1980年8月21日、23日）

新
中
国

086

　　十年"文革"像一场荒诞的闹剧结束了，中国人从漫长的噩梦中醒来，在废墟中重建家国。1980年，邓小平（1904～1997）接受意大利记者奥琳埃娜·法拉奇（1930～2006）的采访，坦率地向世人表明了中国领导人对历史的深刻反思。访谈中，以采访世界风云人物而闻名于世的女记者法拉奇提问单刀直入，邓小平的回答豁然大度，不回避毛泽东晚年的"政治错误"，并指出我们的制度"受了封建主义的影响"，要"从改革制度入手"，避免类似"文革"的悲剧重演。

奥琳埃娜·法拉奇（以下简称"奥"）：天安门的毛主席像，是否要永远保留下去？

　　邓小平（以下简称"邓"）：永远保留下去。过去毛主席像挂得太多，到处都挂，并不是一件严肃的事情，也并不能表明对毛主席的尊重。尽管毛主席过去有段时间也犯了错误，但他终究是中国共产党、中华人民共和国的主要缔造者。拿他的功和过来说，错误毕竟是第二位的。他为中国人民做的事情是不能抹杀的。从我们中国人民的感情来说，我们永远把他作为我们党和国家的缔造者来纪念。

　　奥：对西方人来说，我们有很多问题不理解。中国人民在讲起"四人帮"时，把很多错误都归咎于"四人帮"，说的是"四人帮"，但他们伸出的却是五个手指。

　　邓：毛主席的错误和林彪、"四人帮"问题的性质是不同的。毛主席一生中大部分时间是做了非常好的事情的，他多次从危机中把党和国家挽救过来。没有毛主席，至少我们中国人民还要在黑暗中摸索更长的时间。毛主席最伟大的功绩是把马列主义的原理同中国革命的实际结合起来，指出了中国夺取革命胜利的道路。应该说，在60年代以前或50年代后期以前，他的许多思想给我们带来了胜利，他提出一些根本的原理是非常正确的，他创造性地把马列主义运用到中国革命的各个方面，包括哲学、政治、军事、文艺和其他领域，都有创造性的见解。但是很不幸，他在一生的后期，特别在"文化大革命"中是犯了错误的，而且错误不

---

① 选自薛智、芳莹编选《20世纪巨人随笔·政治家卷·神圣的回忆与忏悔》，光明日报出版社，1995年版。

小，给我们党、国家和人民带来许多不幸。你知道，我们党在延安时期，把毛主席各方面的思想概括为毛泽东思想，把它作为我们党的指导思想。正是因为我们遵循毛泽东同志思想，才取得了革命的伟大胜利。当然，毛泽东思想不是毛泽东一个人的创造，包括老一辈革命家都参与了毛泽东思想的建立和发展。主要是毛泽东同志的思想。但是，由于胜利，他不够谨慎了，在他晚年有些不健康的因素、不健康的思想逐渐露头，主要是一些"左"的思想。有相当部分违背了他原来的思想，违背了他原来十分好的正确主张，包括他的工作作风。这时，他接触实际少了。他在生前没有把过去良好的作风，比如说民主集中制、群众路线，很好地贯彻下去，没有制定也没有形成良好的制度。这不仅是毛泽东同志本人的缺点，我们这些老一辈的革命家，包括我，也是有责任的。我们党的政治生活、国家的政治生活有些不正常了，家长制或家长作风发展起来了，颂扬个人的东西多了，整个政治生活不那么健康，以致最后导致了"文化大革命"。"文化大革命"是错误的。

奥：你说在后一段时期毛主席身体不好，但刘少奇被捕入狱以及死在狱中时，毛主席身体并不坏。过去还有其他错误，"大跃进"难道不是错误？照搬苏联的模式难道不是错误？对过去这段错误要追溯至何时？

邓：错误是从50年代后期开始的。比如说，"大跃进"是不正确的。这个责任不仅仅是毛主席一个人的，我们这些人脑子都发热了。完全违背客观规律，企图一下子把经济搞上去。主观愿望违背客观规律，肯定要受损失。但"大跃进"本身的主要责任还是毛主席的。当时，经过几个月的时间，毛主席首先很快地发觉了这些错误，提出改正这些错误。由于其他因素，这个改正没有贯彻下去。1962年，毛主席对这些问题进行了自我批评。但毕竟对这些教训总结不够，导致爆发了"文化大革命"。搞"文化革命"，就毛主席本身的愿望来说，是出于避免资本主义复辟的考虑，但对中国本身的实际情况作了错误的估计。首先把革命的对象搞错了，导致了抓所谓"党内走资本主义道路的当权派"。这样打击了原来在革命中有建树的、有实际经验的各级领导干部，其中包括刘少奇同志在内。毛主席在去世前一两年讲过，"文化大革命"有两个错误，一个是"打倒一切"，一个是"全面内战"。只就这两点讲，就已经不能说"文化大革命"是正确的。毛主席犯的是政治错误，这个错误不算小。另一方面，错误被林彪、"四人帮"这两个反革命集团利用了。他们的目的就是阴谋夺权。所以要区别毛主席的错误同林彪、"四人帮"的罪行。

奥：但我们大家都知道，是毛主席选择了林彪，就像西方的国王选择继承人那样，选择了林彪。

邓：这就是我刚才说的不正确的做法。一个领导人，自己选择自己的接班人，是沿用了一种封建主义的做法。刚才我说我们制度不健全，其中也包括这个在内。

奥：据说，毛主席经常抱怨你不太听他的话，不喜欢你，这是否是真的？

邓：毛主席说我不听他的话是有过的。但也不是只指我一个人，对其他领导人也有这样的情况，这也反映毛主席后期有些不健康的思想，就是说，有家长制这些封建主义性质的东西。他不容易听进不同的意见。毛主席批评的事不能说都是不对的。但有不少正确的意见，不仅是我的，其他同志的在内，他不大听得进了。民主集中制被破坏了，集体领导被破坏了。否则，就不能理解为什么会爆发"文化大革命"。

奥：在中国有这么一个人，他在任何时候都没有碰到过，这就是周恩来总理。为什么周总理一直在台上，一直在掌权，虽然有的时候他也处在很困难的地位，他又不能纠正当时那些错误？

邓：周总理是一生勤勤恳恳、任劳任怨工作的人。他一天的工作时间总超过12小时，有时在16小时以上，一生如此。我们认识很早，在法国勤工俭学时就住在一起。对我来说他始终是一个兄长。我们差不多同时期走上了革命的道路。他是同志们和人民很尊敬的人。"文化大革命"时，我们这些人都下去了，幸好保住了他。在"文化大革命"中，他所处的地位十分困难，也说了好多违心的话，做了好多违心的事。但人民原谅他。因为他不做这些事，不说这些话，他自己也保不住，也不能在其中起中和作用，起减少损失的作用。他保护了相当一批人。

奥：如何避免类似"文化大革命"那样的错误？

邓：这要从制度方面解决问题。我们过去的一些制度，实际上受了封建主义的影响，包括个人迷信、家长制或家长作风，甚至包括干部职务终身制。我们现在正在研究避免重复这种现象，准备从改革制度着手。我们这个国家有几千年封建社会的历史，缺乏社会主义的民主和社会主义的法制。现在我们要认真建立社会主义的民主制度和社会主义法制。只有这样，才能解决问题。

奥：你是否能肯定，今后事情的发展更为顺利？你们是否能够达到你们的目的？因为我听说，所谓"毛主义分子"仍然存在。我说的"毛主义分子"是指"文化革命"的支持者。

邓：不能低估"四人帮"的影响。但要看到，百分之九十七、九十八的广大人民对"四人帮"的罪行是痛恨的。这表现在"四人帮"横行、毛主席病重、周总理去世时，1976年4月5日天安门广场爆发的反抗"四人帮"的群众运动。粉碎"四人帮"以后，特别是最近两年，我们党的三中全会、四中全会、五中全会体现了人民的意志和人民的要求。我们正在考虑从制度上解决问题。已经提出了许多问题，特别是强调要一心一意搞四化建设，这是得人心的。人民需要一个安定团结的政治局面，对大规模的运动厌烦了。凡是这样的运动都要伤害一批人，而且不是小量的。经常搞运动，实际上就安不下心来搞建设。所以我们可以确信，只要我们现在走的路子是对的，人民是拥护的，像"文化大革命"那样的情况就不会重复。

奥：很显然，只有在毛主席逝世以后才能逮捕"四人帮"，到底是谁组织的，是谁提出把"四人帮"抓起来的？

邓：这是集体的力量。我认为首先有"四五运动"的群众基础。"四人帮"这个词是毛主席在逝世前一两年提出来的。1974年、1975年，我们同"四人帮"进行了两年的斗争。"四人帮"的面貌，人们已看得很清楚。尽管毛主席指定了接班人，但"四人帮"是不服的。毛主席去世以后，"四人帮"利用这个时机拼命抢权，形势逼人。"四人帮"那时很厉害，要打倒新的领导。在这样的情况下，政治局大多数同志一致的意见是要对付"四人帮"。要干这件事，一个人、两个人的力量是办不到的。

粉碎"四人帮"后，建毛主席纪念堂，应该说，那是违反毛主席自己的意愿的。50年代，毛主席提议所有的人身后都火化，只留骨灰，不留遗体，并且不建坟墓。毛主席是第一个签名的。我们都签了名。中央的高级干部、全国的高级干部差不多都签了名。现在签名册还在。粉碎"四人帮"以后做的这些事，都是从为了求得比较稳定这么一个思想考虑的。

奥：那么毛主席纪念堂不久是否将要拆掉？

邓：我不赞成把它改掉。已经有了的把它改变，就不见得妥当。建是不妥当的，如果改变，人们就要议论纷纷。现在世界上都在猜测我们要毁掉纪念堂。我们没有这个想法。

奥：为什么你想辞去副总理职务？

邓：不但我辞职，我们老一代的都不兼职了。华国锋主席也不兼国务院总理的职务了，党中央委员会推荐赵紫阳同志为候选人。我们这些老同志摆在那里，他们也不好工作。我们存在一个领导层需要逐渐年轻化的问题。我们需要带个头。

过去没有规定，但实际上存在领导职务终身制。这不利于领导层更新，不利于年轻人上来，这是我们制度上的缺陷。这个缺陷在60年代还看不出来，那时我们还年轻。这不是一个人的问题，是整个制度的问题，更多的是关系到我们的方针、四个现代化能否实现的问题。所以我们说，老同志带个头，开明一点好。

奥：你谈到还有其他人对毛泽东思想做出了贡献，这些人是谁？

邓：老一辈的革命家。比如说，周恩来总理、刘少奇同志、朱德同志等等，还有其他许多人都做了贡献。很多老干部都有创造，有见解。

奥：你为什么不提自己的名字？

邓：我算不了什么。当然我总是做了点儿事情的，革命者还能不做事？

奥：你说"四人帮"是少数，全国很多人反对他们。他们这些少数人怎么可以控制中国，甚至整老一辈的革命家？是否他们当中有一个是毛主席的夫人，他们的关系太好，你们不敢动她？

邓：有这个因素。我说过，毛主席是犯了错误的，其中包括起用他们。但应该说，他们也是有一帮的，特别是利用一些年轻人没有知识，拉帮结派，有相当的基础。

奥：是否毛主席对江青的错误视而不见？江青是否像慈禧一样的人？

邓：江青本人是打着毛主席的旗帜干坏事的。但毛主席和江青已分居多年。

奥：我们不知道。

邓：江青打着毛主席的旗帜搞，毛主席干预不力，这点，毛主席是有责任的。江青坏透了。怎么给"四人帮"定罪都不过分。"四人帮"伤害了成千上万的人。

奥：对江青你觉得应该怎么评价，给她打多少分？

邓：零分以下。

奥：你对自己怎么评价？

邓：我自己能够对半开就不错了。但有一点可以讲，我一生问心无愧。你一定要记下我的话，我是犯了不少错误的，包括毛泽东同志犯的有些错误，我也有份儿，只是可以说，也是好心犯的错误。不犯错误的人没有。不能把过去的错误都算成是毛主席一个人的。所以我们对毛主席的评价要非常客观，第一他是有功的，第二才是过。毛主席的许多好的思想，我们要继承下来，他的错误也要讲清楚。

黄翔

野 兽①

"文化大革命"把人变为野兽，但做了野兽也要反抗这可憎的时代，并与之同归于尽。这是一只清醒的年轻的"野兽"。贵州青年黄翔（1941年生）的诗篇当时蜡封深藏，今天我们读到的是真正的"出土文物"。

我是一只被追捕的野兽
我是一只刚捕获的野兽
我是被野兽践踏的野兽
我是践踏野兽的野兽

我的年代扑倒我
斜乜着眼睛
把脚踏在我的鼻梁架上
撕着
咬着
啃着
直啃到仅仅剩下我的骨头

即使我只仅仅剩下一根骨头
我也要哽住我的可憎年代的咽喉

1968年

『牛鬼蛇神』篇

---

① 选自陈思和、李平主编《20世纪中国文学精品·当代文学100篇》，学林出版社，2000年版。

曾卓

悬崖边的树①

一棵被风刮到悬崖边的弯曲的树，一尊知识分子的时代雕像，在毁灭与超越的瞬间被历史定格。曾卓（1922～2002），诗人。

不知道是什么奇异的风
将一棵树吹到了那边——
平原的尽头
临近深谷的悬崖上

它倾听远处的森林的喧哗
和深谷中小溪的歌唱
它孤独地站在那里
显得寂寞而又倔强

它的弯曲的身体
留下了风的形状
它似乎即将倾跌进深谷里
却又像是要展翅飞翔……

1970年

---

① 选自卞之琳、牛汉主编《中华人民共和国五十年名作文库·新诗卷·1949～1999》，作家出版社，1999年版。

流沙河

焚 书①

只剩下一个作家八个样板戏了，一切文艺作品都被当成"毒草"葬身火海，比秦始皇的焚书坑儒更过火。

流沙河（1931年生），1957年因诗作《草木篇》被打成右派。著有《锯齿啮痕录》《台湾诗人十二家》等。

留你留不得，
藏你藏不住。
今宵送你进火炉，
永别了，
契诃夫！

夹鼻眼镜山羊胡，
你在笑，我在哭。
灰飞烟灭光明尽，
永别了，
契诃夫！

写于20世纪70年代中期

---

① 选自《流沙河诗集》，上海文艺出版社，1982年版。

流沙河

哄小儿①

那时流行的"血统论"说："龙生龙，凤生凤，老鼠的儿子会打洞。""老子英雄儿好汉，老子反动儿混蛋。"一个父亲不能保护儿女的时代，是对"俯首甘为孺子牛"的反常诠释。

爸爸变了棚中牛，
今日又变家中马。
笑跪床上四蹄爬，
乖乖儿，快来骑马马！

爸爸驮你打游击，
你说好耍不好耍？
小小屋中有自由，
门一关，就是家天下。

莫要跑到门外去，
去到门外有人骂。
只怪爸爸连累你，
乖乖儿，快用鞭子打！

① 选自《流沙河诗集》，上海文艺出版社，1982年版。

黄永玉

不 准①

人的表情也被剥夺了，"国骂"能不脱口而出？

黄永玉（1924年生），画家、作家。著有《这些忧郁的碎屑》《沿着塞纳河到翡冷翠》《无愁河的浪荡汉子》等。

『牛鬼蛇神』篇

095

他妈的！
既不准大声地笑，
也不准大声地哭。
如果遇到什么高兴的事，
那就躲到被窝里去，
　　尽情地
　　做一百次鬼脸。
如果遇到什么伤心的事，
　　就让眼泪往肚子里流罢！

那时候，
我们总是那么的安详，
街上遇见了朋友
就慢慢地、微微地点个头，
仿佛虔诚得像一个狡猾的和尚。

1978年10月

---

① 选自黄永玉《老婆呀，不要哭》，生活·读书·新知三联书店，1997年版。

牛汉

改不掉的习惯①

在一个不正常的社会，正常人的正常的生活习惯反而不正常了。在斯大林的统治下苏联，在"文革"中的中国，这样的诗人太多，多得你认为是正常现象。

牛汉（1923年生），当代诗人。

聂鲁达伤心地讲过
有一个多年遭难的诗人
改不了许多悲伤的习惯——

出门时
常常忘记带钥匙
　　多少年
他没有自己的门

睡觉时
常常忘记关灯
　　多少年他没有摸过开关
夜里总睡在燥热的灯光下

遇到朋友
常常想不到伸出自己的手
　　多少年
他没有握过别人的手
他想写的诗
总忘记写在稿纸上
　　多少年来

① 选自林贤治编《自由诗篇》，中国工人出版社，2002年版。

他没有笔没有纸
每一行诗
只默默地
刻记在心里

我认识这个诗人

1976年 北京

冯骥才

笑的故事①

一个丢失了笑容的故事，近看，是悲剧；远看，是喜剧；再远看，是闹剧。

冯骥才（1942年生），作家、艺术家。著有《三寸金莲》《一百个人的十年》《俗世奇人》等。

一

我相信一个心理学家的说法：

人的喜怒哀乐中，以笑的表情最多。

哀与怒，反应到人脸上，只不过有限的几样，可是人笑的表情就无穷无尽。你闭上眼好好琢磨琢磨人的各种笑吧，多丰富！比方，大笑、微笑、傻笑、憨笑、狂笑、疯笑、阴笑、暗笑、嘲笑、讥笑、窃笑、痴笑、冷笑、苦笑、哄笑、假笑、奸笑、调笑、淫笑等等等等，还有含情的笑、会心的笑、腼腆的笑、敷衍的笑、献媚的笑、尴尬的笑、轻蔑的笑、心酸的笑、宽解的笑、勉强的笑、无可奈何的笑……对，还有皮笑肉不笑、止不住的笑或仅仅笑一笑，还有！另外一类的笑——含泪的笑、哭笑不得、似笑非笑——仿效第八代评论家擅长模拟最新学科术语的方式来说，这属于"边缘的笑""交叉的笑"，或叫作"包容多种内心机制的笑"。瞧，你也笑了，又是一种笑——蔫损的笑！

当今工具书热，单是各种笑足足可以编写厚厚一大本《笑的词典》，供给心理学家、精神病医生，以及官场里察言观色和初学写作者挑选词汇使用。人这样会笑，富有笑，可是我姐夫居然一样儿也不会。这怪人，他不会笑！

头一个发现的是天才。这天才绝不是我姐姐。我姐姐是中学教数学的，她只对等号两边的数字最敏感，对人稀里糊涂，不然也不会二十六七岁才谈恋爱。我？不，你错了。在中国对人敏感的，并不是作家而是政工干部。头一个发现我姐夫不会笑的是我姐姐学校的政工干部小魏。当他把这个天才发现告诉我那糊涂姐姐

① 选自冯骥才《一百个人的十年》，江苏文艺出版社，1991年版。

时，我姐姐竟然说：

"你只在我家见过他一面，可我认识他快一年了怎么没看出来？要说他人呆板，不爱说，倒对。说他不会笑，胡说！人怎么能不会笑？"

那时，我姐姐正爱他爱得发狂，天天一下班两人就黏到一块儿。那些搞数理化的人，理性思维的人，一堕入情网，比咱们更海阔天空、神魂颠倒。我对爱情有个解释：爱情既然是爱自己所爱的，实际上都是爱自己。对方都带着自己假想或梦想的色彩，把自己的笑当作对方的笑，将自己的感情放在对方身上来感动自己，对吧！要不那么多人为爱而殉情？它一完、自己也完了呗。所以我又认为，初恋是人生中唯一的一段精神失常期，进入一种幻觉状态。小魏的话好像伸出根手指头把我姐姐从幻觉中捅醒。她认真一想，居然想不出他笑是副什么样子！她就决心试试自己的恋人是否当真不会笑。赶巧那天是我姐夫生日，他属猪。我姐姐还真有办法，跑到商店挑选了一只滑稽透顶的小肥猪，屁股上有个笛儿，一捏吱吱叫。她用彩纸包好，揣在衣兜里，当晚两人约好在海天门公园会面。她领他走到一盏葵花灯下，为了能看清楚他的脸。她说："我想送你一件特别礼物。"说完紧盯着他的脸，心想他照理应该露出风趣的或者好奇的微笑，反问她："你要送我一个什么好宝贝？"

他确实也是这样说了。但我姐姐头次发现这家伙的脸皮就像结冰的河面，没一丝笑的微波漾动。太可怕了！难道他真不会笑？这还需要进一步证实，鉴定。

我姐姐沉住气，打衣兜里掏出礼物，还尽量装得挺高兴，说：

"给你，自己打开看吧！"

如果这家伙看见小肥猪再不笑，完了！世界上一副最不可思议的面孔就叫我姐姐拿命运撞上了。

后来我姐姐告我，当时她的心提到嗓子眼儿，好像他打开那包里装的是颗定时炸弹。难以想象的事终于出现了——这家伙剥开那美丽的花纸时，神气好比在拆一个陌生人寄来的信封。小肥猪露出来，他手一捏，吱地一叫，任何人都会给这玩意逗得大笑，但这家伙只是连连说："嘿嘿，嘿嘿，太逗人了，逗极了。"那张死脸就像两扇关得严严的门，一动不动，门上还挂把大锁，贴封条，千真万确——是表情的残疾人！

我姐姐回家大哭一场，那天真把我们全家吓坏了，以为她出了什么事。她一说，我们全懵了，想劝她都不知该怎么劝。我不信他真不会笑，后来见面一试，果然真不笑。逢到特别该笑的时候，他只是咧咧嘴，"嘿嘿嘿——"。像笑声，但嘴角绝没有半点笑意，脸上的肉像冻肉。

那段时间，姐姐很少见他。大概怕见他，怕他不笑。偶尔他来，姐姐不拿眼瞅他，局面挺僵。我为了缓和气氛，禁不住说几句笑话，我注意到，此时姐姐却又不甘心地瞥他一眼，巴望那张死脸上露出哪怕一丝一毫的笑来，但每一眼都是一次打击。我想劝姐姐算了吧，这样下去会犯神经过敏，再说和这怪家伙生活一辈子太没劲了。整天面对着一张"阶级斗争脸"，生活中一切欢乐都没反应。两个人之间"意会"的事多半都是用笑表达。笑是最好的呼应，笑还是生活中的一种溶解剂，人和人沟通的最便当的渠道……可没等我把这些见解告诉她，却发现她竟然离不开他，这事儿就麻烦了！

我姐夫人很实在——这是没说的了。大学念经济，在学校是绝对的尖子；他的英语，照我的话说，比中国话说得好。做事极认真，守信用，尤其遵守时间，又爱干净。虽然只有两件衬衫，什么时候看都像新的，补丁在他身上像装饰，这些都是我姐姐从骨子里喜欢的。

他是个孤儿。孤儿的感情世界好比一块荒地。上大学时赶上五七年的鸣放，据说他惹了点麻烦，但那时政治决定人的一切，哪个姑娘肯沾他——这块地又碱了。要不是因为他出身没问题，决不会分配到外贸公司工作。他是到我姐姐学校教英语补习班时，无意中和我姐姐碰上的，两人之间一下就爱上了。这爱，就好比一颗种子落到他这块光秃秃、遭殃的大碱地里，他便把所有的劲儿都使出来。他对我姐姐的感情好像是种感激报答的激情；我姐姐在这家伙身上得到的便是双倍的爱，双倍的关心和体贴。从他俩的关系上我还发现，原来女人比男人更需要体贴。有一次两人约好去看话剧，说好在剧场里见。吃晚饭时忽然刮风下雪，有人敲门，他来了。我姐姐说："不是说好都到剧场去吗，你怎么来了？"他脸上没表情，嘴在说："别又忘了戴口罩。"我看见姐姐回屋翻抽屉拿口罩时，脸上有种幸福的微笑。女人要的就是这个！

我姐姐发现他不会笑之后，几次想和他分手，但每次下了决心，不出三天就坐不住了，鬼使神差地打电话找他，约他。当两个人下狠心也离不开时，那就必有真正的爱情存在。于是我改了主意，想撮合他们了。我悄悄问那家伙："我怎么很少见你笑呢？"我问得很巧妙。

不料他惊奇地一扬眼皮，没笑，却说："嘿嘿，你问得真有趣。"我看他并不觉得自己不会笑。既然这不是种病态，他身上就什么也不缺少。

一天我看书——是哪本书，我忘了。书中有句关于爱情的话：

"不要看他的脸，要学会看他的心。"

我就把这页打开着，放在我姐姐桌上，等她看。第二天我姐姐上班去，我再看，在这句话后边，姐姐用铅笔写了三个字："谢谢你！"我知道姐姐这三个字是写给作者的，也是写给我的，从此这场别扭就在他们之间不知不觉渐渐消失。后来他们结了婚，姐姐搬到他家，又有了孩子。有时我去她家串门，并不觉得我姐夫那张不动声色的脸使他们的生活缺少什么。不笑，自然也没有假笑，他为她做了什么好事，她对他报以感激的微笑时，他那张没有任何反应的脸反倒好像表示这一切都是他理所当然应该做的。有时，我姐夫和他们心爱的儿子在床上翻滚打闹，弄得小家伙哈哈笑得喘不过气来，我姐夫的表情却依然严肃得像个摔跤运动员。我发现，姐姐在一旁笑眯眯看着，仿佛听到这怪家伙心里开心的笑声……一个能体会别人内心的人是幸福的。我觉得，我姐夫这张无言的脸就像一顶宁静的小帐篷，我姐姐就躲在这小帐篷下，和他一同享受着人间的一切温馨。

听到这里，你肯定沉不住气了——我骗了你！哪来的荒诞，分明一个诗情画意的故事。别急，别急！人都是正常的，荒诞都是生活的强加。换句话说，荒诞是生活的本质。

<h2 style="text-align:center">二</h2>

我还相信一位哲人的说法：一样东西带给你幸福，你要警惕——它必然同时还带给你不幸。

六八年"文革"大揭发时，各单位不都在搞"忆、摆、查"吗？你还记得"忆"是什么意思吗？"忆"叫"忆怪事"，就是发动所有人回忆平时遇到过什么值得怀疑的人和事，揭出来，好抓住线索，"深挖隐藏最深的反革命分子。"浆糊厂有个老工人平时跟人打招呼，习惯将手斜举到额前，很像旧军官行见面礼的姿势，被人"忆"了出来，再经专案组调查，真的查出是个一直隐瞒身份的伪满军官。这事被当作先进经验在全市传达，一时人们的精神头儿全提起来了，大忆怪事，掀起高潮，人人恨不得都能从自己床铺下面挖出颗炸弹。忽然一天，我姐夫单位有人给他贴张大字报，题目是《他为什么从来不笑？》。祸找到头上来了！

这张大字报比一宗上百万美元的出口买卖更强烈震动了整个公司。全公司二百多人一同从记忆里搜寻我姐夫平时给他们的印象，果然，没人见他笑过。专案组悄悄出动，查遍我姐夫的朋友和邻居，也没人能证明他笑过。问题就大了。后来他们专案组还来找我，我说："我也没见过他笑，他在家里也从来不笑，可能不会笑吧！"专案组的人说："你别包庇他，不会笑的除非是死人。我们调查了他孤儿院的老师，还有他小学、中学、大学的同学，都说他会笑，笑过。我们有一大堆证明材料！他不是不会笑，这里边有政治原因！"

我听了一怔。说实话，我并不怀疑专案组这些证明材料。一个人怎么可能不会笑？是不是反右对他的挫伤，使他性格变了？他这个人很内向，沉闷，从来不谈自己，更不谈自己的过去。

专案组以他五七年留在档案的右倾言论为根据，断言他不笑的根由是对新社会怀有刻骨仇恨。但他们必须有现实依据，才好把他定成反革命分子。可是从他日常的工作和言论中找不出新的问题，看来他真属于"隐藏很深"的那种，便把他列为运动重点关在单位里，逼他交待思想，同时抄家。把他家里的私人信件、工作笔记，连同我姐姐的数学教案都搬去，派一批人从中查找。但他所有文字除去记事就是谈事，连一句谈感情甚至谈天气的话也没有。最后只好用压力挤他的口供。他呢，居然不承认自己不会笑。他们叫他笑，他还是我见过的那样，咧开嘴，"嘿嘿"两声，根本不能叫做笑！一到批斗会上叫他笑，他就这样。他没笑，反而逗得大伙想笑，成滑稽剧了。眼看着运动搞不下去。专案组里有个机灵鬼儿，想出个挺绝的法子，问他："你对党和毛主席感情怎么样？"他说他从小是孤儿，党把他养大，从小学到大学都拿助学金，当然对党和毛主席充满感激之情。那机灵鬼儿就指着墙上的毛主席像说：

"你对他老人家应该笑，还是应该哭！"

"当然应该笑了。"

"好，你笑吧！我们看看是真还是假的！"

我姐夫面对着毛主席像笑，大概他自己也不知自己怎么笑的。听说他当时一咧嘴，牙花子都龇出来，硬堆在颧骨上的肉疙瘩般地狂跳起来，扯得眉毛直抖。样子像很疼，很痛苦，又像吓唬人。专案组的人朝他唬起来："你就这样对待伟大领袖？这是笑吗？是哭！是刻骨仇恨！"罪证这就有了。现行反革命行为，批斗，批判，运动也就推向了高潮。人人义愤填膺，恨不得吃了他。

那一年多里，我姐姐成了反革命家属。我姐夫单位还总去人到她学校，逼她揭发我姐夫。学校待她还不错，虽然尽量保护她，但她也饱尝了世态炎凉、人情饶薄的滋味，整天灰头灰脑，回家做饭都没心气儿。一次我去看她。儿子问她："我爸爸为什么不笑，呵，妈妈？"她突然"啪"地给儿子一个耳光。然后她娘俩全哭了。这是我见她第一次打她心爱的儿子。

等到落实政策时，我姐夫这案子成了难题。写材料的人说，单凭一个表情怎么好作为反革命罪证上报，又不能叫他再表演一次，拍张照片放进档案，又不是杀人现场的照片。过了半年多，上边派一支工宣队帮助他们公司搞政策落实。专案组就把我姐夫这案子作为"老大难"推给工宣队解决。

工人比干部有办法。琢磨个办法，土法上马。把我姐夫叫去，进门就叫他脱衣服，直脱得只剩一条三角裤衩，我姐夫以为要挨揍，吓坏了。谁知他们上来一个人，让我姐夫举起双手，像投降的姿势，然后拿根扫帚苗子，搔我姐夫胳肢窝，脖子和脚心，只见我姐夫嘴一咧一咧，嘿嘿出声，胳膊腿乱摇乱蹬，叫着："不行了，我不行了，痒痒死了，痒痒……"可是他一点不笑。这工宣队员把扫帚苗子一扔，说："专案组怎么搞的，这人哪是不笑，他根本不会笑！"

经过这次鉴定，罪证被否，我姐夫就被平反落实。由于不能否定前一段运动的成绩，结论是"事出有因，查无实据，按人民内部矛盾处理"。

政治上平反了，可是他又从"不笑的敌人"变为"不会笑的人"，成为全公司人好奇和注目的对象。每逢到该笑的场合，总有一些人把目光抛向他，并不是巴望他笑，而是巴望他不笑，好证实他们身边确实存在着一个世所罕见的不笑的怪人。还有些年轻人搞些恶作剧，弄只死耗子放在他抽屉里，或者突然朝他做个怪脸，好像不把他弄笑，永不死心。他们还背地给他起个绰号，叫他"死脸'，他也听到了。一个不笑的人，反成了人们的笑料。他依然不动声色，内心却变得十分敏感，时时觉得有人不客气地拿根针刺他，那张脸就更无表情，有时看上去像块冰冷的岩石。一天，但忽然对我姐姐说：

"你能教我笑一笑吗？"

我姐姐流泪了，对他说：

"你就这样吧，我喜欢……"

从此，我姐姐自己也很少笑容了。大概地有意控制住自己的笑，怕引起姐夫的自卑。从我看来，一个没有笑容的家庭好像永远阴天。尽管他们仍旧相依相爱，但总感觉有种压抑感使他们的屋顶也矮了两尺。后来我还发现，只要到他们家串门，我自己也不会笑了。奇怪，我怎么也不笑了呢？有一次，我坐在他们家，桌上有个裂成两半的小镜子，我无意面对镜子想笑笑，一时竟然不知脸上的肌肉怎么动，嘴一咧，哟，我竟然和我姐夫那神气一样。我吓了一跳，这真是不可思议！

三

我更相信一位荒诞派剧作家的话，生活比荒诞的艺术更荒诞。

自从"文革"被历史一脚踢开，生活又换了一套新解释，包括对我姐夫的不笑。

领导们的能耐，从过去表现在揪出多少人，改为现在能赚多少钱。外贸公司的书记兼任起经理来，还要干个外向型"子公司"，搞引进、出口、合资和海外投资。这子公司需要一名能干的人挂帅。原先那帮红人都过时了。多年搞运动，培养的人专长都只会搞运动。人到用时方恨少，于是想到了我姐夫。第一他精通业务，第二他外语呱呱叫，跟外商交往得心应手。可是领导班子里有人提出异议，说他不会笑，怎么能接待好外商？谈生意准砸锅。但除他再找不出更合适的人来，只好拿他将就一时。

我姐夫走马上任，没一年，天知道这公司怎么就叫他干得热火朝天。原来跟外商谈生意并不需要笑，需要本领。外商也不管你笑不笑，有生意可做就行了。

几年里，我姐夫已经俨然一个大老板。企业创汇相当于全公司的两倍，成了公司那帮头头向上卖好邀功的资本。我姐夫的名字经常出现在报纸头版上。被选为市人大代表，天天出入各大豪华宾馆和市领导的高宅深院。时不时出国一趟兜生意。还搬了家，住进一套三居室外带大客厅的公寓房，一个当今中国富裕家庭必备的器物应有尽有。姐姐经常穿着他从国外捎来的新款式衣装，佩戴小首饰，高高兴兴去亲友家串门。再不避讳他而随心所欲地想笑就笑。他呢？专车，小西服，头发梳得贼亮，只是那张脸依旧不笑。可这不笑的脸却处处受到欢迎，在酒店宾馆里受到高质量的"微笑服务"，在公司里人人都投之以赔笑。因为人人想求他出国捎洋货，更因为他是个有钱的大经理、有权的领导；领导就不能总笑，愈不笑，下边人就要愈哄他笑。他像上帝一样活在人间，可是恐怕连上帝也不知道这个人怎样一下子如此显赫！

下边就要讲到昨天晚上发生的那件怪诞的事了——

昨天晚上他和我姐姐、我外甥在客厅里看电视。24寸大屏幕上是两个人说相声，相声说得平平，并不特别可笑。可是忽然间他喉咙里"咕"的一声，就像母鸡下蛋前，受身体里什么东西惊动时那一声。跟着"咕、咕、咕"连着响起来，好似有东西在他喉咙里憋着，很难受。我姐姐以为他得了急病，一看他的脸挺滑稽，随着咕咕响，两嘴角像有根线往上扯，一挑一挑，脸上的肉乱扭，那双从没弯过的眼，居然弯曲成一对打卷儿的小柳叶儿。我那傻外甥一叫：

"瞧我爸爸多像唐老鸭！"

这话像引爆物。我姐夫像死火山，一下子爆发了似的，大笑起来。他竟然笑了！而且不是以前那种怪样，而是真正开怀大笑！我姐姐说，当时他脸上的五官就像花开那样，所有花瓣都和谐地张开……更是不可思议。但这真的笑了，反而把我姐姐吓傻，以为他疯了，问他到底出了什么事，我姐夫摇着手，笑得不能回答，而且只要他看电视上那两个相声演员一眼，笑就会加剧一阵，直笑得捂着肚子，眼泪鼻涕流下来。我姐姐扶他上床，赶紧打电话给我，我赶去了，只见我姐夫蒙头裹着被子咯咯地笑，整个身子在抖，摇得床架子嘎吱嘎吱响，好像得了寒热病。我掀开被子看他，确实在笑，但枕头上泪湿了一片。我问他：

"你怎么了，难受吗？"

我姐夫一边咯咯笑一边告我说：

"我止不住了。"

我给他吃了两片镇静剂才平静下来，呼呼大睡。今天早上姐姐告我一个奇迹，他脸上竟然出现很自然的笑容。怪不怪，简直不可想象。你说这究竟是怎么回事？

连一个表情也不放过——它显示了"文革"的绝对权威。

无名氏

豹笼大师①

　　无名氏原名卜乃夫（1917~2002），以无名氏行文，恐怕不是刻意埋名。生命都没有保障，名有何用？"豹笼大师"，一个多么恰当的篇名，一个何其疯狂的时代。

　　西湖老邻舍林风眠先生昨岁仙逝，我迄未正式缀文纪念。往事如风潮汹涌，来日拟写记忆专卷志嘲，此帖权描其一鳞。

　　那是1968年春。我探亲后将离上海。这座东方巴黎早变成火山城市，到处喷射硫磺熔岩流浆，我却渴望一觇火山麓的杯。

　　明明知道，近年他坚决不复任何来信，拒绝任何来客，哪怕你揿门铃一昼夜，他也不会开门。去冬数度过南昌路50号，我凝睇那熟稔的小小绛红后门好几秒钟，终怆然离去。他的心灵伤口必须休息。他必须暂扮千年孤龟。

　　这次再忍不住，便以敢死队的决心轻轻按铃，想试试运气，不料红门砉然洞开。他的脸色却变了，似在埋怨我。到底是西湖老邻居吧，踌躇一下，他还是陪我登楼。

　　甫进画室，他整个人更失常态了。仿佛有点后悔接待我。相交24年，从未见他裸显过这样一副冲动性的脸色，那棕色双颊简直是热腾腾的，略带怒意。我尽可说，此刻他像一只关入铁柙的野兽。不，他就是大诗人里尔克名作里那头"豹"，困于豹笼，四周晃动"千条栏杆"。也坐立不安。我坐下后，他就未好好坐过，忽而到阳台整理盆花，忽而收拾桌上什物，忽而怔视空空书架，忽而向我使眼色，让我说话注意，忽而用手指指隔壁客厅，暗示有人，忽而一只手指贴贴嘴唇，禁止我出声。他一支烟接一支烟，烟不离唇。我这才想起，比起里尔克那只豹笼的巴黎管理员，这位豹笼中的大师的管理人既多，风格又恐怖百倍。

　　我又沉痛回忆，这位兽笼中的东方米开朗琪罗，前年秋季一夜毁灭一千多幅画（其中有许多不可能复活的杰作），多半授煤炉喂火，少数撕碎掷入抽水马桶，再冲进地下水道。据一旁目击的学生潘后来告诉我：那一夜，他的表情千变万化，

_____

　　① 选自《真爱·世纪名家品荐经典大系·散文卷》，长春出版社，1995年版。

似哭又像笑，若拍电影，可获十个金像奖。他对潘苦笑："我总算画过了。"这使我想起疯人院的尼采，某次他看见书说："我也写过书啊！"

今天上午他的野兽表演，是这个"伟大"时代专对我开一次极精彩的活生生的个展。

客厅女佣打扫完毕，走了。仿佛敌人撤退，他这个被包围的将军才算透了口气，面色迅速稍稍恢复往日安详。

"她是监视我的。我已受管制，每天要向干部汇报情况。"

"她不是你多年老女佣么？"

"嘿！这个时候，连亲儿女都不认亲父母，还说什么老佣人？"

看样子，他似乎要揍我一拳。

我谈起潘已被捕，他顿时气愤："死要出风头！这是什么时候！他死不听话！BOOKEE[①]！你千万千万当心。我们全是笼中鸟嘛！"

送我下楼，他一再叮咛我小心，仿佛我随时会上断头台。

其实我们两人都比鼹鼠"小心"，但这年夏季，我仍被绑票作杭州监狱寓公，次年他进上海南市拘留所，在牢里画了四年毛巾画，专出口中东阿拉伯国家的。

---

① BOOKEE是林公对我的昵称。

马寅初

新人口论① · 附带声明

1957年，马寅初提出"新人口论"，提倡"计划生育"，这与"人多力量大"的农民思维相抵触，受到群起围攻。马老说："我虽年近80，明知寡不敌众，自当单身匹马，出来应战，直至战死为止。"

马寅初（1882~1982），原籍浙江。经济学家，北大校长。著作有《中国经济改造》《新人口论》等。

几点建议

（一）1953年举办的第一次全国人口调查，使我们对于全国人口性别划分，按年龄组别划分，按民族构成划分和按城镇与乡村划分，都能够明白它们的对比和真相，这是很好的；但要实施明健的人口政策，和帮助科学家进行研究工作，还必须认真举办关于人口动态的统计，如出生、死亡、结婚、离婚和迁徙等都应有完整的统计公布。因此我建议在1958年至迟在1963年进行普选时，再进行一次人口普查，使我们可以知道这五年中或这十年中我国人口增长的实际情况，接着认真举办人口动态统计，在这个基础上来确定人口政策，一面把人口增长的数字订入第二个或第三个五年计划之内，使以后计划的准确性可以逐步提高。

（二）我们在上面已谈到夏威夷群岛的人口并不跟着食品的增加而增加，主要原因是因为该处的居民不是喜欢多子多孙的。但在中国情形适相反，宗嗣继承观念太深，只要生活好一些，便想娶女子，便患无后代，便畏出远门，便安土重迁。加以种种封建社会的残余思想，如"早生贵子""儿孙满堂""五世同堂""五世其昌""多福多寿多男子"等等，支配着他们的行动，所以在妇女心理上，以生子为天职，以不育为大耻；在父母心理中，嫌儿媳不生育，重婚纳妾，理所当然。但要节制生育、控制人口，第一步要依靠普遍宣传，使广大农民群众都明知节育的重要性，并能实际应用节育的方法；一面大力宣传早婚的害处，迟婚的好处，大概男子25岁、女子23岁结婚是比较适当的；但暂时不考虑修改婚姻法，理由是把结婚年龄提高，在原则上是对的，但是由于节制生育的理由和需要，操之过急

---

① 选自马寅初《新人口论》，吉林人民出版社，1997年。

不免发生副作用，恐农村中的青年男女怕婚姻法亦未为晚。如婚姻法修改之后，控制人口的力量还不够大，自应辅之以更严厉更有效的行政力量。照目前的计算，国家在每个孩子的教育及就业装备上要支出一万元上下。一般人往往不够了解，一个孩子要求家庭的开支，还抵不上要求国家的开支大，因此国家理应有干涉生育、控制人口之权。况控制人口，为的是要提高全国人民尤其是农民的劳动生产率，借以提高他们的物质和文化生活水平，使他们能过更快乐更美丽的生活。

（三）实行计划生育是控制人口最好最有效的办法，最重要的是普遍宣传避孕，切忌人工流产，一则因为这是杀生，孩子在母体里已经成形了，它就有生命权，除非母亲身体不好，一般不能这样做；二则会伤害妇女的健康，使之一生多病，我有几个亲戚身体本来很好，刮了子宫后不是生这样病，就生那样病；三则会冲淡避孕的意义，年轻的妇女们就会不关心避孕，把希望寄托在人工流产上。据北京几位名医谈话，有些人刚做过人工流产，很快又怀孕，又跑到医院里去吵闹，主要原因是依赖人工流产，不认真避孕了，尤其是男子，对避孕不负责，不积极，只图自己一时的快乐，不顾女子长期的痛苦，实在太不公平；四则会增加医生的负担，苏联人口只有两亿，而医生有35万之多，病床有135.4万张，我国人口大于苏联三倍以上，而能做人工手术的恐怕不到六万人，医院情况已经很紧张，若再把人工流产的任务加在他们的身上，深恐耽误其他的治疗工作。因此，我诚恳地请卫生部好好地考虑。

附带声明

一、接受《光明日报》的挑战书

据去年7月24日和11月29日的《光明日报》估计，批判我的学术思想的人不下200多人，而《光明日报》又要开辟一个战场，而且把这个战场由《光明日报》逐渐延伸至几家报纸和许多杂志，并说我的资产阶级学术思想的一些主要论点已经比较深入地为人们所认识，坚持学术批判必须深入进行。这个挑战是很合理的，我当敬谨拜受。我虽年近80，明知寡不敌众，自当单身匹马，出来应战，直至战死为止，决不向专以力压服不以理说服的那种批判者们投降。不过我有一个要求。过去的批判文章都是"破"的性质，没有一篇是"立"的性质；徒破而不立，不能成大事。如我国的革命，只破而不立，决不能有今天。你我都不欢迎那些如李达先生所说的"扣名词、扣概念，语义晦涩，内容空洞，带一些八股气"的文章（1958年11月10日《人民日报》第7版）。更不欢迎如中共湖北省委第一书记王任重同志所批评的那种作风。王任重同志在他的《读书、谈心、想问题》一文中（载今年4月9日的《人民日报》）说："讲共产主义风格，还要敢于坚持真理，从实际出发,而不要'随风倒'。学习先进,力争上游,永远都是需要的。但是有些同志并不是真正学习先进,而是按'空气'办事。听到人家一点风声,他就赶紧照办,不问一问人家究竟是怎么做的,也不想一想这样做到底好不好,和自己的情况适合不适合。事后看来,这些同志闹了许多笑话。为什么'随风倒'?这里也有个'抢先'的思想在作怪。有的同志怕落后,不管条件如何,事事都想站到头里。也有的同志是图虚名,好出风头。这种'抢先'的思想,和党所教导我们的'鼓足干劲,力争上游'的精神,根本不是一回事。我们共产党人要赤胆忠心地为人民工作,不要为虚名工作;要按实际情况办事,不要按'空气'办事。"

我们所最欢迎的,是如潘梓年先生所说的那种概括各种新变化的哲学或经济文章,因为哲学的中国要求有中国化的哲学(《哲学研究》1958年第7期)。据《光明日报》的意见,我的学术思想是资产阶级的,那么应该写几篇富有无产阶级学术思想的文章来示一个范,使我们也可经常学习。

二、对爱护我者说几句话并表示衷心的感谢

去年有200多位批判者向我进攻,对我的两篇平衡论和新人口论提出种种意见,其中有些是好的,我吸取过来,并在小型的团团转综合性平衡论中做了些修改(共七点),但是他们的批判没有击中要害,没有动摇我的主要的或者说根本的据点——"团团转"的理论"螺旋式上升"的理论,和"理在事中"的理论,也无法驳倒我的新人口论。在论战很激烈的时候,有几位朋友力劝退却,认一个错了事,不然的话,不免影响我的政治地位。他们的劝告,出于诚挚的友爱,使我感激不尽,但我不能实行。我认为这不是一个政治问题,而是一个纯粹的学术问题。学术问题贵乎争辩,愈辩愈明,不宜一遇袭击,就抱"明哲保身,退避三舍"的念头。相反,应知难而进,决不应向困难低头。我认为在研究工作中事前要有准备,没有把握,不要乱写文章。既写之后,要勇于更正错误,但要坚持真理,即于个人私利甚于自己宝贵的性命,有所不得,亦应担当一切后果。我平日不教书,与学生没有直接的接触,总想以行动来教育学生,我总希望北大的10400位学生在他们求学的时候和将来在实际工作中要知难而进,不要一遇困难随便低头。

最后我还要对另一位好朋友表示感忱,并道歉意。我在重庆受难的时候,他千方百计来营救;我1949年自香港北上参改,也是应他的电召而来。这些都使我感激不尽,如今还牢记在心。但是这次遇到了学术问题,我没有接受他的真心诚意的劝告,心中万分不愉快,因为我对我的理论有相当的把握,不能不坚持,学术的尊严不能不维护,只得拒绝检讨。希望我这位朋友仍然虚怀若谷,不要把我的拒绝检讨视同抗命则幸甚。

原载《新建设》1959年第11期

顾准

科学与民主①

　　顾准（1915～1974）享有"苦难岁月的伟大先知"之誉。学者朱学勤引述的故事：有境外同行曾在一次学术会议上问及中国内地学界，在60年代与70年代，你们有没有可以称得上稍微像样一点的人物？面对这样一个潜含挑战的问题，一位70多岁的学界前辈佝偻而起，应声对答：有，有一位，那就是顾准！

一、唯有立足于科学精神之上的民主才是一种牢靠的民主

　　民主的解释可以是多种多样的。有人把民主解释为"说服的方法"而不是强迫的方法。这就是说，说服者所持的见解永远是正确的，问题在于别人不理解它的正确性。贯彻这种正确的见解的方法，有强迫与说服之分；其中，说服的方法，就是民主的方法。那么说服者的见解怎么能够永远是正确呢？因为他采取了"集中起来"的办法，集中了群众的正确的意见。怎么样"集中起来"的呢？没有解释。

　　有人把民主解释为下级深入地无拘束地讨论上级的决定，并且指出这是动员群众积极性，加强群众主人翁感觉的方法。这个定义，同时强调少数服从多数，以及不准有反对派存在。这种对于民主的解释，和上面那种解释方法，一样以民主集中制为最高原则。实际上，两者都是权威主义，而不是民主主义。

　　号称为反对权威主义的民主主义者，通常主张，政治上必须保留反对派，实行两党制，但是两党制的实际状况也造成了那些民主主义者的幻灭。因为两党制只允许你二者择一，好像结婚，候选对象只有两个。你不要这个，只好要那个。如果两个都不喜欢，只好打光棍——放弃公民权。何况民主，不过是粉饰门面，不过是欺骗。何况，芸芸众生喜欢一种有秩序的生活，一个强有力的权威的存在，足以保障这种秩序。据说，苏联人怀念斯大林，就是出于这种感情。

　　再说，所以主张把民主放在科学前面，是因为唯有民主才能发展科学研究，才不致扼杀科学。但是仅仅着眼于这一方面的话，前面两种民主，亦即民主集中

---

　　① 选自《顾准文集》，贵州人民出版社，1995年版。

制，至少能够部分地做到这一点。比如说，我们的原子弹和卫星上天，分明是在民主集中制下搞出来的。苏联的军事科学，不对，是武器科学，还有许多其他各门科学，50年来发展得也很好。如果说，科学研究在这种制度下多少受到阻碍的话，那是人文科学和哲学。因为这个领域，正是权威保留独占的判断权的领域。但是，权威，为了"集中起来"有可集中的意见的源泉，有时候也可以开门，不过门总不是敞开的，充其量也不过是半开门而已。

我不赞成半开门，我主张完全的民主。因为科学精神要求这种民主。

我所说的科学精神，不是指哪一门具体的科学上的成就，而是：（1）承认人对于自然、人类、社会的认识永无止境。（2）每一个时代的人，都在人类知识的宝库中添加一点东西。（3）这些知识，没有尊卑贵贱之分。研究化粪池的人和研究国际关系、军事战略的人具有同等的价值，具有同样的崇高性，清洁工人和科学家、将军也一样。（4）每一门知识的每一个进步，都是由小而大，由片面到全面的过程。前一时期的不完备的知识A，被后一时期较完备的知识B所代替，第三个时期的更完备的知识，可以是从A的根子发展起来的。所以正确与错误的区分，永远不过是相对的。（5）每一门类的知识技术，在每一个时代都有一种统治的权威性的学说或工艺制度；但大家必须无条件地承认，唯有违反或超过这种权威的探索和研究，才能保证继续进步。所以，权威是不可以没有的，权威主义则必须打倒。这一点，在哪一个领域都不例外。

说穿了，这些不过是学术自由、思想自由的老生常谈而已。但是，学术自由和思想自由是民主的基础，而不是依赖于民主才能存在的东西。因为，说到底，民主不过是方法，根本的前提是进步。唯有看到权威主义会扼杀进步，权威主义是和科学精神水火不相容的，民主才是必须采用的方法。

也许可以反驳，这么说，还可以归结为民主是科学的前提。这种反驳当然还是有力量的，因为上面的论证，看起来是一种循环论证，你把民主当作前提也可以，把所谓科学精神当作前提也可以。不过我想，把民主当作前提，不免有一种危险，人家可以把民主集中制说成民主，也可以恩赐给你一些"民主"，却保留权威主义的实质。相反，把科学精神当作前提，就可以把"集中起来"的神话打破。你说"集中起来"这个集中，分明带有（1）集中、（2）归纳这两个因素。你主张"集中起来"的是群众中正确的意见，你就是主张你归纳所得的结论是百分之百正确的。可是你的归纳，绝不比别人的归纳更具有神圣的性质，你能保证你没有归纳错了？何况，这种归纳，实际上往往不过是'真主意、假商量'而已。这么看来，唯有科学精神才足以保证人类的进步，也唯有科学精神才足以打破权威主义和权威主义下面的恩赐的民主。

二、哲学上的多元主义

其实，所谓科学精神，不过是哲学上的多元主义的另一种说法而已。

哲学上的多元主义，就是否认绝对真理的存在，否认有什么事物的第一原因和宇宙、人类的什么终极目的。世界就是这么个世界，这个世界的主人是人类。不设想人类作为主人，这个世界就无须认识。人类认识世界，就是为了改进人类的处境。人类从什么状况进到现在这样的境界，正在由多门科学加以研究，这也是人类不断在扩大认识的领域之一。但是，说人类是万物之灵，说人是由上帝创造出来的，说人类的终极目的是建立一个地上的天国等等，那都是早期人类的认识，已经由现在更进步的认识所代替了。现在，人们所认识的是：人，通过世世代代的努力，一点一滴的积累，他的处境改善了，还要改善下去，改善的程度，是没有止境的——因为历史上许多伟大人物曾经设想过人类改善的目标，确实有许多已被超过了（举一个小小的例子，恩格斯把有暖气设备的房子，看作社会主义的目标，这分明已被超过了）。所以，一切第一原因、终极目的设想，都应该排除掉。而第一原因和终极目的，则恰好是哲学上一元主义和政治上的权威主义的根据。

代替的应是哲学上的多元主义。事实上，所有的唯心主义、唯物主义、唯理主义、经验主义，所有一切宗教，所有一切人类思想，都曾经标志着人类或一部分人类所曾处过的阶段，都对人类进到目前的状况作出过积极的贡献。最有害的思想也推动过思想斗争，而没有思想斗争，分明就没有进步。

也许主张人类进步也是一种哲学上的一元主义。列宁反对相对主义就是这样论证的：相对成了主义，就是一种绝对化的主张。当然不能禁止这种反驳。不过，主张人类进步，主张人类进步而主张科学精神和多元主义，总和主张什么终极目的而坚持一元主义——权威主义是不一样的。如果你说我也是一元主义，那也不妨承认，我的一元主义是多元主义的一元主义。

哲学上的多元主义，要贯彻到一切科学研究和价值判断中去。这是打破孔子的尊卑贵贱的伦常礼教的最有力的武器。唯有如此，国家元首才真正不过是一种服务，是公仆，而不是皇帝。

哲学上的多元主义，贯彻到政治上也是多元主义。那就是，可以有各种政治主张的存在，有政治批评——来自各种立场的政治批评。这当然不是说，没有当时大家承认的一种政治制度，例如我们的社会主义制度。不过这种制度无论何时（哪怕比现在完善得多）也不是绝对完善到无可再改善的。要改善，就要有批评。所以，它也是多元主义的。

至于政府的形式，看起来不能做到大家当家作主，那是没有关系的。因为人类社会发展到现在，高度分工势不可免——消灭分工，100多年的历史证明那是空想。会有"政治家",他和工程师和清洁工人一样是一种服务,而不是什么"时代的智慧、荣誉和良心",更不是皇帝。

而且,在经济高度发展的状况下,职务的差别,表现在收入和特权上的差别将愈来愈小。西方资本主义国家正在这样进展(你听起来似乎是神话,然而这是事实)。那里的经济学,确实还有毛泽东思想的反响——他们在研讨一种有别于家畜的不平等(公爵时代,资本家的遗产,都造成家畜上的不平等)的功勋的不平等如何缩小的问题。不过,这里还适用马克思的命题,需要物质上的极大丰富才行。

事实上,私有财产权在全世界的知识界都是遭到鄙弃的。不幸,保存私有财产权的西方,工人生活得比苏联要好些。所以,"十月革命"在全世界的回响十分震动人心,而1945年以后,连陶里亚蒂也宁愿走结构改革的道路了。陶里亚蒂是对的。如果他选择捷克斯洛伐克的道路,意大利的工人会埋怨他的。不过,在西方,私有财产权的地位现在也并不稳固,至少它在日益削弱。

食指

这是四点零八分的北京①

　　"文革"的冲锋队是学生，当所有的学校都"停课闹革命"，城市被"大串联"的学生塞满了，就业不可能，唯一的去处是农村这个"广阔天地"，于是，"红卫兵"改名"知识青年"，全都"上山下乡"去。懵懵懂懂的少年，前程未卜的命运。离别故乡，就想起妈妈，他们中不少人还是未成年的孩子。"不知道发生了什么事"，离根的漂泊感已塞满心胸。

　　食指（1948年生），原名郭路生，"文革"时期地下诗歌的代表诗人。

知青与『地下诗歌』

这是四点零八分的北京
一片手的海浪翻动
这是四点零八分的北京
一声尖厉的汽笛长鸣

北京车站高大的建筑
突然一阵剧烈地抖动
我吃惊地望着窗外
不知发生了什么事情

我的心骤然一阵疼痛，一定是
妈妈缀扣子的针线穿透了心胸
这时，我的心变成了一只风筝
风筝的线绳就在妈妈的手中

线绳绷得太紧了，就要扯断了
我不得不把头探出车厢的窗棂
直到这时，直到这个时候

---

　　① 选自卞之琳、牛汉主编《中华人民共和国五十年名作文库·新诗卷·1949～1999》，作家出版社，1999年版。

我才明白发生了什么事情

——一阵阵告别的声浪
　　就要卷走车站
　　北京在我的脚下
　　已经缓缓地移动

我再次向北京挥动手臂
想一把抓住她的衣领
然后对她亲热地叫喊
永远记着我，妈妈啊北京

终于抓住了什么东西
管他是谁的手，不能松
因为这是我的北京
这是我的最后的北京

1968年12月20日

食指

相信未来①

呼喊着"相信未来"，声音却是稚嫩的，仿佛暗夜行路的人大声唱
歌为自己壮胆。诗人自觉到这一点，所以他用"雪花"写，用"枯藤"写，用
"孩子的笔体"写。

当蜘蛛网无情地查封了我的炉台
当灰烬的余烟叹息着贫困的悲哀
我依然固执地铺平失望的灰烬
用美丽的雪花写下：相信未来

当我的紫葡萄化为深秋的露水
当我的鲜花依偎在别人的情怀
我依然固执地用凝霜的枯藤
在凄凉的大地上写下：相信未来

我要用手指那涌向天边的排浪
我要用手掌那托起太阳的大海
摇曳着曙光那支温暖漂亮的笔杆
用孩子的笔体写下：相信未来

我之所以坚定地相信未来
是我相信未来人们的眼睛
她有拨开历史风尘的睫毛
她有看透岁月篇章的瞳孔

不管人们对于我们腐烂的皮肉
那些迷途的惆怅、失败的苦痛

① 选自卞之琳、牛汉主编《中华人民共和国五十年名作文库·新诗卷·1949～1999》，作家出版社，1999年
版。

是寄予感动的热泪、深切的同情
还是给以轻蔑的微笑、辛辣的嘲讽

我坚信人们对于我们的脊骨
那无数次的探索、迷途、失败和成功
一定会给予客观、公正的评定
是的，我焦急地等待着他们的评定

朋友，坚定地相信未来吧
相信不屈不挠的努力
相信战胜死亡的年轻
相信未来，热爱生命

1968年

北岛

回　答①

"卑鄙"是通行证，"高尚"是墓志铭，这是一个畸形时代的道德判词。诗人宣告："我不相信"这个世界。从而选择做一名挑战者、殉道者。光相信未来是不够的，更重要的是为自己的未来而抗争。

北岛（1949年生），原名赵振开，朦胧诗今天派代表诗人。

卑鄙是卑鄙者的通行证，
高尚是高尚者的墓志铭。
看吧，在镀金的天空中，
飘满了死者弯曲的倒影。

冰川纪已过去了，
为什么到处都是冰凌？
好望角发现了，
为什么死海里千帆相竞？

我来到这个世界上，
只带着纸，绳索和身影。
为了在审判之前，
宣读那些被判决的声音：

告诉你吧，世界
我——不——相——信！
如果你脚下有一千名挑战者，
那就把我算作第一千零一名。

我不相信天是蓝的；
我不相信雷的回声；

---

① 选自老木编《新诗潮诗集》，未名湖丛书，1985年版。

我不相信梦是假的；
我不相信死无报应。

如果海洋注定要决堤，
就让所有苦水都注入我心中，
如果陆地注定要上升，
就让人类重新选择生存的峰顶。

新的转机和闪闪星斗，
正在缀满没有遮拦的天空。
那是五千年的象形文字，
那是未来人们凝视的眼睛。

1976年4月

北岛

宣 告①
——献给遇罗克

1970年，遇罗克因抗辩"出身论"而被枪杀。死前常咏邓拓的诗句："莫道书生空议论，头颅掷处血斑斑。"北岛代他表白心声："我只想做一个人"。这个要求算不算太高？

也许最后的时刻到了
我没有留下遗嘱
只留下笔，给我的母亲
我并不是英雄
在没有英雄的年代里
我只想做一个人
宁静的地平线
分开了生者和死者的行列
我只能选择天空
决不跪在地上
以显出刽子手们的高大
好阻挡那自由的风

从星星的弹孔中
将流出血红的黎明

---

① 选自老木编《新诗潮诗集》，未名湖丛书，1985年版。

北岛

雨 夜①

在那个年代,爱是禁果;而在任何时代,爱都是扼杀不了的。

当水洼里破碎的夜晚
摇着一片新叶
像摇着自己的孩子睡去
当灯光串起雨滴
缀饰在你的肩头
闪着光，又滚落在地
你说，不
口气如此坚决
可微笑却泄露了你内心的秘密

低低的乌云用潮湿的手掌
揉着你的头发
揉进花的芳香和我滚烫的呼吸
路灯拉长的身影
连接着每个路口，连接着每个梦
用网捕捉着我们的欢乐之谜

以往的辛酸凝成泪水
沾湿了你的手绢
被遗忘在一个黑漆漆的门洞里

即使明天早上
枪口和血淋淋的太阳
让我交出自由、青春和笔

① 选自老木编《新诗潮诗集》,未名湖丛书,1985年版。

我也决不会交出这个夜晚
我决不会交出你
让墙壁堵住我的嘴唇吧
让铁条分割我的天空吧
只要心在跳动，就有血的潮汐
而你的微笑将印在红色的月亮上
每夜升起在我的小窗前
唤醒记忆

顾城

一代人①

一代人的宣言，虽然是事后的。顾城还说：太阳让我生长，但它也给我的皮肤注入了毒素。

顾城（1956～1993），朦胧诗代表诗人。

黑夜给了我黑色的眼睛
我却用它寻找光明

1979年4月

知青与「地下诗歌」

---

① 选自顾城《黑眼睛》，人民文学出版社，1986年版。

顾城

门 前①

轻轻地说，我们要求不多，只要安全和谐的生活，请给我一点个人的生存空间吧，天！

我多么希望，有一个门口
早晨，阳光照在草上
我们站着
扶着自己的门扇
门很低，但太阳是明亮的
草在结它的种子
风在摇它的叶子
我们站着，不说话
就十分美好

有门，不用开开
是我们的，就十分美好

1982年8月

---

① 选自顾城《黑眼睛》，人民文学出版社，1986年版。

顾城

远和近①

人与人在疏离，你的心事"云"能懂吗？相同的只是一样的缥缈玄虚。

你
一会看我
一会看云

我觉得
你看我时很远
你看云时很近

---

① 选自顾城《黑眼睛》 人民文学出版社，1986年版。

芒克

阳光中的向日葵①

　　向日葵在凡·高的颜料里获得过新生，如今又在芒克的文字里重获新生。那挣扎着咬断脖子上太阳绳索的向日葵，是在咬断一个时代的脐带。

你看到了吗
你看到阳光中的那棵向日葵了吗
你看它，它没有低下头
而是在把头转向身后
它把头转了过去
就好像是为了一口咬断
那套在它脖子上的
那牵在太阳手中的绳索

你看到它了吗
你看到那棵昂着头
怒视着太阳的向日葵了吗
它的头几乎已把太阳遮住
它的头即使是在没有太阳的时候
也依然在闪耀着光芒

你看到那棵向日葵了吗
你应该走近它
你走近它便会发现
它脚下的那片泥土
每抓起一把
都一定会攥出血来

1983年

---

① 选自老木编《新诗潮诗集》，未名湖丛书，1985年版。

佚名

扬眉剑出鞘①

这不是白话诗，只是人们心里的大白话。

欲悲闻鬼叫，
我哭豺狼笑。
洒泪祭雄杰，
扬眉剑出鞘！

1976年清明

① 选自童怀周编《天安门诗抄》，人民文学出版社，1978年版。

韩翰

重 量①

"她"叫张志新，1975年春天，她敢于发出异端声音的喉管被生生割断。

> 她把带血的头颅，
> 放在生命的天平上，
> 让所有的苟活者，
> 都失去了
> ——重量。

1979年

① 选自卞之琳、牛汉主编《中华人民共和国五十年名作文库·新诗卷·1949～1999》，作家出版社，1999年版。

梁小斌

中国，我的钥匙丢了①

十年一觉"文革"梦，醒来后发现，青春飞逝，家国破碎，人情荒芜，信仰变形，是的，中国，我的钥匙丢了。

中国，我的钥匙丢了。

那是十多年前，
我沿着红色大街疯狂地奔跑，
我跑到了郊外的荒野上欢叫，
后来，
我的钥匙丢了。

心灵，苦难的心灵
不愿再流浪了，
我想回家，
打开抽屉、翻一翻我儿童时代的画片，
还看一看那夹在书页里的
翠绿的三叶草。

而且，
我还想打开书橱，
取出一本《海涅歌谣》，
我要去约会，
我向她举起这本书，
作为我向蓝天发出的
爱情的信号。

这一切，

这美好的一切都无法办到，
中国，我的钥匙丢了。

天，又开始下雨，
我的钥匙啊，
你躺在哪里？
我想风雨腐蚀了你，
你已经锈迹斑斑了；
不，我不那样认为，
我要顽强地寻找，
希望能把你重新找到。

太阳啊，你看见了我的钥匙了吗？
　　愿你的光芒
为它热烈地照耀。

我在这广大的田野上行走，
我沿着心灵的足迹寻找，
那一切丢失了的，
我都在认真思考。

1979年12月～1980年8月

舒婷

神女峰①

曾经被外国游客讥笑为"最不像女人"的中国女性说话了：还我女儿身、还我女儿心。

舒婷（1952年生），朦胧诗代表诗人。

在向你挥舞的各色花帕中
是谁的手突然收回
紧紧捂住了自己的眼睛
当人们四散离去，谁
还站在船尾
衣裙漫飞，如翻涌不息的云
江涛
　　　高一声
　　　　　低一声
美丽的梦留下美丽的忧伤
人间天上，代代相传
但是，心
真能变成石头吗

沿着江岸
金光菊和女贞子的洪流
正煽动新的背叛
　　　与其在悬崖上展览千年
不如在爱人肩头痛哭一晚

1982年

经典情绪

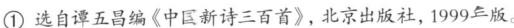

① 选自谭五昌编《中国新诗三百首》，北京出版社，1999年版。

崔健

中国摇滚①（3首）

摇滚青年崔健（1961年生）其实是个带着旋律吼叫的现实主义诗人。"一无所有"的是我们的口袋和脑袋，"红旗下的蛋"是青年一代的自画像。"一块红布"蒙住了天，我以为"看见了幸福"。年轻人不再受骗了，可也不再容易相信什么了。

一无所有

我曾经问个不休　你何时跟我走
可你却总是笑我　一无所有
我要给你我的追求　还有我的自由
可你却总是笑我　一无所有
噢……你何时跟我走
噢……你何时跟我走

脚下这地在走　身边那水在流
可你却总是笑我　一无所有
为何你总笑个没够　为何我总要追求
难道在你面前　我永远是一无所有
噢……你何时跟我走
噢……你何时跟我走

脚下这地在走
身边那水在流
告诉你我等了很久　告诉你我最后的要求

---

　　① 《一无所有》选自陈思和、李平主编《20世纪中国文学精品·当代文学100篇》，学林出版社，2000年版。《红旗下的蛋》选自崔健第三张同名专辑《红旗下的蛋》。《一块红布》选自崔健第一张专辑《新长征路上的摇滚》。总题为编者所拟。

我要抓起你的双手　你这就跟我走
这时你的手在颤抖　这时你的泪在流
莫非你是在告诉我　你爱我一无所有
噢……你这就跟我走
噢……你这就跟我走

红旗下的蛋

突然的开放　实际并不突然　现在机会到了
可谁知道该干什么　红旗还在飘扬
没有固定的方向
革命还在继续　老头儿更有力量
钱在空中飘荡
我们没有理想　虽然空气新鲜
可看不见更远地方　虽然机会到了
可胆量还是太小
我们的个性都是圆的
像红旗下的蛋　头突然出来
是多年的期待　挺胸抬头叫喊
是天生的遗传
心里自然明白　我们是谁的后代
无论行为好坏
内心还是清白　权力在空中飘荡
经常打在肩上
突然一个念头　一再跟着别人乱走
虽然身体还软　虽然只会叫喊
看那八、九点钟的太阳
像红旗下的蛋　肚子已经吃饱了
脑子已想开了
别说这是恩情　永远报答不尽
我们不再是棋子儿　走着别人划的印儿
自己想试着站站　走起来四处看看
现实像个石头　精神像个蛋
石头虽然坚硬　可蛋才是生命

妈妈仍然活着　爸爸是个旗杆子
若问我们是什么
红旗下的蛋

一块红布

那天是你用一块红布
蒙住了我双眼也蒙住了天
你问我看见了什么　我说我看见了幸福
这个感觉真让我好舒服
它让我忘掉我没地儿住
你问我还要去何方　我说要上你的路
看不见你也看不见路　我的手也被你抓住
你问我在想什么　我说我要你做主
我感觉　你不是铁　却像铁一样强和烈
我感觉你身上有血　因为你的手是热乎乎
这个感觉真让我舒服　让我忘掉我没地儿住
你问我还要去何方　我说要上你的路
我感觉这不是荒野
却看不见这地已经干裂
我感觉　我要喝点水
可你的嘴将我的嘴堵住
我不能走我也不能哭　因为我身体已经干枯
我要永远这样陪伴着你
因为我最知道你的痛苦
嘟……嘟……

王小波

我的精神家园①

　　王小波（1952～1997）的精神是健朗的，语言庄谐杂出，立意却厚实。"用童心来看"人文之路，也是回到常识吧。那"蓝蜻蜓"多美。

　　我13岁时，常到我爸爸的书柜里偷书看。那时候政治气氛紧张，他把所有不宜摆在外面的书都锁了起来，在那个柜子里，有奥维德的《变形记》，朱生豪译的莎翁戏剧，甚至还有《十日谈》。柜子是锁着的，但我哥哥有捅开它的方法。他还有说服我去火中取栗的办法：你小，身体也单薄，我看爸爸不好意思揍你。但实际上，在揍我这个问题上，我爸爸显得不够绅士派，我的手脚也不太灵活，总给他这种机会。总而言之，偷出书来两人看，挨揍则是我一人挨，就这样看了一些书。虽然很吃亏，但我也不后悔。

　　看过了《变形记》，我对古希腊着了迷。我哥哥还告诉我说：古希腊有一种哲人，穿着宽松的袍子走来走去。有一天，有一位哲人去看朋友，见他不在，就要过一块涂蜡的木板，在上面随意挥洒，画了一条曲线，交给朋友的家人，自己回家去了。那位朋友回家，看到那木板，为曲线的优美所折服，连忙埋伏在哲人家左近，待他出门时闯进去，要过一块木板，精心画上一条曲线……当然，这故事下余的部分就很容易猜了：哲人回了家，看到朋友留下的木板，又取一块蜡板，把自己的全部心胸画在一条曲线里，送给朋友去看，使他真正折服。现在我想，这个故事是我哥哥编的。但当时我还认真地想了一阵，终于傻呵呵地说道：这多好啊。时隔30年回想起来，我并不羞愧。井底之蛙也拥有一片天空，13岁的孩子也可以有一片精神家园。此外，人有兄长是好的。虽然我对国家的计划生育政策也无异议。

　　长大以后，我才知道科学和艺术是怎样的事业。我哥哥后来是已故逻辑大师沈有鼎先生的弟子，我则学了理科；还在一起讲过真伪之分的心得、对热力学的体会，但这已是我20多岁时的事。再大一些，我到国外去旅行，在剑桥看到过使牛顿体会到万有引力的苹果树，拜伦拐着腿跳下去游水的"拜伦塘"，但我总在回想幼时遥望人类智慧星空时的情景。千万丈的大厦总要有片奠基石，最初的爱好无

① 选自《我的精神家园·王小波杂文自选集》，文化艺术出版社，1997年版。

可替代。所有的智者、诗人，也许都体验过儿童对着星光感悟的一瞬。我总觉得，这种爱好对一个人来说，就如性爱一样，是不可少的。

我时常回到童年，用一片童心来思考问题，很多繁难的问题就变得易解。人活着当然要做一番事业，而且是人文的事业；就如有一条路要走，假如是有位老学究式的人物，手执教鞭戒尺打着你走，那就不是走一条路，而是背一本宗谱。我听说苏联就是这么教小孩子的：要背全本的普希金、半本莱蒙托夫，还要记住俄罗斯是大象的故乡（肖斯塔科维奇在回忆录里说了很多）。我们这里是怎样教孩子的，我就不说了，以免得罪师长。我很怀疑会背宗谱就算有了精神家园，但我也不想说服谁。安徒生写过《光荣的荆棘路》，他说人文的事业就是一片着火的荆棘，智者仁人就在火里走着。当然，他是把尘世的嚣嚣都考虑在内了，我觉得用不着想那么多。用宁静的童心来看，这条路是这样的：它在两条竹篱笆之中。篱笆上开满了紫色的牵牛花，在每个花蕊上，都落了一只蓝蜻蜓。这样说固然有煽情之嫌，但想要说服安徒生，就要用这样的语言。维特根斯坦临终时说：告诉他们，我度过了美好的一生。这句话给人的感觉就是：他从牵牛花丛中走过来了。虽然我对他的事业一窍不通，但我觉得他和我是一头儿的。

我不大能领会下列说法的深奥之处：要重建精神家园，恢复人文精神，就要灭掉一切俗人——其中首先要灭的，就是风头正健的俗人。假如说，读者兜里的钱是有数的，买了别人的书，就没钱来买我的书，所以要灭掉别人，这个我倒能理解，但上述说法不见得有如此之深奥。假如真有这么深奥，我也不赞成——我们应该像商人一样，严守诚实原则，反对不正当的竞争。让我的想法和作品成为嚣嚣尘世上的正宗，这个念头我没有，也不敢有。既然如此，就必须解释我写文章（包括这篇文章）的动机。坦白地说，我也解释不大清楚，只能说：假如我今天死掉，恐怕就不能像维特根斯坦一样说道：我度过了美好的一生；也不能像司汤达一样说：活过，爱过，写过。我很怕落到什么都说不出的结果，所以正在努力工作。

王小波

沉默的大多数①

"古往今来最大的一个弱势群体，就是沉默的大多数。"在"精神原子弹"覆盖的话语圈中，人们无话可说，说出的却不是自己的话，只是"话语的捐税"。什么时候，我们能说自己想说的话呢？

20多年前，我在云南当知青。除了穿着比较干净、皮肤比较白皙之外，当地人怎么看待我们，是个很费猜的问题。我觉得，他们以为我们都是台面上的人，必须用台面上的语言和我们交谈——最起码在我们刚去时，他们是这样想的。这当然是一个误会，但并不讨厌。还有个讨厌的误会是：他们以为我们很有钱，在集市上死命地朝我们要高价，以致我们买点东西，总要比当地人多花一两倍的钱。后来我们就用一种犰特的方法买东西：不还价，甩下一叠毛票让你慢慢数，同时把货物抱走。等你数清了毛票，连人带货都找不到了。起初我们给的是公道价，后来有人就越给越少，甚至在毛票里杂有些分票。假如我说自己洁身自好，没干过这种事，你一定不相信，所以我决定不争辩。终于有一天，有个学生在这样买东西时被老乡扯住了——但这个人绝不是我。那位老乡决定要说该同学一顿，期期艾艾地憋了好半天，才说出：哇！不行啦！思想啦！斗私批修啦！后来我们回家云，为该老乡的话语笑得打滚。可想而知，在今天，那老乡就会说：哇！不行啦！"五讲"啦！"四美"啦！"三热爱"啦！同样也会使我们笑得要死。从当时的情形和该老乡的情绪来看，他想说的只是一句很简单的话，那一句话的头一个字发音和洗澡的澡有些相似。我举这个例子，绝不是讨了便宜又要卖乖，只是想说明一下话语的贫乏。用它来说话都相当困难，更不要说用它来思想了。话语圈子里的朋友会说，我举了一个很恶劣的例子——我记住这种事，只是为了丑化生活；但我自己觉得不是的。

我在沉默中过了很多年：插队，当工人，当大学生，后来又在大学里任过教。当教师的人保持沉默似不可能，但我教的是技术性的课程，在讲台上只并技术性的话，下了课我就走人。照我看，不管干什么都可以保持沉默。当然，我还有一个

---
① 选自《我的精神家园·王小波杂文自选集》，文化艺术出版社，1997年版。有删节。

终生爱好，就是写小说。但是写好了不拿去发表，同样也保持了沉默。至于沉默的理由，很是简单。那就是信不过话语圈。从我短短的人生经历来看，它是一座声名狼藉的疯人院。当时我怀疑的不仅是说过亩产30万斤粮、炸过精神原子弹的那个话语圈，而是一切话语圈子。假如在今天能证明我当时犯了一个以偏概全的错误，我会感到无限的幸福。

我说自己多年以来保持了沉默，你可能会不信；这说明你是个过来人。你不信我从未在会议上"表过态"，也没写过批判稿。这种怀疑是对的：因为我既不能证明自己是哑巴，也不能证明自己不会写字，所以这两件事我都是干过的。但是照我的标准，那不叫说话，而是上着一种话语的捐税。我们听说，在过去的年代里，连一些伟大的人物都"讲过一些违心的话"，这说明征税面非常的宽。因为有征话语捐的事，不管我们讲过什么，都可以不必自责：话是上面让说的嘛。但假如一切话语都是征来的捐税，事情就不很妙。拿这些东西可以干什么？它是话，不是钱，既不能用来修水坝，也不能拿来修电站；只能搁在那里臭掉，供后人耻笑。当然，拿征募来的话语干什么，不是我该考虑的事；也许它还有别的用处我没有想到。我要说的是：征收话语捐的事是古已有之。说话的人往往有种输捐纳税的意识，融化在血液里，落实在口头上。在这方面有个例子，是古典名著《红楼梦》。在那本书里，有两个姑娘在大观园里联句，联着联着，冒出了颂圣的词句。这件事让我都觉得不好意思：两个十几岁的小姑娘，躲在后花园里，半夜三更作几句诗，都忘不了颂圣，这叫什么事？仔细推敲起来，毛病当然出在写书人的身上，是他有这种毛病。这种毛病就是：在使用话语时总想交税的强迫症。

我认为，可以在话语的世界里分出两极。一极是圣贤的话语，这些话是自愿的捐献。另一极是沉默者的话语，这些话是强征来的税金。在这两极之间的话，全都暧昧难明：既是捐献，又是税金。在那些说话的人心里都有一个税吏。中国的读书人有很强的社会责任感，就是交纳税金，做一个好的纳税人——这是难听的说法。好听的说法就是以天下为己任。

我曾经是个沉默的人，这就是说，我不喜欢在各种会议上发言，也不喜欢写稿子。这一点最近已经发生了改变，参加会议时也会发言，有时也写点稿。对这种改变我有种强烈的感受，有如丧失了童贞。这就意味着我违背了多年以来的积习，不再属于沉默的大多数了。我还不致为此感到痛苦，但也有一点轻微的失落感。开口说话并不意味着恢复了交纳税金的责任感，假设我真是这么想，大家就会见到一个最大的废话篓子。我有的是另一种责任感。

几年前，我参加了一些社会学研究，因此接触了些"弱势群体"，其中最特别的就是同性恋者。做过了这些研究之后，我忽然猛醒到：所谓弱势群体，就是有些话没有说出来的人。就是因为这些话没有说出来，所以很多人以为他们不存在或者很遥远。在中国，人们以为同性恋者不存在。在外国，人们知道同性恋者存在，但不知他们是谁。有两位人类学家给同性恋者写了一本书，题目就叫做*Word is out*。然后我又猛醒到自己也属于古往今来最大的一个弱势群体，就是沉默的大多数。这些人保持沉默的原因多种多样，有些人没能力，或者没有机会说话；还有人有些隐情不便说话；还有一些人，因为种种原因，对于话语的世界有某种厌恶之情。我就属于这最后一种。作为最后这种人，也有义务谈谈自己的所见所闻。

王小波

一只特立独行的猪^①

　　"敢于无视对生活的设置"的猪，居然高人一等。王小波是否有点阴毒？如果你的生活不是按你的心愿过着而是被别人剥夺了自由，那还是老实承认"特立独行的猪"比自己更高贵。

　　插队的时候，我喂过猪，也放过牛。假如没有人来管，这两种动物也完全知道该怎样生活。它们会自由自在地闲逛，饥则食渴则饮，春天来临时还要谈谈爱情；这样一来，它们的生活层次很低，完全乏善可陈。人来了以后，给它们的生活做出了安排：每一头牛和每一口猪的生活都有了主题。就它们中的大多数而言，这种生活主题是很悲惨的：前者的主题是干活，后者的主题是长肉。我不认为这有什么可抱怨的，因为我当时的生活也不见得丰富了多少，除了八个样板戏，也没有什么消遣。有极少数的猪和牛，它们的生活另有安排。以猪为例，种猪和母猪除了吃，还有别的事可干。就我所见，它们对这些安排也不大喜欢。种猪的任务是交配，换言之，我们的政策准许它当个花花公子。但是疲惫的种猪往往摆出一种肉猪（肉猪是阉过的）才有的正人君子架势，死活不肯跳到母猪背上去。母猪的任务是生崽儿，但有些母猪却要把猪崽儿吃掉。总的来说，人的安排使猪痛苦不堪。但它们还是接受了：猪总是猪啊。

　　对生活做种种设置是人特有的品性。不光是设置动物，也设置自己。我们知道，在古希腊有个斯巴达，那里的生活被设置得了无生趣，其目的就是要使男人成为亡命战士，使女人成为生育机器，前者像些斗鸡，后者像些母猪。这两类动物是很特别的，但我以为，它们肯定不喜欢自己的生活。但不喜欢又能怎样？人也好，动物也罢，都很难改变自己的命运。

　　以下谈到的一只猪有些与众不同。我喂猪时，它已经有四五岁了，从名分上说，它是肉猪，但长得又黑又瘦，两眼炯炯有光。这家伙像山羊一样敏捷，一米高的猪栏一跳就过；它还能跳上猪圈的房顶，这一点又像是猫——所以它总是到处游逛，根本就不在圈里呆着。所有喂过猪的知青都把它当宠儿来对待，它也是我

---

　　① 选自《我的精神家园·王小波杂文自选集》，文化艺术出版社，1997年版。

的宠儿——因为它只对知青好，容许他们走到三米之内，要是别的人，它早就跑了。它是公的，原本该劁掉。不过你去试试看，哪怕你把劁猪刀藏在身后，它也能嗅出来，朝你瞪大眼睛，噢噢地吼起来。我总是用细米糠熬的粥喂它，等它吃够了以后，才把糠对到野草里喂别的猪。其他猪看了嫉妒，一起嚷起来。这时候整个猪场一片鬼哭狼嚎，但我和它都不在乎。吃饱了以后，它就跳上房顶去晒太阳，或者模仿各种声音。它会学汽车响、拖拉机响，学得都很像；有时整天不见踪影，我估计它到附近的村寨里找母猪去了。我们这里也有母猪，都关在圈里，被过度的生育搞得走了形，又脏又臭，它对它们不感兴趣；村寨里的母猪好看一些。它有很多精彩的事迹，但我喂猪的时间短，知道得有限，索性就不写了。总而言之，所有喂过猪的知青都喜欢它，喜欢它特立独行的派头儿，还说它活得潇洒。但老乡们就不这么浪漫，他们说，这猪不正经。领导则痛恨它，这一点以后还要谈到。我对它则不止是喜欢——我尊敬它，常常不顾自己虚长十几岁这一现实，把它叫做"猪兄"。如前所述，这位猪兄会模仿各种声音。我想它也学过人说话，但没有学会——假如学会了，我们就可以做倾心之谈。但这不能怪它。人和猪的音色差得太远了。

后来，猪兄学会了汽笛叫，这个本领给它招来了麻烦。我们那里有座糖厂，中午要鸣一次汽笛，让工人换班。我们队下地干活时，听见这次汽笛响就收工回来。我的猪兄每天上午十点钟总要跳到房上学汽笛，地里的人听见它叫就回来——这可比糖厂鸣笛早了一个半小时。坦白地说，这不能全怪猪兄，它毕竟不是锅炉，叫起来和汽笛还有些区别，但老乡们却硬说听不出来。领导因此开了一个会，把它定成了破坏春耕的坏分子，要对它采取专政手段——会议的精神我已经知道了，但我不为它担忧——因为假如专政是指绳索和杀猪刀的话，那是一点门都没有的。以前的领导也不是没试过，一百人也逮不住它。狗也没用：猪兄跑起来像颗鱼雷，能把狗撞出一丈开外。谁知这回是动了真格的，指导员带了二十几个人，手拿五四式手枪；副指导员带了十几人，手持看青的火枪，分两路在猪场外的空地上兜捕它。这就使我陷入了内心的矛盾：按我和它的交情，我该舞起两把杀猪刀冲出去，和它并肩战斗，但我又觉得这样做太过惊世骇俗——它毕竟是只猪啊；还有一个理由，我不敢对抗领导，我怀疑这才是问题之所在。总之，我在一边看着。猪兄的镇定使我佩服至极：它很冷静地躲在手枪和火枪的连线之内，任凭人喊狗咬，不离那条线。这样，拿手枪的人开火就会把拿火枪的打死，反之亦然；两头同时开火，两头都会被打死。至于它，因为目标小，多半没事。就这样连兜了几个圈子，它找到了一个空子，一头撞出去了；跑得潇洒至极。以后我在甘蔗地里还见过它一次，它长出了獠牙，还认识我，但已不容我走近了。这种冷淡使我伤心，但我也赞成它对心怀叵测的人保持距离。

　　我已经40岁了，除了这只猪，还没见过谁敢于如此无视对生活的设置。相反，我倒见过很多想要设置别人生活的人，还有对被设置的生活安之若素的人。因为这个原故，我一直怀念这只特立独行的猪。

王小波

情书与遗愿①

　　两封信相隔20年，对洁净的精神的追求却是一致的。小波是准备大干一场的，可恨天不假年，孔夫子当年长叹："天丧予，天丧予……"

情　书

　　你好哇李银河。今天又写信给你。我一点也不知道你在干什么，所以就不能谈论你的工作。那么怎么办呢？还是来谈论我自己。这太乏味了。我自觉有点厚颜，一点也听不见你的回答，坐在这里唠叨。

　　今天我想，我应该爱别人，不然我就毁了。家兄告诉我，说我写的东西里，每一个人都长一双魔鬼的眼睛。就像《肖像》里形容那一位画家给教堂画的画的评语一样的无情。我想了想，事情恐怕就是这样。我呀，坚信每一个人看到的世界都不该是眼前的世界。眼前的世界无非是些吃喝拉撒睡，难道这就够了吗？还有，我看见有人在制造一些污辱人们智慧的粗糙的东西就愤怒，看见人们在鼓吹动物性的狂欢就要发狂。我总以为，有过雨果的博爱，萧伯纳的智慧，罗曼·罗兰又把什么是美说得那么清楚，人无论如何也不应该再是愚昧的了。肉麻的东西无论如何也不应该被赞美了。人们没有一点深沉的智慧无论如何也不成了。你相信吗？什么样的灵魂就要什么样的养料。比方说我，只让我看什么《铁道游击队》《激战无名川》，我势必要沉沦。没有像样的精神生活就没有一代新人。

　　出于这种信念，我非常憎恨那些浅薄的人和自甘堕落的人，他们要把世界弄到只适合他们生存。因此我"愤懑"，看不起他们。却不想这样却毒害了自己，因为人不能总为自己活着啊。我应该爱他们。人们不懂应当友爱，爱正义，爱真正美的生活，他们就是畸形的人，也不会有太崇高的智慧，我们的国家也不会太兴盛，连一个渺小的我也在劫难逃要去做生活的奴隶，如果我不爱他们，不为他们变得美好做一点事情的话。这就是我的忏悔。你宽恕我吗，我的牧师？

---

　　① 选自艾晓明、李银河编《浪漫骑士——记忆王小波》，中国青年出版社，1997年版。本文大小标题均为编者所拟。

你没有双重人格，昨天是我恶毒的瞎猜呢。否则你从哪里来的做事的热情呢。这也算我的罪恶之一，我一并忏悔，你也一并宽恕了吧。祝你今天愉快。你明天的愉快留着我明天再祝。

王小波

（1978年）22日

遗　愿

晓阳你好：

我正在出一本杂文集，名为《沉默的大多数》。大体意思是说：自从我辈成人以来，所见到的一切全是颠倒着的。在一个喧嚣的话语圈下面，始终有个沉默的大多数。既然精神原子弹在一颗又一颗地炸着，哪里有我们说话的份儿？但我辈现在开始说话，以前说过的一切和我们都无关系——总而言之，是个一刀两断的意思。千里之行始于足下，中国要有自由派，就从我辈开始。是不是太狂了？

小波敬上

1997年4月10日

谢泳

遥想教授当年① （3题）

谢泳（1961年生）搜寻着符合自己品位的研究对象，他的目光落在20世纪三四十年代自由主义知识分子身上。"遥想教授当年"，他们的道德操守、文化品格、学术水平、自由传统、精神空间，无不令人抚今追往，感慨万千。

遥想教授当年

1994年春天，我往上海徐家汇藏书楼，看三四十年代的旧期刊。一日与时在《文汇读书周报》做编辑的陆灏兄闲聊，我说做完《观察》研究这个题目后，想搞西南联大研究。陆灏兄说，前几年他就有一个想法，想找几个朋友就无锡国专、清华国学研究院、林家（徽因）客厅和西南联大，各写一本，从中大致可以见出中国知识分子的风貌。陆灏兄的话给我印象极深。《观察》研究脱手后，我即开始收集有关西南联大的资料，也访问了一些当年的学生。当我试图进入这个研究领域时，我先想弄清楚是什么东西使西南联大至今充满魅力。关于联大的风格，联大的学风，我们已有许多抽象的概括，但那些概括好像总欠点什么。我读的资料越多，访问的人越多，越感觉联大精神是难以概述的。有时觉得还是当年在联大读过书的那些人的描述更让人神往。无锡国专、清华国学研究院、林家客厅和西南联大，虽然各自独立，但相互之间又有联系，在这四个场所活动的人彼此有联系，而这四个地方在精神上是相同的，我说不清是一种什么情绪使今日年轻一辈的读书人，一提到这些地方无不肃然起敬。余英时先生曾说过 中国的学术规范在抗战前已经形成，后来中断了，再也没有恢复起来，年轻学人的向后看，恐怕与眼下的现实是相关的。旧日的风采只能从老一代学人的回忆中体味，那是一种早已逝去的时光；经历过的人尚能回忆，而我们只能在老人的怀旧中叹息了。

---

① 分别选自谢泳《旧人旧事》，上海人民出版社，1996年版；谢泳《逝去的年代——中国自由知识分子的命运》，文化艺术出版社，1999年版。

《学术集林》卷一中有姜亮夫先生回忆清华国学研究院的长文。他是这样说的："在清华这个环境当中，你要讲不正当的话，找一个人讲肮脏话是不可能的。先生同先生、学生同先生、学生同学生，碰见了都是讲，某个杂志上有某篇文章，看过了没有？如都看过两人就讨论起来，如一方没有看过，看过的就说这篇文章有什么好处，建议对方去看。"我不知今日我们见面常说的是什么，但谈学问总让人感到有点那个，是什么东西使我们变成这样呢？

我还读到过郑敏先生的一篇文章《忆冯友兰先生》，她是1939年入西南联大哲学系读书的，半个多世纪后，郑敏先生这样回忆："一位留有长髯的长者，穿着灰蓝色的长袍，走在昆明西南联大校舍的土径上，两侧都是一排排铁皮顶，有窗无玻璃的平房，时间约在1942年。……正在这时，从垂直的另一条小径走来一位身材高高的，戴着一副墨镜，将风衣搭在肩上，穿着西裤衬衫的学者。只听那位学者问道：'芝生到什么境界了？'于是两位教授大笑，擦身而过，各自去上课了。"这是郑敏先生笔下的冯友兰和金岳霖。郑敏先生说，当时"每位教授走在那狭小的昆明石板小径上，都像是沉浸在自己的学术思考中"。这就是西南联大，这就是当时教授的精神状态。从这里走出了杨振宁、李政道两个诺贝尔物理学奖获得者，走出了一批大师，还有思想家。殷海光，这位1938年入西南联大，后又进入清华研究院的学者，当年曾受到过金岳霖先生的赏识。去台以后，成为自由主义的一代学人。他回顾自己的一生，除了受"五四"的影响外，就是西南联大的薰育。他在给林毓生的信中说："在这样的氛围里，我忽然碰见业师金岳霖先生。真像浓雾里看见太阳！这对我一辈子在思想上的影响太具决定作用了。他不仅是一位教逻辑和英国经验论的教授而已，并且是一位道德感极强烈的知识分子。昆明七年的教诲，严峻的论断，以及道德意识的呼吸，现在回想起来实在铸造了我的性格和思想生命。……论他本人，他是那么质实、谨严、和易、幽默、格调高，从来不拿恭维话送人情，在是非真妄之际一点也不含糊。"殷海光是金岳霖的弟子，余英时是钱穆的弟子，而钱穆当年也曾在西南联大呆过一段。殷海光、余英时后来都成为港台乃至国际有影响的知名学者，从他们身上不难看出西南联大风格的影响。可惜我们内地的学人没多少得真传的，想来真是痛心。

过去的教授

1995年3月间，邵燕祥先生来太原参加一个会议，我前去拜访。记得邵先生曾和我说过，他们年轻的时候，极少谈起十年以前的事情，邵先生说不知这是什么缘故。回到家后，我一直没忘邵先生的话，想来想去是过去比现在有值得回忆的东西吧。今天的年轻人，的确容易怀旧，这可能是对现实的另一种评价，也可能是一种对未来的无望，过去的事总能唤起他们的另一种情感。

　　我是本世纪60年代以后出生的人，曾经对现实投注了极大热情，但每每失望。我有一段时间将自己的学术兴趣倾注于当代报告文学的研究，但很快我就发现，我所了解的当代报告文学作家与我理想中的那些知识分子是很不同的。在这样的判断下，我终于放弃了研究报告文学，甚至放弃了对当代文学的研究，就我个人的学术能力和兴趣而言，我是想从事一切有关当代作家的研究，但那些研究对象所具有的品格和作品的内涵，总让我提不起精神来。无奈之下，我才选择了研究储安平和《观察》周刊。正是在回到过去的知识分子中，我才发现今日所谓的大学教授、作家、诗人，太不是那么一回事了，无论从哪一方面看，今日的不少教授、作家、诗人都远赶不上他们的前辈，就精神气质和学术水平而言，他们的前辈总有值得学习的地方。我最初留意《观察》周刊时，就是因为印在《观察》封面下方的"撰稿人"中几乎都是教授，再看他们的言论，无论左右还是中间，都极有个性，都有一股"士"气。当时我就想，在那个时代生活的知识分子，就其精神状态而言，可能是一个高峰，从此以后，极少有知识分子再能像他们那样生活，那样敢说话，敢主持公道。当《观察》研究做完以后，我选择了西南联大，我想进一步了解那一批大学教授的精神状态，我想从故纸堆中重温他们的旧梦。

　　对于大学教授，我一直认为他们是知识分子群体中的最主要力量。作为文化的承载者，他们不仅具有专业知识，同时在精神品格和文化传统方面，都是民族的楷模，很难想象，在一个大学教授普遍丧失了为社会正义鼓与呼的环境里，人们的精神状态会是怎样一回事。道理其实极简单，如果在一个社会里，大学教授不能主持公道，那么我们还有什么依靠呢！靠官员、商人、工人、农民来主持公道吗！显然不可能。

　　今日的大学教授和普通人一样，也被固定在单位里，一切都依赖单位。所以他们的精神状态不佳，也不能全怪他们，这是时代的普遍精神。我研究西南联大的教授时，最留意大学教授的自由流动问题，我觉得这是使旧日大学教授的生存状况和精神状态始终保持最佳的一个基本前提。

　　所谓自由流动是一个较为宽泛的概念。我把它理解成大学教授的主动选择。它包括：一、迁徙的自由（在国内外自由选择居住地的权利），二、择业的自由（在国内外自由选择职业的权利）；这两种选择完全以个人意志为转移，不受任何限制。从历史资料看，大学教授的这两种权利，在过去是得到实现的。我统计过北大、清华、南开、北师大1949年前一百位教授的自由流动情况，他们当中自由流动三次为一般规律，多的有流动四五次的，而流动的时间一般在三四年之间，最终落脚在一个自己比较理想的大学内。

　　自由流动只是大学教授的一个普通权利，这种权利并非大学教授所独有。所以强调这种权利对大学教授的重要性，是因为他们在谋生之外，有天然的关怀社会的责任，要主持公道，要批评政府，要通过写文章办报纸来伸张正义，这些特征决定了教授是一个主体性极强的群体，也同时决定了他们的生存环境相对有多变性，他们比其他阶层要难于在一个固定的环境中长期呆下去，这时如果没有自由流动的权利，对教授来说，实在太痛苦了。你想，当一个教授本来不满足于自己的工作环境，又厌恶自己的顶头上司，可他又无法摆脱这样的环境，那么他们的才华只会日益枯萎。大学教授是个性极强的群体，他们不是为混一碗饭吃就可以任意在一个单位中呆下去的，这时候自由流动就成为他们最重要的生存方式。他们作为有教养的人，常常不会在矛盾激化的情况下才离开，而是稍感不适，即主动选择。1926年，鲁迅辞去厦门大学的教职而改任中山大学文学系主任兼教务长，可第二年3月，中大文学院院长傅斯年聘请顾颉刚来中大，而顾与鲁有积怨，所以鲁迅很快就离开了，以鲁迅的性格，如果没有自由流动的权利，既应了中大的教职，又不能随意离开，那他非气死不可。但因为有这个权利，各人都可做主动选择，鲁迅不走，顾颉刚要么不来，要么来了也会走的，合则聚，不合则散，自由流动最符合人性的活动规律。当年的大学教授终身只服务于一所大学的情况很少。

自由流动是大学教授的命根子。它的实现依赖于整个社会的运行机制。还有一个教授的经济地位，就经济地位而言，今日的教授绝不可和旧日的教授同日而语。我说一个梅贻琦执掌清华后的例子。梅贻琦掌管清华后规定：教授的收入为300至400元，最高可达500元，同时每位教授还可以有一幢新住宅；讲师的工资为120至200元；助教为80至140元；一般职员30至100元；工人9至25元。我们可以发现各个级别之间的差距，教授的收入是一般工人的20倍。从管理学的角度看，这种差距是有道理的，就如一个家庭，主妇的收入不超过保姆的10倍以上，她很难管理好这个保姆。想到今日的教授，想到他们的经济地位，再想他们的精神状态，也自有他们的苦楚。

有钱，有自由流动的便利，也就有了一个良好的精神状态。张东荪当年在上海光华大学做教授的时候，当时有一个惯例，每次校务会议开会时，主席都要恭读总理遗嘱，张东荪听了就说："下次再读遗嘱，我就不来了。"遂夺门而去，这在当时是何等犯忌的事。西南联大时，国民党为了拉拢教授，要求负有一定行政职务的教授都入党，当时任法商学院院长的陈序经听了就说："扯淡，我就不入。"也没人敢把他怎样。

抗战期间，张奚若曾做过国民参政会的参政员。他在参政会上多次对国民党的腐败和独裁提出尖锐的批评，有一次担任会议主席的蒋介石听得不高兴，打断了张先生的话。张盛怒之下拂袖离开会场，返回昆明。下次参政会开会时，张先生收到邀请信和路费后立即给参政会秘书处回电："无政可参，路费退回。"1946年初，在旧政协开会前夕，张奚若应联大学生会的邀请做过一次演讲，开讲之前，他就说："假如我有机会看到蒋先生，我一定对他说，请他下野。这是客气话。说得不客气点，便是请他滚蛋。"旧日的大学教授就是这样说话，说有性格的话，可以想见他们的社会地位，也可以想见他们的精神状态。后来这些旧社会过来的大学教授都不太爱说话了，新一代的教授也再难有显示个性的时候。过去的大学教授凡遇不合理的规定，都要说话，都要在报纸上写文章或者联署宣言，批评不合理的规定。1942年5月17日《大公报》"星期论文"联名发表了西南联大伍启元、李树青、沈来秋、林良桐、张德昌、费孝通、杨西孟、鲍觉民、戴世光的文章《我们对当前物价问题的意见》。他们作为经济学家和社会学家所以联名对物价问题发表意见，是因为当时"由于物价的剧烈变动，整个后方的社会经济都作畸形发展，其影响所及，甚至道德人心也有败坏的趋势"。他们认为："此项关系重大的问题，若不及时彻底解决，待其影响已成，恶象环生，将来纵有更大的决心与加倍的努力，亦将失之过晚，追悔无及。"还是这批教授，在40年代中期以后，经常联名发表这类文章，畅谈自己对各种社会经济问题的看法。

说到过去的教授，我们年轻的一辈真有说不出的感慨，今人不见古时月，今月曾经照古人。都是教授，前后却大不相同。我曾和作家钟道新说，过去的教授是手工生产的，少，也就值钱，今日的教授是机器生产的，多，也就贬值了。你想，一个社会无论什么人都敢以教授自居，那自然什么人也就敢随意嘲弄教授了。这当然还是就教授的数量而言，就学术水平而言，今日的教授更应当感到面红耳赤心有愧才对。今日的教授已不再是学衔、学问的标志，而是工资的一个级别，一个分配住房的资格，再加上一个享受公费医疗的待遇而已。

过去的教授也不光是敢说话，还有对自己的严格要求，其道德水准已让人肃然起敬。1941年，国难当头，国家经济异常困难，当时教育部规定凡担任行政工作的教授每人发给一笔"特别办公费"，但西南联大的各院负责人不愿因此而引起广大教授的不满，联名上书校方指出："抗战以来，从事教育者无不艰苦备尝……十儒九丐，薪水尤低于舆台……故虽啼饥呼寒，而不致因不均而滋怨。"表示拒绝领受这项特别"补助"。想到今日的有些教授为了100块政府津贴，撕破面皮，打得不可开交，真让人感慨不已啊……

什么文化养育了他们

我平日读书，很留意旧学者身上的小事，这些小事与学术无关，但那些学者却因了这些小事更让人肃然起敬。这些小事，多属掌故趣闻一类，对这些东西，是想由小见大，从点滴处见宽阔。小事多了，也能说明大问题。

旧学者身上，都有一点让人感动的东西，而我们现在要从新学者身上真正找一点让人感动的东西倒很难。还是先说几件事，再发感慨吧。

149

罗家伦在一篇怀念蔡元培的文章中说了这样一件事。抗战前两年，蔡元培到南京，那时候汪精卫还是行政院院长兼外交部部长，他请蔡先生吃饭。蔡先生苦劝他改亲日的行为，立定严正态度，以推进抗战的国策。在座的都看见蔡先生的眼泪，滴在汤盘里，和汤一道咽下去。

蔡元培先生是新文化运动的领袖，他是从旧时代过来的人，但他对自己的国家，自己的民族，是真爱，不然他不会落泪的，今日的读书人，大概很难产生这种感情了。

《胡适之先生年谱长编初稿》中记胡适1948年和傅斯年同在南京度岁，一边喝酒，一边背诵陶渊明的《拟古》第九首，背完之后，两人都流下了泪。胡适和傅斯年现在已不是什么忌讳的人物了，他们个人的政治选择是一回事，但他们对国家的感情又是一回事，看胡适、傅斯年的一生，他们和蔡元培先生一样，那是真爱这个国家。旧学者心中的这种感情是怎样培养起来的呢？

1941年陈寅恪在香港时，广州的伪组织和陈璧君都诱迫过他，伪北京大学亦来诱召，日本人及汉奸还曾以40万港币让陈先生办东亚文化协会及审定中小学教科书，但陈先生都拒绝了，而当时陈先生连离开香港的旅费都没有。

从过去的学者身上，我们不免要想这样的问题，就是文化传统的影响。这些旧学者既是传统的读书人，又是新时代的开拓者，他们做人做事做学问的态度都是自然形成的，从旧到新，没有什么障碍，可见读书人总是分得清好坏的，好东西在哪里都好。新与旧的融合，使他们这些人给中国的读书人树立了个好榜样。他们不仅在事关民族大义的问题上分得清是非，就是在个人做事的方式上，也有许多感人的东西。

罗家伦回忆他在北大的同学段书诒。段在病危的时候，医生给他用了氧气，他醒过来后却用低微的声音嘱咐道："外汇，少用一点。"这使当时在场的人都非常感动。

西南联大时期，当时教育部想给联大各院院长加薪，但这些院长们想到其他教授的艰苦生活，就主动拒绝了。类似的情况，在当时的知识分子当中是很多的。

这几年研究中国现代知识分子的人，都试图在那些旧知识分子身上发现思想资源和道德资源，但当人们发现这些资源的时候，就有一个常识问题谈不过去，他们是在什么样的环境里长大的？我们能否给培养了他们的那个环境以公平的认识？这样想的时候，我们会不会有今不如昔之感呢？

摩罗

巨人何以成为巨人①
——读赫尔岑《往事与随想》第一册

感情有高尚与卑下之分，人格有高贵与卑微之分，精神有高远与琐屑之分，这在每个普通人身上反映出来。巨人的诞生，有赖于他的民族——那些普通人的伟大。这是摩罗（1961年生）思考的结论。

在俄罗斯历史上，赫尔岑属于影响了一个时代的巨人。他的思想和血忱直接来源于十二月党人。沙皇当局绞死十二月党人五位领袖时，赫尔岑只是一个十几岁的少年，可他像当时最有良知的知识分子一样，感到了最深切的耻辱、仇恨和痛苦。执行死刑后，当局在莫斯科克里姆林宫举行了一次盛大的祈祷式，以示庆祝。30年后，赫尔岑写道："我参加了祷告式，我当时只有14岁，隐没在人丛中，就在那里，在那个被血淋淋的仪式玷污了的圣坛前面，我发誓要替那些被处死刑的人报仇，要跟这个皇位、跟这个圣坛、跟这些大炮战斗到底。"少年赫尔岑的整个精神生活几乎完全被这个重大事件所占领，内心时刻不停地激荡着为光明和正义而奋斗的伟大冲动。一个少年难以长期独自品味这样大的冲动和梦想，他必须把它说出去，必须以某种方式与这个世界发生联系并得到反应和验证。他郑重地向他的老师倾诉了他的感情和决心。这位老师平时总是训斥赫尔岑说："您不会有出息的。"可当他了解到赫尔岑的精神世界后，禁不住说："我的确以为您不会有出息，不过您那高尚的感情会挽救您。但愿这些感情在您身上成熟并且巩固下来。"这位不苟言笑的老师还以激动的拥抱，将他的革命热情和自由主义信念传导给这位14岁的贵族少年。

这段故事，是赫尔岑《往事与随想》中最吸引我的一节，但每次读后，我都禁不住有点后怕。倘使这位老师是个怯弱而又世故的人，他对赫尔岑的倾诉不予理睬；倘使他是一个愚昧而又迂腐的人，按着官方立场来解说那场起义和镇压，用官方意识对赫尔岑的高贵激情给予挫伤和清洗，那么，还会有后来的赫尔岑吗？倘若雷列耶夫、别林斯基、车尔尼雪夫斯基、米海依洛夫斯基、涅恰耶夫、托尔斯泰、巴枯宁、克鲁泡特金、陀思妥耶夫斯基、普列汉诺夫等人在其成长道路上不曾

---

① 选自摩罗《耻辱者手记——一个民间思想者的生命体验》，内蒙古教育出版社，1998年版。

得到这样的鼓励和支持，他们作为革命家和文化英雄的形象还能站立得起来吗？而没有这些人的挺立和闪耀，俄罗斯的19世纪究竟还有多少光彩可言呢？赫尔岑的这个故事，让人不能不对领袖与人民的关系有所领悟。领袖不只是代表人民，而且的的确确是由人民培养出来的。有什么样的人民就会有什么样的领袖，从而也就有什么样的民族和社会。在这个意义上，被赫尔岑称为"老布肖"的那位目睹过法国大革命的老师不仅造就了赫尔岑，还造就了俄罗斯。19世纪的俄罗斯之所以那样奇光异彩，令人景仰，其决定因素究竟是什么？我们平时总是将注意力集中在上文所列的那些显赫人物身上，但是在读《往事与随想》的时候，我的目光不知不觉中就投向了那些普通人，那些从来不被看作英雄的、既无人为之建造铜像、也无人为之开设纪念馆的普通人身上。

亚历山大一世时期，艺术院长以阿拉克切夫伯爵离皇上最近为由，提名他做名誉院士，艺术院秘书反驳说："要是这个理由站得住的话，我就推荐马车夫伊里亚·巴依科夫为院士，他不单离皇上最近，还总是坐在皇上前面。"拉勃津秘书虽因此遭到流放，却捍卫了艺术的尊严和自己的良心。亚历山大一世的弟弟尼古拉（后继位为皇帝，正是他绞杀了十二月党人5位领袖）有一次想来点粗鲁行为显显威风，要抓一位禁卫军军官的衣领，军官沙莫依洛夫伯爵威严地说："殿下，我的佩刀在手里呢！"一语将尼古拉击退。莫斯科要塞司令斯塔阿尔将军受命主审赫尔岑等人一案，他在审读案卷后这样向皇上直陈己见：这些青年人是清白无罪的，侦讯委员会所做的事情是极不光彩的，我不能为此违背自己的良心，玷污自己的满头白发。他愤然退出侦讯委员会，事后还一直为这群青年人的厄运耿耿于怀，上书尼古拉要求释放他们。试想，如果换成另一个民族的将军或坦克手，情形将会怎样呢？而如果失去了赫尔岑，正如我们所知道的，俄罗斯革命史和俄罗斯思想史都将是断裂而又残缺的。看一下沙皇枢密院总检察官祖布科夫的书房也许是十分有意思的。赫尔岑写道："他的书房里挂满了所有革命名人的肖像，从汉普登和伯伊到菲艾斯基和阿尔芒·卡列尔。在这个革命圣像壁下方有一个完备的禁书库。一具骷髅、几只鸟标本、几只制作过两栖动物和若干保存在酒精里的动物内脏——它们给这间气氛非常热烈的书房加上一种思考和研究色彩。"这位大臣的书房所表现出的现代气息和人文气息，与《祝福》里鲁四老爷的书房实在大异其趣。

在《萨哈林旅行记》中，契诃夫这样描绘这个流放之岛和监狱之岛的岛区长官科诺诺维奇将军："谈吐高雅，文笔优美，给人的印象是一位诚挚的、充满人道精神的人。"一位少校典狱长冒着生命危险，从傍晚到凌晨两点一直巡游海上寻救一位被波浪卷入大海的苦役犯的故事，契诃夫记述得更加详备。上述这些人，无论是艺术院秘书还是禁卫军军官，无论是要塞司令、岛区长官、典狱长，还是总检察官，他们无不表现出强烈的尊严意识和人道主义倾向。他们即使身居要职也改变不了沙皇政权的专制体制和非人性质。但他们以自己良好的人文素质和历史良知，在国家机器与历史要求、民族利益、革命思想之间构成了一种弹性。正是这弹性使得新思想新力量不但未遭毁灭，反而勃然发展。这些官员作为人民的一部分，实际上可以看作是反对他们的那些思想家革命家的精神资源和社会基础，即使是亚历山大一世这样的沙皇，面对着日趋强盛的革命团体和思潮，也一直在观望和思索，而不让他的僚属举起屠刀，他表现出强烈的历史良知。在处死普加乔夫之后，俄国实际上废除死刑达50年之久，这为培养人道主义精神和生命意识开辟了一片政治空间。可以说，俄罗斯思想家革命家只是把深蕴在人民心中的心理倾向明白地表述出来并担当起来。他们在政治上是沙皇、将军和大臣的敌人，但在人文素质和人道倾向上，敌对的双方却是颇为相近的。

十二月党人起义被镇压以后，俄罗斯社会一度出现了严重的政治黑暗和道德堕落。可是这个民族对于正义事业的崇仰和对于英雄人物的热爱还是以某种方式表达了出来。赫尔岑带着深深的敬意写道："那些给判处苦役的流放人的妻子被剥夺了一切公民权利，抛弃了财富和社会地位，动身到西伯利亚东部去，一辈子忍受那里可怕的气候，和当地警察的更加可怕的压迫。姐妹们没有权利到她们的哥哥或者兄弟那里去，她们就退出宫廷，过着隐居生活，许多人离开了俄国；几乎所有妇女的心里都保留着对那些受害者的热爱……"特鲁别茨卡雅公爵夫人第一个动身去西伯利亚，追随着她的英雄丈夫并死在那里。法国姑娘唐狄在巴黎得悉昔日情人伊瓦谢夫被判流放西伯利亚，立即来俄国要求去西伯利亚与情人结婚。尼古拉一世虽甚感恼怒，终于还是同意了她的请求。这对年轻的情侣后来双双死在苦难深重的西伯利亚。赫尔岑的记述使我想起后来车尔尼雪夫斯基的两件事。在给车尔尼雪夫斯基执行象征性死刑的刑场边上，一位少女把一束鲜花递给了这位囚徒。在随后奔赴西伯利亚的途中，一位马车夫用这样的话跟车尔尼雪夫斯基告别："谁拥护人民，他就被流放到西伯利亚去，这一点我们早就知道。"俄国革命家能在流血牺牲的同时享受到如此伟大的幸福，真叫人妒羡不已。这些精神巨人最需要的并不是世俗的功德圆满，而恰是这种被理解，这种在精神上与世界的联系和沟通。他们因为有了这样的人民而伟大，也因为有着这样的人民而幸福。

而在另一个民族，情形则远不是这样。像邹容、陈天华、秋瑾、徐锡麟这样的人，既没有赫尔岑那样丰厚的精神资源，更没有特鲁别茨卡雅公爵和车尔尼雪夫斯基式的安慰和幸福。他们永远遇不到老右肖那样的老师、要塞司令那样的办案者、少校典狱长那样的官员、特鲁别茨卡雅夫人那样的家属、马车夫那样的老百姓等。秋瑾的叔父就是她的告密者，她死后不但没有得到鲜花，而且被老百姓吃了她的鲜血，徐锡麟更是给办案者分吃了心肝。1978年，当李九莲那颗决不放弃思考的头颅倒在血泊中时，她的同时代人都在准备着高考，甚至没有一个人听见枪声。在她漫长的囚徒生涯中，家里没有一个人来看过她一次，没有一个人送过一次饭、一次衣。而她的厄运最初的起因，竟是她的男朋友的出卖。在中国绵延不绝的政治运动中，互相揭发、互相诬陷、卖友求荣、卖亲求荣的现象是如此普遍。一个人只要受到权力的敌视或迫害，几乎马上就要从社会结构和伦理关系中开除出去，谁也不敢拜访你，谁也不敢跟你打招呼跟你握手跟你聊天，谁也不敢给你写信，谁也不敢喊你为老师为同志为父亲为叔叔。虽然还有人谈到你，但那是按着官方口径进行诬陷和诽谤，也许还有人来敲门，但那是为了宣布跟你划清界限。难怪鲁迅吞吞吐吐地说，他没敢说出全部的真话，因为他还要在这社会中居住。他不敢真的被这社会和伦常所开除。鲁迅绝非多虑。一位因在庐山讲了几句大白话而丢官的政治人物，很快就被自己的妻子从家里开除了出去。在中国想做一条好汉，确实比别国更难。鲁迅曾感叹中国的监狱比别国的难坐，实际上何止如此。对于一位优秀人物来说，中国生活的千万个环节中，每个环节都杀机四伏。中国社会对于优秀人物怀着本能的仇恨和恐惧。顾准的遭遇很能说明问题。顾准受到迫害后，他的妻子绝望地自杀了。子女宣布与他断绝亲缘关系，还逼着顾准签字同意。他的老母亲住在妹妹家里，可因为妹婿是官场中人，为了照顾官员的前途，这对同住一城近在咫尺的母子终生不得相见。顾准拖着病体，蜷曲在孤室寒窗之中，形单影只地写着那些先知般的文字。他一再要求与子女恢复关系，均遭拒绝。他只能从别人那里收集子女的照片，以此寄托他的慈父之情。他临终的时候，又一次吁请子女"宽恕"他（倒好像他真有什么罪过似的）并来看看他，自然是又一次遭到拒绝。无休止的政治迫害，无穷的精神凌辱，无限的感情折磨，这就是一个文化英雄的境遇和结局。如果他的母亲来给予抚慰，妻子来给予照顾，兄弟姐妹们来给予帮助；如果他的子女来为他骄傲，他的朋友来与他切磋，我相信这个顾准一定可以写出更加坚定、彻底的文字，也许当我们回顾"文革"时，就可以因为有了一位精神巨人和文化英雄而感到骄傲和安慰。然而，顾准终于没有得到这样的幸运，这个民族终于没有得到这样的幸运，因为这个民族像他的子女一样，一直在遗弃着他、拒绝着他。直到他逝世20年之后，《顾准文集》才在中国一个最偏僻的角落里勉勉强强问世。

我们平时谈论那些优秀人物时，常说他们"孤胆""孤勇""仅仅凭着个人就敢于与整个世界对抗"，其实这都是片面而又夸张的说法。优秀人物自己也爱作如是说，那更是饱含愤激之情了。有恃才能无恐，谁能够在精神上无所凭依旧自然地强大起来呢？越是精神强大的人，越是需要拥有最丰厚的精神资源。一个巨人不但需要通过研读典籍占有历代前贤的精神财富，不但需要通过研究人性和社会来把握人性的需要和历史的走向，他还同时需要周围那些有血有肉的人的理解、支持、温暖、尊敬、鼓励，他需要从这样的心灵交流中得到勇气和力量。如果没有这些条件，再伟大的人也会枯竭夭亡而无从成其伟大。在这样的意义上，任何一个伟大的人都是凭着他的族群并代表他的族群成为伟人的。所以，那些产生了巨人的民族必是像巨人一样可敬可仰的民族。

1827年的某个黄昏，15岁的少年赫尔岑和他的朋友奥加略夫郊游来到了莫斯科旁的麻雀山上。太阳正在徐徐西沉，圆屋顶闪闪发光，美丽的莫斯科铺展在山下一望无际的地面上，清新的微风迎面吹来，诗意盎然。这对少年想到了全人类的命运和幸福，想到了俄罗斯的现状与未来。他们意识到了自己的灵魂的纯洁与高尚，意识到了自己是命中注定应该担当大任的优秀人物。他们站在夕阳微风之中，互相依靠，突然间热烈地拥抱起来，他们对着伟大的莫斯科发誓，一定要为自己的使命奋斗到底，直到献出生命。在后来的岁月中，俄罗斯人民果然将赫尔岑造就成了一代巨人。这位巨人的力量，正如我们所已经知道的，不仅来自十二月党人的鲜血和老布肖的祝福，也来自要塞司令斯塔阿尔将军的理性与公正，还来自追随丈夫流放到西伯利亚去的妇女们和对革命家表示尊敬的马车夫们，甚至还来自亚历山大一世对起义前的十二月党人的理解、宽容与尊重。一句话，他的力量来自全体人民的人文理想和整个民族的历史良知。中国的优秀人物却不曾得到赫尔岑式的条件和幸运，无论是谭嗣同、陈天华、秋瑾、徐锡麟，还是李九莲、遇罗克、王申西、顾准，他们无不在缺乏精神滋养和力量源泉的绝境中无望地死去。中国要想诞生真正的精神巨人，遥矣远矣。

《读书》1998年12期编辑手记

请国人温习常识①

《读书》杂志的编辑用心良苦，在世纪末提请国人温习"人权"常识。

今年12月10日是联合国《人权宣言》50周年纪念日。我国政府继去年10月签署了《经济、社会及文化权利国际公约》后，又签署了《公民权利和政治权利国际公约》。中国人民和中国政府在改进基本人权方面取得了重要成就（例如联合国发展署1997年报告指出中国在减少农村贫困人口方面的成绩超过任何别的国家），但还有太多的工作要做（例如城市贫困人口增加的事实），还有太多的问题需要解决，还需要坚持不懈的努力。"人权"不光是政府的事，更依赖全体人民自己去争取。半个世纪以来，世界各地的民族解放运动、自由民权运动、妇女运动、少数民族争取自己权利的斗争，在实践上和理论上提出了各种各样有关人权问题的新的思考，从不同方面发展和丰富了有关人权的思想。我们深信：人权问题是中国社会发展的重大问题，也是中国社会改革的旗帜。

在1998年即将逝去之时，摘记几段熟悉的引文与读者诸君共同回味和讨论。

没有任何人是与世隔绝的孤岛，自行存在；每个人都是大洲陆地的一部分；如果海水冲走一块土石，欧罗巴就少了一角，正如一片流失的岩岬，也正如失去你自己或你朋友的家；每个消逝的生命都是我的损伤，因为我与整个人类相通；因此，莫问钟为谁鸣，它就为你而鸣。

——约翰·当

人所具有的我都具有。

——卡尔·马克思

坚决的革命行动与对人类的深切同情相结合是社会主义唯一的真髓。旧世界必须被推翻，但是每一滴流淌或被止住的泪水都是一个控

---

① 选自《读书》杂志1998年12期。标题为编者所拟。

诉；一个匆忙冠往伟大事业的人没心没肺地撞倒一个孩子是一件罪行。

——罗莎·卢森堡

人人生而自由，在尊严和权利上一律平等。他们富有理性和良心，并应以兄弟关系的精神相对待。

人人有资格享受本宣言所载的一切权利和自由，不分种族、肤色、性别、语言、宗教、政治或其他见解、国籍或社会出身、财产、出生或其他身份等任何区别。

——《人权宣言》序言第一款、第二款

人能组织，能反抗，能为奴，也能为主，不肯努力，固然可以永沦为舆台，自由解放，便能够获得彼此的平等，那运命是并不一定终于送进厨房，做成大菜的。

人道是要各人竭力挣来，培植，保养的，不是别人布施，捐助的。

——鲁迅

中华人民共和国公民有言论、出版、集会、结社、游行、示威的自由。

中华人民共和国公民的人格尊严不受侵犯。禁止用任何方法对公民进行侮辱、诽谤和诬告陷害。

中华人民共和国妇女在政治的、经济的、文化的、社会的和家庭的生活等各方面享有同男子平等的权利。

国家保护妇女的权利和利益，实行男女同工同酬，培养和选拔妇女干部。

——《中华人民共和国宪法》
第三十五、三十八、四十八条

《南方周末》1999年元旦献词

总有一种力量让我们泪流满面①

> 《南方周末》报一直以为民请命的勇气温暖人心，那种让编辑们泪流满面的力量，来自我们每一个人。

本世纪最后的日历正在一页页减去，没有什么可以把人轻易打动。除了真实。人们有理想但也有幻象，人们得到过安慰也蒙受过羞辱，人们曾经不再相信别人也不再相信自己。好在岁月让我们深知"真"的宝贵——真实、真情、真理，它让我们离开凌空蹈虚的乌托邦险境，认清了虚伪和欺骗。尽管，"真实"有时让人难堪，但直面真实的民族是成熟的民族，直面真实的人群是坚强的人群。

没有什么可以轻易把人打动，除了正义的号角。当你面对蒙冤无助的弱者，当你面对专横跋扈的恶人，当你面对足以影响人们一生的社会不公，你就明白正义需要多少代价，正义需要多少勇气。

没有什么可以轻易把人打动，除了内心的爱。没有什么可以轻易把人打动，除了前进的脚步……

阳光打在你的脸上，温暖留在我们心里。有一种力量，正从你的指尖悄悄袭来，有一种关怀，正从你的眼中轻轻放出。在这个时刻，我们无言以对，唯有祝福：让无力者有力，让悲观者前行，让往前走的继续走，让幸福的人儿更幸福；而我们，则不停地为你加油。

我们不停为你加油。因为你的希望就是我们的希望，因为你的苦难就是我们的苦难。我们看着你举起锄头，我们看着你舞动镰刀，我们看着你挥汗如雨，我们看着你谷满粮仓。我们看着你流离失所，我们看着你痛哭流涕，我们看着你中流击水，我们看着你重建家园。我们看着你无奈下岗，我们看着你咬紧牙关，我们看着你风雨度过，我们看着你笑逐颜开……我们看着你，我们不停为你加油，因为我们就是你们的一部分。

总有一种力量它让我们泪流满面，总有一种力量它让我们抖擞精神，总有一种力量它驱使我们不断寻求"正义、爱心、良知"。这种力量来自于你，来自于你

---

① 选自1999年1月1日《南方周末》。

们中间的每一个人。

所以，在这样的时候，在今后的每一天，我们要向你、向你身边的每一个人，说一声，"你好"！祝愿阳光打在你的脸上。

因为有你，才有我们。

阳光打在你的脸上，温暖留在我们心里。为什么我们总是眼含着泪水，因为我们爱得深沉；为什么我们总是精神抖擞，因为我们爱得深沉；为什么我们总在不断寻求，因为我们爱得深沉。爱这个国家，还有她的人民，他们善良，他们正直，他们懂得互相关怀。

　　二十世纪首尾两端的中国写字人多
半是思想者。面对历史的阴影和现实的
重压，没有思想的学问徒具空壳。
　　如果说，自由是知识分子的命脉；
那么，思想就是学问的灵魂。

鲁迅

魏晋风度及文章与药及酒之关系①
——九月间在广州夏期学术演讲会讲

　　魏晋时代，天下动荡，群雄并起。孔武有力者如曹氏父子，傲视天下，无所顾忌，自可慷慨悲歌，文字大胆通脱，由此开辟了一个"文学的自觉时代"。而持不同政见的清流士人往往命悬一线，吃"五服散"，狂饮酒，自我麻醉，不论国事，清言谈玄，远远望去仿若神仙中人，其实内心痛苦无可排解。文字清峻渺远，这种风神潇洒的状态被人目为"魏晋风度""名士风流"。后人心追神慕，不知其痛，只学其空谈与饮酒，往往画虎不成反类犬。然而，中国的乱世太多，名士风度也就后继有人。听鲁迅先生演讲，生动有趣且线索清晰，其形象的文学历史分析法——以药与酒两个形象入手揭示魏晋士人的内心世界与文章特征，举重若轻，是将学问做活的好路子。

　　汉末魏初这个时代是很重要的时代，在文学方面起一个重大的变化，因当时正在黄巾②和董卓③大乱之后，而且又是党锢④的纠纷之后，这时曹操⑤出来了。——不过我们讲到曹操，很容易就联想起《三国志演义》⑥，更而想起戏台上那一位花面的奸臣，但这不是观察曹操的真正方法。现在我们再看历史，在历史上的记载和论断有时也是极靠不住的，不能相信的地方很多，因为通常我们晓得，某朝的年代长一点，其中必定好人多；某朝的年代短一点，其中差不多没有好人。为什么呢？因为年代长了，做史的是本朝人，当然恭维本朝的人物了，年代短

---

　　① 选自《而已集》，人民文学出版社，2000年版。有删节。

　　② 黄巾：指东汉末年巨鹿人张角领导的农民起义军。

　　③ 董卓（？～192）：东汉末年的大军阀。

　　④ 党锢 东汉末年，宦官擅权，政治黑暗，民生痛苦。统治阶级内部一部分比较正直的官僚，为了维护刘汉政权和自己的地位，便与太学生互通声气，议论朝政，揭露宦官集团的罪恶。朝廷三次捕杀党人，更诏令各州郡凡党人的门生、故吏、父子、兄弟有做官的，都免官禁锢。史称"党锢之祸"。

　　⑤ 曹操（155～220）：字孟德，沛国谯县（今安徽亳州）人。二十岁举孝廉，汉献帝时官至丞相，封魏王。曹丕篡汉后追尊为武帝。他是政治家、军事家，又是诗人。

　　⑥ 《三国志演义》：即《三国演义》，元末明初罗贯中著。书中将曹操描写为"奸雄"。

了，做史的是别朝的人，便很自由地贬斥其异朝的人物，所以在秦朝，差不多在史的记载上半个好人也没有。曹操在史上的年代也是颇短的，自然也逃不了被后一朝人说坏话的公例。其实，曹操是一个很有本事的人，至少是一个英雄，我虽不是曹操一党，但无论如何，总是非常佩服他。

董卓之后，曹操专权。在他的统治之下，第一个特色便是尚刑名。他的立法是很严的，因为当大乱之后，大家都想做皇帝，大家都想叛乱，故曹操不能不如此。曹操曾经自己说过："倘无我，不知有多少人称王称帝！"①这句话他倒并没有说谎。因此之故，影响到文章方面，成了清峻的风格——就是文章要简约严明的意思。

此外还有一个特点，就是尚通脱。他为什么要尚通脱呢？自然也与当时的风气有莫大的关系。因为在党锢之祸以前，凡党中人都自命清流，不过讲"清"讲得太过，便成固执，所以在汉末，清流的举动有时便非常可笑了。

比方有一个有名的人，普通的人去拜访他，先要说几句话，倘这几句话说得不对，往往会遭倨傲的待遇，叫他坐到屋外去，甚而至于拒绝不见。

又如有一个人，他和他的姊夫是不对的，有一回他到姊姊那里去吃饭之后，便要将饭钱算回给姊姊。她不肯要，他就于出门之后，把那些钱扔在街上，算是付过了。

个人这样闹闹脾气还不要紧，若治国平天下也这样闹起执拗的脾气来，那还成甚么话？所以深知此弊的曹操要起来反对这种习气，力倡通脱。通脱即随便之意。此种提倡影响到文坛，便产生大量想说甚么便说甚么的文章。

更因思想通脱之后，废除固执，遂能充分容纳异端和外来思想，故孔教以外的思想源源引入。

总括起来，我们可以说汉末魏初的文章是清峻，通脱。在曹操本身，也是一个改造文章的祖师，可惜他的文章传的很少。他胆子很大，文章从通脱得力不少，做文章时又没有顾忌，想写的便写出来。

所以曹操征求人才时也是这样说，不忠不孝不要紧，只要有才便可以②。这又是别人所不敢说的。曹操做诗，竟说是"郑康成行酒伏地气绝"③，他引出离当时不久的事实，这也是别人所不敢用的。还有一样，比方人死时，常常写点遗令，这是名人的一件极时髦的事。当时的遗令本有一定的格式，且多言身后当葬于何

① 《三国志·魏书·武帝纪》裴松之注引《魏武故事》，曹操下令"自明本志"，有"设使国家无有孤，不知当几人称帝，几人称王！"的话。

② 曹操曾于建安十五年（210）、二十二年（217）下求贤令，又于建安十九年（214）令有司取士毋废"偏短"，每次都强调以才能用人的标准。

③ "郑康成行酒伏地气绝"：郑康成（127~200），名玄，北海高密（今山东高密）人，东汉经学家，其生活时代较曹操约早二十余年。

处何处，或葬于某某名人的墓旁；操独不然，他的遗令不但没有依着格式，内容竟讲到遗下的衣服和伎女怎样处置等问题①。

陆机②虽然评曰："贻尘谤于后王"，然而我想他无论如何是一个精明人，他自己能做文章，又有手段，把天下的方士文士统统搜罗起来，省得他们跑在外面给他捣乱。所以他帷幄里面，方士文士就特别地多。

孝文帝曹丕③，以长子而承父业，篡汉而即帝位。他也是喜欢文章的。其弟曹植④，还有明帝曹叡⑤，都是喜欢文章的。不过到那个时候，于通脱之外，更加上华丽。丕著有《典论》，现已失散无全本，那里面说："诗赋欲丽"，"文以气为主"。《典论》的零零碎碎，在唐宋类书中；一篇整的《论文》，在《文选》⑥中可以看见。

后来有一般人很不以他的见解为然。他说诗赋不必寓教训，反对当时那些寓训勉于诗赋的见解，用近代的文学眼光看来，曹丕的一个时代可说是"文学的自觉时代"，或如近代所说是为艺术而艺术⑦（Art for Art's Sake）的一派。所以曹丕做的诗赋很好，更因他以"气"为主，故于华丽以外，加上壮大。归纳起来，汉末、魏初的文章，可说是："清峻，通脱，华丽，壮大。"在文学的意见上，曹丕和曹植表面上似乎是不同的。曹丕说文章事可以留名声于千载⑧；但子建却说文章小道⑨，不足论的。据我的意见，子建大概是违心之论。这里有两个原因，第一，子建的文章做得好，一个人大概总是不满意自己所做而羡慕他人所为的，他的文章已经做得好，于是他便敢说文章是小道；第二，子建活动的目标在于政治方面，政治方面不甚得志，遂说文章是无用了。

---

① 曹操的遗令："吾婢妾与伎人皆勤苦，使著铜雀台，善待之。……余香可分与诸夫人……诸舍口（按指诸妾）无所为，可学作履组卖也。吾历官所得绶（印绶），皆著藏中，吾余衣裘，可别为一藏，不能者兄弟可共分之。"

② 陆机（261~303）：字士衡，吴郡华亭（今上海松江）人。西晋文学家。

③ 曹丕（187~226）：字子桓，曹操的次子。建安二十五年（220）废汉献帝自立为帝，即魏文帝。他爱好文学，创作之外，兼擅批评。其中《论文》篇论各种文体的特征说："奏议宜雅，书论宜理，铭诔尚实，诗赋欲丽。"又论文气说："文以气为主，气之清浊有体，不可力强而致。"

④ 曹植（192~232）：字子建，曹操的第三子。封陈王，谥思，世称陈思王。他是建安时代的重要诗人之一。

⑤ 曹叡（206~239）：字元仲，曹丕的儿子，即魏明帝。

⑥ 《文选》：南朝梁昭明太子萧统编选。内选秦汉至齐梁间的诗文，共三十卷，是我国最早的一部诗文总集。

⑦ "为艺术而艺术"：19世纪法国作家戈蒂叶认为艺术可以超越一切功利而存在，创作的目的就在于艺术作品的本身，与现实社会无关。

⑧ 文章事可以留名于千载：曹丕《典论·论文》："盖文章经国之大业，不朽之盛事；年寿有时而尽，荣乐止乎其身；二者必至之长期，未若文章之无穷。是以古之作者，寄身于翰墨，见意于篇籍，不假良史之辞，不托飞驰之势，而声名自传于后。"

⑨ 文章小道：曹植《与杨德祖（修）书》："辞赋小道，固未足以揄扬大义，彰示来世也。昔扬子云先朝执戟之臣耳，犹称壮夫不为也；吾虽德薄，位为藩侯，犹庶几戮力上国，流惠下民，建永世之业，留金石之功，岂徒以翰墨为勋绩，辞赋为君子哉！"

曹操曹丕以外，还有下面的七个人：孔融，陈琳，王粲，徐幹，阮瑀，应场，刘桢，都很能做文章，后来称为"建安七子"①。七人的文章很少流传，现在我们很难判断；但，大概都不外是"慷慨"，"华丽"罢。华丽即曹丕所主张，慷慨就因当天下大乱之际，亲戚朋友死于乱者特多，于是为文就不免带着悲凉，激昂和"慷慨"了。

七子之中，特别的是孔融，他专喜和曹操捣乱。曹丕《典论》里有论孔融的，因此他也被拉进"建安七子"一块儿去。其实不对，很两样的。不过在当时，他的名声可非常之大。孔融作文，喜用讥嘲的笔调，曹丕很不满意他。孔融的文章现在传的也很少，就他所有的看起来，我们可以瞧出他并不大对别人讥讽，只对曹操。比方操破袁氏兄弟，曹丕把袁熙的妻甄氏拿来，归了自己，孔融就写信给曹操，说当初武王伐纣，将妲己给了周公了。操问他的出典，他说，以今例古，大概那时也是这样的。又比方曹操要禁酒，说酒可以亡国，非禁不可，孔融又反对他，说也有以女人亡国的，何以不禁婚姻？

其实曹操也是喝酒的。我们看他的"何以解忧？唯有杜康"的诗句，就可以知道。为什么他的行为会和议论矛盾呢？此无他，因曹操是个办事人，所以不得不这样做；孔融是旁观的人，所以容易说些自由话。曹操见他屡屡反对自己，后来借故把他杀了②。他杀孔融的罪状大概是不孝。因为孔融有下列的两个主张：

第一，孔融主张母亲和儿子的关系是如瓶之盛物一样，只要在瓶内把东西倒了出来，母亲和儿子的关系便算完了。第二，假使有天下饥荒的一个时候，有点食物，给父亲不给呢？孔融的答案是：倘若父亲是不好的，宁可给别人。——曹操想杀他，便不惜以这种主张为他不忠不孝的根据，把他杀了。倘若曹操在世，我们可以问他，当初求才时就说不忠不孝也不要紧，为何又以不孝之名杀人呢？然而事实上纵使曹操再生，也没人敢问他，我们倘若去问他，恐怕他把我们也杀了！

与孔融一同反对曹操的尚有一个祢衡③，后来给黄祖杀掉了。祢衡的文章也不错，而且他和孔融早是"以气为主"来写文章的了。故在此我们又可知道，汉文慢慢壮大起来，是时代使然，非专靠曹操父子之功的。但华丽好看，却是曹丕提倡的功劳。

---

① "建安七子"：这个名称始于曹丕的《典论·论文》："今之文人，鲁国孔融文举，广陵陈琳孔璋，山阳王粲仲宣，北海徐幹伟长，陈留阮瑀元瑜，汝南应场德琏，东平刘桢公干：斯七子者，于学无所遗，于辞无所假，咸以自骋骐骥于千里，仰齐足而并驰。"后人据此便称孔融等为"建安七子"。

② 《后汉书·孔融传》说："曹操既积嫌忌，而郗虑复构成其罪，遂令丞相军谋祭酒路粹枉状奏融曰：'……（融）前与白衣祢衡跌荡放言，云："父之于子，当有何亲？论其本意，实为情欲发耳。子之于母，亦复奚为？譬如寄物瓶中，出则离矣。"……大逆不道，宜极重诛。'书奏，下狱弃市。"

③ 祢衡（173～198）：字正平，平原般（今山东临邑）人。他很有文才，与孔融、杨修友善，曾屡次辱骂曹操；因为他文名很大，曹操虽想杀他而又有所顾忌，便将他送到刘表处去，后因侮慢刘表，又被送给江夏太守黄祖，终于为黄祖所杀，死时年二十六。

这样下去一直到明帝的时候，文章上起了个重大的变化，因为出了一个何晏①。

何晏的名声很大，位置也很高，他喜欢研究《老子》和《易经》。至于他是怎样的一个人呢？那真相现在可很难知道，很难调查。因为他是曹氏一派的人，司马氏很讨厌他，所以他们的记载对何晏大不满。因此产生许多传说，有人说何晏的脸上是搽粉的，又有人说他本来生得白，不是搽粉的②。但究竟何晏搽粉不搽粉呢？我也不知道。

但何晏有两件事我们是知道的。第一，他喜欢空谈，是空谈的祖师；第二，他喜欢吃药，是吃药的祖师③。

此外，他也喜欢谈名理。他身子不好，因此不能不服药。他吃的不是寻常的药，是一种名叫"五石散"的药。

"五石散"是一种毒药，是何晏吃开头的。汉时，大家还不敢吃，何晏或者将药方略加改变，便吃开头了。五石散的基本，大概是五样药：石钟乳，石硫磺，白石英，紫石英，赤石脂；另外怕还配点别样的药。但现在也不必细细研究它，我想各位都是不想吃它的。

从书上看起来，这种药是很好的，人吃了能转弱为强。因此之故，何晏有钱，他吃起来了；大家也跟着吃。那时五石散的流毒就同清末的鸦片的流毒差不多，看吃药与否以分阔气与否的。现在由隋巢元方做的《诸病源候论》④的里面可以看到一些。据此书，可知吃这药是非常麻烦的，穷人不能吃，假使吃了之后，一不小心，就会毒死。先吃下去的时候，倒不怎样的，后来药的效验既显，名曰"散发"。倘若没有"散发"，就有弊而无利。因此吃了之后不能休息，非走路不可，因走路才能"散发"，所以走路名曰"行散"。比方我们看六朝人的诗，有云："至城东行散"，就是此意。后来做诗的人不知其故，以为"行散"即步行之意，所以不服药也以"行散"二字入诗，这是很笑话的。

走了之后，全身发烧，发烧之后又发冷。普通发冷宜多穿衣，吃热的东西。但吃药后的发冷刚刚要相反：衣少，冷食，以冷水浇身。倘穿衣多而食热物，那就非死不可。因此五石散一名寒食散。只有一样不必冷吃的，就是酒。

吃了散之后，衣服要脱掉，用冷水浇身；吃冷东西；饮热酒。这样看起来，五

---

① 何晏（？～249）：曹操的女婿。齐王曹芳时，曹爽执政，用他为吏部尚书，后与曹爽同时被司马懿所杀。

② 《三国志·魏书·曹爽传》注引鱼豢《魏略》说："晏性自喜，动静粉白不去手，行步顾影。"但晋代人裴启所著《语林》则说："（晏）美姿仪，面绝白，魏文帝疑其著粉；后重夏月，唤来，与热汤饼，既炎，大汗出，随出朱衣自拭，色转皎洁，帝始信之。"

③ 《世说新语·言语》载："何平叔云：服五石散，非唯治病，亦觉神明开朗。"刘孝标注引秦丞相（按当作秦丞相）《寒食散论》说："寒食散之方，虽出汉代，而用之者寡，靡有传焉。魏尚书何晏首获神效，由是大行于世，服者相寻。"

④ 巢元方：隋炀帝大业中，为太医博士，奉诏撰《诸病源候论》五十卷。

诠释中国

168

石散吃的人多，穿厚衣的人就少；比方在广东提倡，一年以后，穿西装的人就没有了。因为皮肉发烧之故，不能穿窄衣。为预防皮肤被衣服擦伤，就非穿宽大的衣服不可。现在有许多人以为晋人轻裘缓带，宽衣，在当时是人们高逸的表现，其实不知他们是吃药的缘故。一班名人都吃药，穿的衣都宽大，于是不吃药的也跟着名人，把衣服宽大起来了！

还有，吃药之后，因皮肤易于磨破，穿鞋也不方便，故不穿鞋袜而穿屐。所以我们看晋人的画像和那时的文章，见他衣服宽大，不鞋而屐，以为他一定是很舒服，很飘逸的了，其实他心里都是很苦的。

更因皮肤易破，不能穿新的而宜于穿旧的，衣服便不能常洗。因不洗，便多虱。所以在文章上，虱子的地位很高，"扪虱而谈"①，当时竟传为美事。比方我今天在这里演讲的时候，扪起虱来，那是不大好的。但在那时不要紧，因为习惯不同之故。这正如清朝是提倡抽大烟的，我们看见两肩高耸的人，不觉得奇怪。现在不行了，倘若多数学生，他的肩成为一字形，我们就觉得很奇怪了。

此外可见服散的情形及其他种种的书，还有葛洪的《抱朴子》②。

到东晋以后，作假的人就很多，在街旁睡倒，说是"散发"以示阔气③。就像清时尊读书，就有人以墨涂唇，表示他是刚才写了许多字的样子。故我想，衣大，穿屐，散发等等，后来效之，不吃也学起来，与理论的提倡实在是无关的。

又因"散发"之时，不能肚饿，所以吃冷物，而且要赶快吃，不论时候，一日数次也不可定。因此影响到晋时"居丧无礼"。——本来魏晋时，对于父母之礼是很繁多的。比方想去访一个人，那么，在未访之前，必先打听他父母及其祖父母的名字，以便避讳。否则，嘴上一说出这个字音，假如他的父母是死了的，主人便会大哭起来——他记得父母了——给你一个大大的没趣。晋礼居丧之时，也要瘦，不多吃饭，不准喝酒。但在吃药之后，为生命计，不能管得许多，只好大嚼，所以就变成"居丧无礼"了。

居丧之际，饮酒食肉，由阔人名流倡之，万民皆从之，因为这个缘故，社会上遂尊称这样的人叫作名士派。

吃散发源于何晏，和他同志的，有王弼和夏侯玄两个人，与晏同为服药的祖师。有他三人提倡，有多人跟着走。他们三个人多是会做文章，除了夏侯玄的作品流传不多外，王何二人现在我们尚能看到他们的文章。他们都是生于正始的，所

① "扪虱而谈"：《晋书·王猛传》说："桓温入关，猛被褐而诣之，一面谈当世之事，扪虱而言，旁若无人。"

② 葛洪（约281~341）：所著《抱朴子》，共八卷，分内外两篇，内篇论神仙方药，外篇论时政人事。

③ 《太平广记》卷二四七引侯白《启颜录》载："后魏孝文帝时，诸王及贵臣多服石药，皆称石发。乃有热者，非富贵者，亦云服石发热，时人多嫌其诈作富贵体。有一人于市门前卧，宛转称热，要人竞看，同伴怪之，报曰：'我石发。'同伴人曰：'君何时服石，今得石发？'曰：'我昨市米中有石，食之今发。'众人大笑。自后少有人称患石发者。"

以又名曰"正始名士"①。但这种习惯的末流，是只会吃药，或竟假装吃药，而不会做文章。

东晋以后，不做文章而流为清谈，由《世说新语》②一书里可以看到。此中空论多而文章少，比较他们三个差得远了。三人中王弼二十余岁便死了，夏侯何二人皆为司马懿③所杀。因为他二人同曹操有关系，非死不可，犹曹操之杀孔融，也是借不孝做罪名的。

二人死后，论者多因其与魏有关而骂他，其实何晏值得骂的就是因为他是吃药的发起人。这种服散的风气，魏，晋，直到隋，唐还存在着，因为唐时还有"解散方"，即解五石散的药方，可以证明还有人吃，不过少点罢了。唐以后就没有人吃，其原因尚未详，大概因其弊多利少，和鸦片一样罢？

晋名人皇甫谧④作一书曰《高士传》，我们以为他很高超。但他是服散的，曾有一篇文章，自说吃散之苦。因为药性一发，稍不留心，即会丧命，至少也会受非常的苦痛，或要发狂；本来聪明的人，因此也会变成痴呆。所以非深知药性，会解救，而且家里的人多深知药性不可。晋朝人多是脾气很坏，高傲，发狂，性暴如火的，大约便是服药的缘故。比方有苍蝇扰他，竟至拔剑追赶⑤；就是说话，也要胡胡涂涂地才好，有时简直是近于发疯。但在晋朝更有以痴为好的，这大概也是服药的缘故。

魏末，何晏他们之外，又有一个团体新起，叫做"竹林名士"，也是七个，所以又称"竹林七贤"⑥。正始名士服药，竹林名士饮酒。竹林的代表是嵇康⑦和阮

---

① "正始名士"：《世说新语·文学》"袁彦伯作《名士传》成"条下梁刘孝标注："宏（彦伯名）以夏侯太初、何平叔、王辅嗣为正始名士。阮嗣宗、嵇叔夜、山巨源、向子期、刘伯伦、阮仲容、王浚仲为竹林名士。"按正始（240～249），魏废帝齐王曹芳的年号。

② 《世说新语》：南朝宋刘义庆撰。内容是记述东汉至东晋间一班文士名流的言谈风貌轶事等。

③ 司马懿（179～251）：字仲达，河内温县（今河南温县）人。齐王曹芳即位后，他专断国政；死后其子司马昭继为大将军，日谋篡位。咸熙二年（265），昭子司马炎代魏称帝，建立晋朝。按夏侯玄是被司马师所杀，作者误记为司马懿。

④ 皇甫谧（215～282）：字士安，安定朝那（今甘肃平凉）人。晋朝初年屡征不出，著有《高士传》《逸士传》《玄晏春秋》等书。《晋书·皇甫谧传》载有他的一篇上司马炎疏，其中自述因吃散而得到的种种苦痛："臣以尪弊，迷于道趣。……又服寒食药，违错节度，辛苦荼毒，于今七年。隆冬裸袒食冰，当暑烦闷，加以咳逆，或若温疟，或类伤寒，浮气流肿，四肢酸重。于今困劣，救奄呼喘，父兄见出，妻息长诀。"

⑤ 《三国志·魏书·梁习传》注引《魏略》："（王）思又性急，尝执笔作书，蝇集笔端，驱去复来，如是再三。思恚怒，自起逐蝇，不能得，还取笔掷地，蹋坏之。"按清代张英等所编《渊鉴类函》卷三一五《褊急》门载三思事，有"思自起拔剑逐蝇"的话。

⑥ "竹林七贤"：《三国志·魏书·王粲传》内附述嵇康事略，裴注引《魏氏春秋》说："康寓居河内之山阳县……与陈留阮籍、河内山涛、河南向秀、籍兄子咸、琅琊王戎、沛人刘伶相与友善，游于竹林，号为'七贤'。"《世说新语·任诞》亦有一则，说七人"常集于竹林之下，肆意酣畅，故世谓'竹林七贤'"。

⑦ 嵇康（223～262）：字叔夜，谯郡铚（今安徽宿县）人。诗人。《晋书·嵇康传》说："康早孤，有奇才，远迈不群。……学不师受，博览无不该通，长好老庄。与魏宗室婚，拜中散大夫。常修养性服食（服药）之事，弹琴咏诗，自足于怀。……康善谈理，又能属文，其高情远趣，率然玄远。"

籍①。但究竟竹林名士不纯粹是喝酒，嵇康也兼服药，而阮籍则是专喝酒的代表。但嵇康也饮酒，刘伶②也是这里面的一个。他们七人中差不多都反抗旧礼教的。

这七人中，脾气各有不同。嵇阮二人的脾气都很大；阮籍老年时改得很好，嵇康就始终都是极坏的。

阮年轻时，对于访他的人有加以青眼和白眼的分别③。白眼大概是全然看不见眸子的，恐怕要练习很久才能够。青眼我会装，白眼我却装不好。

后来阮籍竟做到"口不臧否人物"的地步，嵇康却全不改变。结果阮得终其天年，而嵇竟丧于司马氏之手，与孔融何晏等一样，遭了不幸的杀害。这大概是因为吃药和吃酒之分的缘故：吃药可以成仙，仙是可以骄视俗人的；饮酒不会成仙，所以敷衍了事。

他们的态度，大抵是饮酒时衣服不穿，帽也不戴。若在平时，有这种状态，我们就说无礼，但他们就不同。居丧时不一定按例哭泣；子之于父，是不能提父的名，但在竹林名士一流人中，子都会叫父的名号④。旧传下来的礼教，竹林名士是不承认的。即如刘伶，他曾做过一篇《酒德颂》，谁都知道他是不承认世界上从前规定的道理的，曾经有这样的事，有一次有客见他，他不穿衣服。人责问他；他答人说，天地是我的房屋，房屋就是我的衣服，你们为什么钻进我的裤子中来⑤? 至于阮籍，就更甚了，他连上下古今也不承认，在《大人先生传》里有说："天地解兮六合开，星辰陨兮日月颓，我腾而上将何怀？"他的意思是天地神仙，都是无意义，一切都不要，所以他觉得世上的道理不必争，神仙也不足信，既然一切都是虚无，所以他便沉湎于酒了。然而他还有一个原因，就是他的饮酒不独由于他的思想，大半倒在环境。其时司马氏已想篡位，而阮籍的名声很大，所以他讲话就极难，只好多饮酒，少讲话，而且即使讲话讲错了，也可以借醉得到人的原谅。只要

---

① 阮籍（210～263）：字嗣宗，陈留尉氏（今河南尉氏）人。阮瑀之子。诗人，与嵇康齐名。仕魏为从事中郎，步兵校尉。《晋书·阮籍传》说他"博览群籍，尤好庄老。嗜酒能啸，善弹琴。"又说："籍本有济世志，属魏晋之际，天下多故，名士少有全者，籍由是不与世事，遂酣饮为常。"

② 刘伶：字伯伦，沛国（今安徽宿县）人。仕魏为建成参军。著有《酒德颂》，托言有大人先生，"止则操卮执觚，动则挈榼提壶，唯酒是务，焉知其余"。有"贵介公子，搢绅处士"在他的面前"陈说礼法"，而他"方捧罂承槽，衔杯漱醪，奋髯箕踞，枕曲藉糟，无思无虑，其乐陶陶。"

③ 《晋书·阮籍传》："籍又能为青白眼，见礼俗之士，以白眼对之。"他的母亲死了，"嵇喜来吊，籍作白眼，喜不怿而退。喜弟康闻之，乃赍酒挟琴造焉，籍大悦，乃见青眼。由是礼法之士疾之若仇。"

④ 晋代常有子父名的例子，如《晋书·胡母辅之传》："辅之正酣饮，谦之（辅之的儿子）窥而厉声曰：'彦国（辅之的号），年老不得为尔！将令我尻背东壁。'辅之欢笑，呼入与共饮。"又《王蒙传》："王蒙，字仲祖……美姿容，尝览镜自照，称其父字曰：'王文开生如此儿耶！'"

⑤ 《世说新语·任诞》载："刘伶恒纵酒放达，或脱衣裸形在屋中，人见讥之。伶曰：'我以天地为栋宇，屋室为裤衣，诸君何为入我裤中？'"

看有一次司马懿求和阮籍结亲,而阮籍一醉就是两个月,没有提出的机会◯,就可以知道了。

阮籍作文章和诗都很好,他的诗文虽然也慷慨激昂,但许多意思都是隐而不显的。宋的颜延之②已经说不大能懂,我们现在自然更很难看得懂他的诗了。他诗里也说神仙,但他其实是不相信的。嵇康的论文,比阮籍更好,思想新颖,往往与古时旧说反对。孔子说:"学而时习之,不亦说乎?"嵇康做的《难自然好学论》,却道,人是并不好学的,假如一个人可以不做事而又有饭吃,就随便闲游不喜欢读书了,所以现在人之好学,是由于习惯和不得已。还有管叔蔡叔③,是疑心周公,率殷民叛,因而被诛,一向公认为坏人的。而嵇康做的《管蔡论》,就也反对历代传下来的意思,说这两个人是忠臣,他们的不疑周公,是因为地方相距太远,消息不灵通。

但最引起许多人的注意,而且于生命有危险的,是《与山巨源绝交书》中的"非汤武而薄周孔。"司马懿因这篇文章,就将嵇康杀了④。非薄汤武周孔,在现时代是不要紧的,但在当时却关系非小。汤武是以武定天下的;周公是辅成王的;孔子是祖述尧舜,而尧舜是禅让天下的。嵇康都说不好,那么,教司马懿篡位的时候,怎么办才是好呢?没有办法。在这一点上,嵇康于司马氏的办事上有了直接的影响,因此就非死不可了。嵇康的见杀,是因为他的朋友吕安不孝,连及嵇康,罪案和曹操的杀孔融差不多。魏晋,是以孝治天下的,不孝,故不能不杀。为什么要以孝治天下呢?因为天位从禅让,即巧取豪夺而来,若主张以忠治天下,他们的立脚点便不稳,办事便棘手,立论也难了,所以一定要以孝治天下。但倘只是实行不孝,其实那时倒不很要紧,嵇康的害处是在发议论;阮籍不同,不大说关于伦理上的话,所以结局也不同。

但魏晋也不全是这样的情形,宽袍大袖,大家饮酒。反对的也很多。在文章上我们还可以看见裴𬱖的《崇有论》,孙盛的《老子非大贤论》,这些都是反对王何们的。在史实上,则何曾劝司马懿杀阮籍有好几回,司马懿不听他的话,这是因

---

① 《晋书·阮籍传》载:"文帝(司马昭,鲁迅误记为司马懿)初欲为武帝(司马炎)求婚于籍,籍醉六十日,不得言而止。"

② 颜延之(384~456):字延年,琅琊临沂(今山东临沂)人。南朝宋诗人。

③ 管叔蔡叔:是周武王的两个兄弟。《史记·管蔡世家》说:"武王已克殷纣,平天下,封功臣昆弟,于是封叔鲜于管,封叔旦于鲁而相周,为周公。……武王既崩,成王少,周公旦专王室。管叔、蔡叔疑周公之为不得于成王,乃挟武庚以作乱。周公旦专三室。管叔、蔡叔疑周公之为不利于成王,乃挟武庚以作乱。周公旦承成王命伐诛武庚,杀管叔,而放蔡叔,迁之。"

④ 《与山巨源绝交书》:山巨源,即"竹林七贤"之一的山涛(205~283),河内怀(今河南武涉)人。他在魏元帝(曹奂)景元年间投靠司马昭,曾任选曹郎,后将去职,欲荐嵇康代任,康作书拒绝,并表示和他绝交,书中自说不堪礼法的束缚,"又每非汤武而薄周孔,在人间不止,此事会显,世教所不容"。后来嵇康受朋友吕安案的牵连,钟会便乘机劝司马昭把他杀了。按杀嵇康的是司马昭,鲁迅误记为司马懿。

为阮籍的饮酒，与时局的关系少些的缘故。

然而后人就将嵇康阮籍骂起来，人云亦云，一直到现在，1600多年。季札说："中国之君子，明于礼义而陋于知人心。"①这是确的，大凡明于礼义，就一定要陋于知人心的，所以古代有许多人受了很大的冤枉。例如嵇阮的罪名，一向说他们毁坏礼教。但据我个人的意见，这判断是错的。魏晋时代，崇尚礼教的看来似乎很不错，而实在是毁坏礼教，不信礼教的。表面上毁坏礼教者，实则倒是承认礼教，太相信礼教。因为魏晋时代所谓崇尚礼教，是用以自利，那崇奉也不过偶然崇奉，如曹操杀孔融，司马懿杀嵇康，都是因为他们和不孝有关，但实在曹操司马懿何尝是著名的孝子，不过将这个名义，加罪于反对自己的人罢了。于是老实人以为如此利用，亵渎了礼教，不平之极，无计可施，激而变成不谈礼教，不信礼教，甚至于反对礼教。但其实不过是态度，至于他们的本心，恐怕倒是相信礼教，当作宝贝，比曹操司马懿们要迂执得多。还有一个实证，凡人们的言论，思想，行为，倘若自己以为不错的，就愿意天下的别人，自己的朋友都这样做。但嵇康阮籍不这样，不愿意别人来模仿他。竹林七贤中有阮咸，是阮籍的侄子，一样的饮酒。阮籍的儿子阮浑也愿加入时，阮籍却道不必加入，吾家已有阿咸在，够了②。假若阮籍自以为行为是对的，就不当拒绝他的儿子，而阮籍却拒绝自己的儿子，可知阮籍并不以他自己的办法为然。至于嵇康，一看他的《绝交书》，就知道他的态度很骄傲的。有一次，他在家打铁——他的性情是很喜欢打铁的——钟会来看他了，他只打铁，不理钟会。钟会没有意味，只得走了。其时嵇康就问他："何所闻而来，何所见而去？"钟会答道："闻所闻而来，见所见而去。"这也是嵇康杀身的一条祸根。但我看他做给他的儿子看的《家诫》，当嵇康被杀时，其子方十岁，算来当他做这篇文章的时候，他的儿子是未满十岁的——就觉得宛然是两个人。他在《家诫》中教他的儿子做人要小心，还有一条一条的教训。有一条是说长官处不可常去，亦不可住宿；长官送人们出来时，你不要在后面，因为恐怕将来长官惩办坏人时，你有暗中密告的嫌疑。又有一条是说宴饮时候有人争论，你可立刻走开，免得在旁批评，因为两者之间必有对与不对，不批评则不像样，一批评就总要是甲非乙，不免受一方见怪。还有人要你饮酒，即使不愿饮也不要坚决地推辞，必须和和气气的拿着杯子。我们就此看来，实在觉得很希奇：嵇康是那样高傲的人，而他教子就要他这样庸碌。因此我们知道，嵇康自己对于他自己的举动也是不满足的。所以批评一个人的言行实在难，社会上对于儿子不像父亲，称为"不肖"，

---

① 见《庄子·田子方》："温伯雪子适齐，舍于鲁，鲁人有请见之者，温伯雪子曰：'不可，吾闻中国之君子，明乎礼义而陋于知人心，吾不欲见也。'"据唐代成玄英注：温伯，字雪子，春秋时楚国人。鲁迅误记为季札。

② 《晋书·阮籍传》："（籍）子浑，字长成，有父风，少慕通达，不饰小节，籍谓曰：'仲容已豫吾此流，汝不得复尔。'"按阮咸，字仲容，阮籍兄阮熙之子。

以为是坏事，殊不知世上正有不愿意他的儿子像他自己的父亲哩。试看阮籍嵇康，就是如此。这是，因为他们生于乱世，不得已，才有这样的行为，并非他们的本态。但又于此可见魏晋的破坏礼教者，实在是相信礼教到固执之极的。

不过何晏王弼阮籍嵇康之流，因为他们的名位大，一般的人们就学起来，而所学的无非是表面，他们实在的内心，却不知道。因为只学他们的皮毛，于是社会上便多了很没意思的空谈和饮酒。许多人只会无端的空谈和饮酒，无力办事，也就影响到政治上，弄得玩"空城计"，毫无实际了。在文学上也这样，嵇康阮籍的纵酒，是也能做文章的，后来到东晋，空谈和饮酒的遗风还在，而万言的大文如嵇阮之作 却没有了。刘勰①说："嵇康师心以遣论，阮籍使气以命诗。"这"师心"和"使气"，便是魏末晋初的文章的特色。王弼名士和竹林名士的精神灭后，敢于师心使气的作家也没有了。

到东晋，风气变了。社会思想平静得多，各处都夹入了佛教的思想。再至晋末，乱也看惯了，篡也看惯了，文章便更和平。代表平和的文章的人有陶潜②。他的态度是随便饮酒，乞食，高兴的时候就谈论和作文章，无尤无怨。所以现在有人称他为"田园诗人"，是个非常和平的田园诗人。他的态度是不容易学的，他非常之穷，而心里很平静。家常无米，就去向人家门口求乞。他穷到有客来见，连鞋也没有，那客人给也从家丁取鞋给他，他便伸了足穿上了。虽然如此，他却毫不为意，还是"采菊东篱下，悠然见南山"。这样的自然状态，实在不易模仿。他穷到衣服也破烂不堪，而还在东篱下采菊，偶然抬起头来，悠然的见了南山，这是何等自然。现在有钱的人住在租界，雇花匠种数十盆菊花，便做诗，叫作"秋日赏菊效陶彭泽体"，自以为合于渊明的高致，我觉得不大像。

陶潜之在晋末，是和孔融于汉末与嵇康于魏末略同，又是将近易代的时候。但他没有什么慷慨激昂的表示，于是便博得"田园诗人"的名称。但《陶集》里有《述酒》一篇，是说当时政治的③。这样看来，可见他于世事也并没有遗忘和冷淡，不过他的态度比嵇康阮籍自然得多，不至于招人注意罢了。还有一个原因，先已说过，是习惯。因为当时饮酒的风气相沿下来，人见了也不觉得奇怪，而且汉魏晋相沿，时代不远，变迁极多，既经见惯，就没有大感触，陶潜之比孔融嵇康和平，是当然的。例如看北朝的墓志，官位升进，往往详细写着，再仔细一看，他已

---

① 刘勰（约465～约532）：南朝梁文学理论家。著有《文心雕龙》。

② 陶潜（372？～427）：又名渊明，字元亮，浔阳柴桑（今江西九江）人。东晋诗人。曾任彭泽令。因不满当时政治的黑暗和官场的虚伪，辞官归隐。著作有《陶渊明集》。梁代钟嵘在《诗品》中称他为"古今隐逸诗人之宗"。

③ 陶潜的《述酒》诗，据南宋汤汉的注语，以为它是为当时最重大的政治事变——晋宋易代而作，汤语中说："晋元熙二年（420）六月 刘裕废恭帝（司马德文）为零陵王，明年，以毒酒一瓿授张伟使酖王，伟自饮酒而卒；继又令兵人逾垣进药，王不肯饮，遂掩杀之。此诗所为作，故以《述酒》名篇也。诗词尽隐语，故观者弗省。……予反复详考，而后知决为零陵哀诗也。"（见《陶靖节诗注》卷三）

经经历过两三个朝代了，但当时似乎并不为奇。

据我的意思，即使是从前的人，那诗文完全超于政治的所谓"田园诗人"，"山林诗人"，是没有的。完全超出于人间世的，也是没有的。既然是超出于世，则当然连诗文也没有。诗文也是人事，既有诗，就可以知道于世事未能忘情。譬如墨子兼爱，杨子为我[1]。墨子当然要著书；杨子就一定不著，这才是"为我"。因为若做出书来给别人看，便变成"为人"了。

由此可知陶潜总不能超于尘世，而且，于朝政还是留心，也不能忘掉"死"，这是他诗文中时时提起的。用别一种看法研究起来，恐怕也会成一个和旧说不同的人物罢。

自汉末至晋末文章的一部分的变化与药及酒关系，据我所知的大概是这样。但我学识太少，没有详细的研究，在这样的热天和雨天费去了诸位许多时光，是很抱歉的。现在这个题目总算是讲完了。

174

---

[1] 墨子（约前468~前376）：名翟，春秋战国时代思想家。他认为"天下兼相爱则治，交相恶则乱"，提倡"兼爱"的学说。杨子，指杨朱，战国时代思想家。他的学说的中心是"为我"，《孟子·尽心》说："杨子取为我，拔一毛而利天下，不为也。"

林语堂

苏东坡传① （序）

　　宋朝的那个苏东坡几乎成了中国文人的"大众情人"，似乎谁都想来几句，表明自己是东坡的知音。这当然不是坏事，毕竟近朱者赤。芸芸知音里边，民国的林语堂撰写的《苏东坡传》是其中佳品，因为性情相近的缘故。把有趣世界变成无聊人间，是许多人正儿八经的事业。我们大约成不了苏东坡，但可以尝试的是，无论读书作文，说话做事，待人待己，尽量有情有趣，这人生是不是更值得一过？

　　我写苏东坡的传记没有别的理由，只是想写罢了。多年来我脑中一直存着为他作传的念头。1936年我携家赴美，身边除了一套精选精刊的国学基本丛书，还带了几本苏东坡所作或者和他有关的古刊善本书，把空闲的考虑都置之度外。那时候我就希望能写一本书来介绍他，或者将他的一部分诗词文章译成英文，就算做不到，我也希望出国期间他能陪在我身边。书架上列着一位有魅力、有创意、有正义感、旷达任性、独具卓见的人士所写的作品，真是灵魂的一大补剂。现在我能动笔写这本书，我觉得很快乐，单单这个理由就足够了。

　　鲜明的个性永远是一个谜。世上有一个苏东坡，却不可能有第二个。个性的定义只能满足下定义的专家。由一个多才多艺、多彩多姿人物的生平和性格中挑出一组读者喜欢的特性，这倒不难。我可以说苏东坡是一个不可救药的乐天派，一个伟大的人道主义者，一个百姓的朋友，一个大文豪，大书法家，创新的画家，造酒试验家，一个二程师，一个憎恨清教徒主义的人，一位瑜伽修行者，佛教徒，巨儒政治家，一个皇帝的秘书，酒仙，厚道的法官，一位在政治上专唱反调的人，一个月夜徘徊者，一个诗人，一个小丑。但是这还不足以道出苏东坡的全部。一提到苏东坡，中国人总是亲切而温暖地会心一笑，这个结论也许最能表现他的特质。苏东坡比中国其他的诗人更具有多面性天才的丰富感、变化感和幽默感，智能优异，心灵却像天真的小孩——这种混合等于耶稣所谓蛇的智慧加上鸽子的温文。不可否认的，这种混合十分罕见，世上只有少数人两者兼具。这里就有一

---

① 选自林语堂《苏东坡传》，海南出版社，1992年版。

位！终其一生他对自己完全自然，完全忠实。他天生不善于政治的狡辩和算计；他即兴的诗文或者批评某一件不合意事的作品都是心灵自然的流露，全凭本能，鲁莽冲动，正像他所谓的"春鸟秋虫声"，也可以比为"猿吟鹤唳本无意，不知下有行人行"。他始终卷在政治旋涡中，却始终超脱于政治之上。没有心计，没有目标，他一路唱歌、作文、评论，只是想表达心中的感受，不计本身的一切后果。就因为这样，今天的读者才欣赏他的作品，佩服他把心智用在事件过程中，最先也最后保留替自己说话的权利。他的作品散发着生动活泼的人格，有时候顽皮，有时候庄重，随场合而定，但却永远真挚、诚恳、不自欺欺人。他写作没有别的理由，只是爱写。今天我们欣赏他的著作也没有别的理由，只因为他写得好美、好丰富，又发自他天真无邪的心灵。

我分析中国1000年来为什么每一代都有人真心崇拜苏东坡，现在谈到第二个理由，这个理由和第一点差不多，只是换了一个说法罢了。苏东坡有魅力。正如女人的风情、花朵的美丽与芬芳，容易感受，却很难说出其中的成份。苏东坡具有卓越才子的大魅力，永远教他太太或者最爱他的人操心——不知道该佩服他大无畏的勇气，还是该阻止他，免得他受伤害。显然他心中有一股性格的力量，谁也挡不了，这种力量由他出生的一刻就已存在，顺其自然，直到死亡逼他合上嘴巴，不再谈笑为止。他挥动笔尖，犹如挥动一个玩具。他可以显得古怪或庄重，顽皮或严肃——非常严肃，我们由他的笔梢听到一组反映人类欢乐、愉快、幻灭和失意等一切心境的琴音。他老是高高兴兴和一群人宴饮玩乐。他说自己生性不耐烦，遇到看不顺眼的事物就"如蝇在食，吐之乃已"。他不喜欢某一位诗人的作品，就说那"正是京东学究饮私酒、食瘴死牛肉醉饱后所发者也"。

他对朋友和敌人都乱开玩笑。有一次在盛大的朝廷仪式中，他当着所有大臣嘲弄一位理学家，措辞伤了对方，日后为此尝到不少苦果。但是别人最不了解的就是他能对事情生气，却无法恨别人。他恨罪恶，对作恶的人倒不感兴趣，只是不喜欢而已。怨恨是无能的表现，他从来不知道无能是什么，所以他从来没有私怨。大体说来，我们得到一个印象，他一生嬉游歌唱，自得其乐，悲哀和不幸降临，他总是微笑接受。拙作要描写的就是这种风情，他成为许多中国文人最喜爱的作家，原因也在此。

这是一个诗人、画家、百姓之友的故事。他感觉强烈，思想清晰，文笔优美，行动勇敢，从来不因自己的利益或舆论的潮流而改变方向。他不知道如何照顾自己的利益，对同胞的福祉倒非常关心。他仁慈慷慨，老是省不下一文钱，却自觉和帝王一样富有。他固执，多嘴，妙语如珠，口没遮拦，光明磊落；多才多艺，好奇，有深度，好儿戏，态度浪漫，作品典雅，为人父兄夫君颇有儒家的风范，骨子里却是道教徒，讨厌一切虚伪和欺骗。他的才华和学问比别人高出许多，根本用不着忌妒；他太伟大，有资格待人温文和蔼。他单纯真挚，向来不喜欢装腔作态；每当他套上一个官职的枷锁，他就自比为上鞍的野鹿。他活在纠纷迭起的时代，难免变成政治风暴中的海燕，昏庸自私官僚的敌人，反压迫人民眼中的斗士。一任一任的皇帝私下都崇拜他，一任一任的太后都成为他的朋友，苏东坡却遭到贬官、逮捕，生活在屈辱里。

苏东坡最佳的名言，也是他对自己最好的形容就是他向弟弟子由所说的话：

"吾上可陪玉皇大帝，下可以陪卑田院乞儿。眼前见天下无一个不好人。"

难怪他快快活活，无忧无惧，像旋风般活过一辈子。

苏东坡的故事基本上就是一个心灵的故事。他在玄学方面是佛教徒，知道生命是另一样东西暂时的表现，是短暂躯壳中所藏的永恒的灵魂，但是他不能接受生命是负担和不幸的理论——不见得。至少他自己欣赏生命的每一时刻。他的思想有印度风味，脾气却完全是中国人。由佛家绝灭生命的信仰，儒家生活的哲学和道家简化生命的信念，他心灵和感觉的坩埚融出了一种新的合金。人生最大的范畴只有"百年三万日"，但这已经够长了；如果他寻找仙丹失败，尘世生活的每一刻依然美好。他的肉身难免要死去，但是他来生会变成天空的星辰，地上的雨水，照耀、滋润、支持所有的生命。在这个大生命中，他只是不朽生机暂时显现的一粒小分子，他是哪一粒分子并不重要。生命毕竟是永恒的美好的，他活得很快慰。这就是乐天才子苏东坡的奥秘。

李亚伟

苏东坡和他的朋友们①

　　当代诗人李亚伟（1963年生）用戏谑的无韵的钢笔简体字向押韵的毛笔时代的先辈致敬，诗人独领风骚的时代不再，诗人的风雅余韵何在？

　　　　古人宽大的衣袖里
　　　　藏着纸、笔和他们的手
　　　　他们咳嗽
　　　　和七律一样整齐

　　　　他们鞠躬
　　　　有时著书立说，或者
　　　　在江上向后人推出排比句
　　　　他们随时都有打拱的可能

　　　　古人老是回忆更古的人
　　　　常常动手写历史
　　　　因为毛笔太软
　　　　而不能入木三分
　　　　他们就用衣袖捂着嘴笑自己
　　　　这些古人很少谈恋爱
　　　　娶个叫老婆的东西就行了
　　　　爱情从不发生三国鼎立的不幸事件
　　　　多数时候去看看山
　　　　看看遥远的天
　　　　坐一叶扁舟去看短暂的人生

　　　　他们这群骑着马

---

① 选自伊沙编《现代诗经》，漓江出版社，2004年版。

在古代彷徨的知识分子
偶尔也把笔扛到皇帝面前去玩
提成千韵脚的意见
有时采纳了，天下太平
多数时候成了右派的光荣先驱

这些乘坐毛笔大字兜风的学者
这些看风水的老手
提着赋去赤壁把酒
挽着比、兴在杨柳岸徘徊
喝酒或不喝酒时
都容易想到沦陷的边塞
他们慷慨悲歌

唉，这些进士们喝了酒
便开始写诗
他们的长衫也像毛笔
从人生之旅上缓缓涂过
朝廷里他们硬撑着瘦弱的身子骨做人
偶尔也当当县令
多数时候被贬到遥远的地方
写些伤感的宋词。

李敖

独白下的传统^①（4题）

诠释中国

鲁迅之后中国最有勇气和才智的思想家——李敖（1935年生），区别在于，他用的是嬉笑怒骂的战法，文字轻松而多变，为现代汉语增添了新的魅力。错过了李敖，你会遗憾的；读过了李敖，你又会后悔没有早读。

快看《独白下的传统》

该书的序言，广告大意是：中国知识分子都在盲人摸象，李敖要告诉你中国的真相。李敖为自己做的广告是："五十年内，五百年后，中国人写白话文的前三名是：李敖、李敖、李敖。"信不信由你。本书故意稚化的高雅白话的确难得一见。

写这本书的目的，是帮助中国人了解中国，帮助非中国人——洋鬼子、东洋鬼子、假洋鬼子——别再误解中国。

中国人不了解中国。为什么？中国太难了解了。中国是一个庞然大物，在世界古国中，它是唯一香火不断的金身。巴比伦古国、埃及古国，早就亡于波斯；印度古国，早就亡于回回。只有中国寿比南山，没有间断。没有间断，就有累积。有累积，就越累积越多，就越难了解。

从地下挖出的"北京人"起算，已远在50万年以前；从地下挖出的"山顶洞人"起算，已远在25000年以前；从地下挖出的彩陶文化起算，已远在4500年以前；从地下挖出的黑陶文化起算，已远在3500年以前。这时候，已经跟地下挖出的商朝文化接龙，史实开始明确；从纪元前841年（周朝共和元年）起，中国人有了每一年都查得出来的记录；从纪元前722年（周平王四十九年）起，中国人有了每一月都查得出来的记录。中国人有排排坐的文字历史，已长达2800多年。

在长达2100多年的时候，一位殉道者文天祥，被带到抓殉道者的元朝博罗丞相面前，他告诉博罗："自古有兴有废，帝王将相，挨杀的多了，请你早点杀我算

---

① 选自李敖《独白下的传统》，人民文学出版社，1989年版。

了。"博罗说:"你说有兴有废,请问从盘古开天辟地到今天,有几帝几王?我弄不清楚,你给我说说看。"文天祥说:"一部十七史,从何处说起?"

300多年过去了,十七史变成了二十一史,一位不同黑暗统治者合作的大思想家黄宗羲,回忆说:"我19、20岁的时候看二十一史,每天清早看一本,看了两年。可是我很笨,常常一篇还没看完,已经搞不清那些人名了。"

300多年又过去了,二十一史变成了二十五史。书更多了,人更忙了,历史更长了。一部二十五史,从何处说起?

何况,中国历史又不只二十五史。二十五史只是史部书中的正史。正史以外,还有其他十四类历史书。最有名的《资治通鉴》,就是一个例子。司马光写《资治通鉴》,正史以外,参考了322种其他的历史书,写成294卷,前后花了19年。大功告成以后,他回忆,只有他一个朋友王胜之看了一遍,别的人看了一页,就爱困了。

一部中国史,从何处说起?

何况,中国书又不只历史书,历史书只是经史子集四库分类中的一部分,清朝的史学家主张"六经皆史",这下子经书又变成了历史书。其实凡书皆史才对,中国人面对的,已不是历史书的问题,而是古书的问题。

古书有多少呢?

古书多得吓人。

古书不只什么《古文观止》《唐诗三百首》,它们只不过占两种;古书不只什么四书五经,它们只不过占九种;古书不只什么二十五史,它们只不过占二十五种。古书远超过这些,超过十倍一百倍一千倍,也超过两千倍、三千倍,古书有——十万种!吓人吧?

这还是客气的。本来有二十五万种呢!幸亏历代战乱,把五分之三的古书给弄丢了,不然的话,更给中国人好看!

又何况,还不止于古书呢!还有古物和古迹,有书本以外的大量残碑断简、大量手泽宗卷、大量玉器石鼓、大量故垒孤坟,和陆续不断的大量考古出土。……要了解中国,更难上加难了。

又何况,一个人想一辈子献身从事这种"白首穷经"的工作,也不见得有好成绩。多少学究花一辈子时间去在古书里打滚,写出来的,不过是"断烂朝报";了解的,不远是"瞎子摸象"。中国太难了解了。

古人实在不能了解中国,因为他们缺乏方法训练,笨头笨脑的。明末清初第一流的大学者顾炎武,他翻破了古书,找了162条证据来证明"服"字古音念"逼",但他空忙了一场,他始终没弄清"逼"字到底怎么念,也不知道问可吃狗肉的老广怎么念。顾炎武如此误入歧途,劳而无功,而他却还算是第一流的经世致用的知识分子!又如清朝第一流的大学者俞正燮,他研究了中国文化好多年,竟下结论中国人肺有六叶，洋鬼子四叶；中国人心有七核，洋鬼子四核；中国人肝在心左边，洋鬼子肝在右边；中国人睾丸有二个，洋鬼子睾丸有四个。……并且，中国人信天主教的，是他内脏数目不全的缘故！俞正燮如此误入歧途，劳而无功，而他却还算是第一流的经世致用的知识分子。

20世纪以后，中国第一流的知识分子，在了解中国方面，有没有新的进度与境界呢？有。他们的方法比较讲究了。头脑比较新派了，他们从象鼻子、象腿、象尾巴开始朝上摸了。最后写出来的成绩如何呢？很糟。除了极少数的例外，他们只是一群新学究。西学为体，中学为用。其实天知道他们通了多少西学，天知道他们看了多少中学。他们是群居动物，很会垄断学术，专卖学术和拙劣宣传他们定义下的学术。于是，在他们多年的乌烟瘴气下，中国的真面目，还是土脸与灰头。

中国这个庞然大物，还在雾里。

作为一个中国人，要想了解中国，简直没有合适的书看。古代的知识分子没有留下合适的，现代的知识分子不能写出合适的。中国人要想了解中国，只有标准本教科书，只有《薛仁贵征东》《薛丁山征西》《呼延庆征南》《罗通扫北》，只有大戏考中的《一捧雪》《二进宫》《三击掌》《四进士》《五人义》《六月雪》《七擒孟获》《八大槌》《九江口》《十老安刘》。……这太可悲了。

中国的真相不在这里，中国的真相不是这样的，中国的真相既没有这样简单，也没有这样"春秋配"。

中国没能被了解——全盘地了解。中国被误解了。中国是庞然大物，中国被瞎子摸象。

就说被摸的象吧。中国人一直以为象是"南越大兽"，以为是南方泰国、缅甸、印度的产物。中国人喜欢这个和气的大家伙，酒杯上用它，叫"象尊"；御车上用它，叫"象辂"；游戏里用它，叫"象棋"；最有缘的，在文字里用它，代表了六书中的第一种——"象形"。象形就是根据象而画出来的形，人一看到就知道是象，又大又好画，大家都喜欢画它，越画越像，所以这个"象"的字，就从这个动物演变出来。

现在我们写"为者常成"的"为"字，古字中象形写法见上图：左边的象形是手，

右边的象形是象，"为"字的原始意思就是"用手牵象"。牵象干什么？打仗、做工，都是最起码的。中国人在用牛用马以前，早就用到了象。象不是外国货，最早在黄河流域，就有这种庞然大物。后来，黄河流域气温变凉了，象开始南下，出国了。在古人写古书的时候，已经看不到它了。所以《韩非子》里说：

> 人希见生象也，而得死象之骨，按其图以想其生也。故诸人之所以意想者，皆谓之象也。

当象再回国的时候，中国人不认识它了，以为它是外国货，把它当成"南越大兽"了，象以珍禽异兽姿态出现，让中国人瞎摸了。

中国人不了解中国。不了解中国有什么。

中国人对中国无知，这是中国知识分子的失败。中国人"希见生象"，又不能"得死象之骨，按其图以想其生"，所以只是瞎摸、瞎摸。瞎摸到生象，还算是"摸象"；瞎摸到死象，就完全是"摸骨"了。中国人对中国的了解，实在还是龙海山人关西摸骨的水准，中国人真可怜！

问题出在中国知识分子。

中国知识分子是中国最可耻的一个阶级。这个阶级夹在统治者和老百姓之间，上下其手。他们之中不是没有特立独行的好货，可是只占千万分之一，其他都是"小人儒"。庸德之行，庸言之谨，读书不化，守旧而顽固。中国知识分子坚守他们在统治者和老百姓中间的夹层地位，误尽苍生。当特立独行的王安石搞变法，想直接授惠于老百姓的时候，文彦博站出来向皇帝说话了，他说："陛下是同士大夫治天下，不是同老百姓治天下。"王安石想越过这批拦路虎，可是他碰到了绊脚石。

中国知识分子失败了。有两大方面的失败：一方面是品格上的，一方面是思想上的。思想上失败的特色是：他们很混、很糊涂、很笨。他们以知识为专业，结果却头脑不清，文章不行。这种特色不但使他们品格诸善莫做，并且扶同为恶而不自知；在思想上也不能深入群众，影响普遍的中国人。他们写的东西，只能自我陶醉，或者给互相捧场的同流货色一起陶醉，实际上，实在不成东西。对绝大部分中国知识分子的作品，我看来看去，只是可怜的"小脚作品"。它们的集体悲剧，乃是在不论它们的呈现方式是什么，它们所遭遇的共同命运，都是"被层层桎梏"的命运。不论它们的呈现方式是"散文""骈文""时文""八股文""语体文"，是"论辩""序跋""志传""奏议""哀祭""书牍""诏令""论文"，是"诗""词""歌""赋""颂赞""箴铭""弹词""小说"，是"气""骨""神""势""实""虚""韵""逸""用典""白描"，是"简洁""蔓衍""谈理""抒情""刚健""优柔""平朴""绚丽"，或是"革新""守旧""创新""追摹""独造"。……不论从哪一路的进退冲守，都是"小脚如来"的"掌心行者"，都不能逃开共同被传统"桎梏""修理"的命运。在这共同命运之下，"文体"的争论也好，"诗体"的争论也罢，乃至什么"雅""俗"之分，"刚""柔"之异，"古""今"之别，"朝""派"之变，"文""白"之争。……从如来掌心以外来看，它们所能表示的，至多只是被"修理"的轻重深浅而已。换句话说，它们统统都多少被传统的水平观念缠住，被传统的社会背景缠住、被传统的意识形态缠住、被传统的粗糙肤浅缠住。……这样的一缠再缠，中国的作品便一直在"裹脚布"中行走，不论十个脚趾如何伸缩动静，都无助于它在一出世后就被扭折了骨头。

这样子的悲剧命运，使千年的庞大文字遗产，只表露了庞大的繁琐与悲哀。中国千年的文字障中，没有大气魄的诗，没有大气魄的剧，没有大气魄的小说，也没有大气魄的作品。没有好的表达法，没有像样的结构，没有不贫乏的新境界，也没有震撼世界的文艺思潮。表达的方式，至多只在一首小诗、一阕小词、一段小令、一篇小品、一个小故事里打滚，足以自豪的任何作品，在新世界的文学尺度下，都要打回票。中国知识分子的表达力，至多只是表达一点粗浅的浮情，忧国也好，非战也好，田园也好，香奁也好，铁板高唱也好，儿女私情也好。……除了在最低浅的层面上，吟咏低唱一阵或乘兴挥毫一笔外，便不能再深入，或因深入而浅出。中国知识分子是集体失败的，集体铸造了历史的纵线失败。我常常想：一部《儒林外史》的部分好题材，在任何二流三流的西方文人手里，都不会有吴敬梓那样糟糕的处理，那样可怕的结构，而吴敬梓已算得上是我们中国文学史上的特级文豪。中国摇笔杆的真失败！

在这种纵线的失败中，中国人了解中国，已经很难从知识分子的文字障中得到满足，知识分子败北之日，就是愚夫愚妇"罗通扫北"之时。当愚夫愚妇装了满脑袋的孟姜女、包龙图、木兰从军、三娘教子、游龙戏凤、九命奇冤的时候，他们对中国的了解，也就真够瞧得了！

中国知识分子文章不行的背景是他们读书不化，头脑不清。在知识分子中很难找到明白人。偶尔也有清光一闪，留下一句，可是你刚要鼓掌，下面一句就冒出混话，立刻把你的兴致扫光。

因为读书不化头脑不清，常常发现他们争不该争的，又不争该争的。以宋朝的一场闹剧为例。800年前，宋朝仁宗没有儿子，绝了后。新皇帝宋英宗做了皇上。英宗是仁宗堂兄濮王的儿子，他接了仁宗的香火，对他亲生爸爸该怎么叫，竟引起天下大乱。首先，骑墙派知识分子王珪不敢发表意见，右派知识分子司马光表示，根据传统文化，该叫亲生爸爸做伯父，原因是，英宗由宗法制度的老二一支，入继老大一支，必须不叫亲生爸爸做爸爸，而该叫法定爸爸即仁宗做爸爸。这种见解，"左"派知识分子欧阳修反对，他也根据传统文化，认为没有消灭父母之名的道理，所以，仁宗不是爸爸，而濮王（原来的爸爸）才是爸爸。于是展开混战，从皇帝妈妈以下，全部引用传统文化，大打起来。严重到司马光派的知识分子贾黯留下遗嘱，要求皇上一定得叫原来的爸爸做伯父，不然他死不瞑目。另一个知识分子蔡伉，也向皇上大声疾呼，声泪俱下地表示，天下兴亡，就在这一叫。后来司马光派请求皇上杀欧阳修派，皇上不肯杀，并且违反了司马光派的传统文化，仍叫原来的爸爸做爸爸。司马光派吵着，并且宣布"理难并立""家居待罪"。最后闹得双方都赌气要求皇上贬自己，满朝乌烟瘴气。

第一流的知识分子不把精神用来解决小人、解救小民、解放小脚，却用来争所不该争的，这是中国知识分子的混、糊涂、笨。

别以为上面举的叫爸爸例子，只是一时一地的现象，才不呢！明朝世宗时候的"大礼议"，神宗时候的"梃击案"，光宗时候的"红丸案"，熹宗时候的"移宫案"，以至汉学宋学之争，今文古文之争，孔庙配享之争，保教尊孔之争。……没有一件不是错认目标浪费口舌的小题大做，没有一件不是暴殄文字的丧心病狂。

在这些无聊的纠缠以外，中国知识分子把多余的精神用来逃避现实，他们美其名曰研究学术，其实只是另一种玩物丧志。十七八世纪的大思想家李恭，早就为这种现象做了归纳和预言：

> （知识分子）于扶危定倾，大经大法，则拱手张目投其柄于武人俗士，当明季世，朝庙无一可倚之人，（知识分子）坐大司马堂，批点《左传》。敌兵临城，赋诗进讲。……日夜喘息著书，曰："此传世业也！"卒至天下鱼烂河决，生民涂炭。

这种现象的结果是，思想上的失败，导致了他们品格上的失败，他们一方面诸善莫做，一方面扶同为恶而不自知。于是，"天下鱼烂河决，生民涂炭"的时候，再做什么，都太晚了！

中国知识分子缺乏一种重要的品质，就是"特立独行"。缺乏特立独行，自然就生出知识分子的两大方面的失败。结果变得甲跟乙没有什么不同，丙和丁没有什么两样，大家说一样的话，写一样的狗屁，拍一样的马屁。甲乙丙丁之间，至多只在面目上有点小异，在全没个性与特性上，却根本大同。

表面上看，司马光型和欧阳修型不同，其实从基本模式上看，两个小老头完全一样。他们争的，都是传统文化的解释权，看谁解释得好，使孔夫子和当今圣上高兴。打开《司马文正集》和《欧阳文忠集》，一对照，就看出他们竟那么像，像得你可以叫司马"修"，叫欧阳"光"！他们都是在传统板眼里一板一眼的顺民，他们两眼毕恭毕敬地向上看，一点也不敢荒腔走板。

中国传统最不允许荒腔走板。中国社会虽然没效率，但对收拾板眼不合的天才与志士，却奇效如神，很会封杀。这种封杀，先天就致特立独行的人于死命。这种人，绝大多数都要早夭；侥幸不早夭的，最后也难逃浩劫。伟大的明朝先知李卓吾（贽），76岁还要死在牢里，就是最杀气腾腾的例证。——他们走的路，都是道烈士之路。

所以，理论上，特立独行的知识分子，在中国很难存在，存在也很难长大，长大也很难茁壮，茁壮也很难持久，持久也很难善终。那么，这些人怎么办呢？这些人想出一个办法，就是隐居。中国第一部正史《史记》作者司马迁，这个特立独行的人，在牢里有一段悲惨生涯——被割掉生殖器；中国第二部正史《汉书》作者班固，这个特立独行的人，曾两次入狱，第一次靠他弟弟班超的面子脱罪，第二次以涉嫌叛乱死在牢里；中国第三部正史《后汉书》作者范晔，这个特立独行的人，也以叛乱罪下狱，同他一个弟弟四个儿子，一起横尸法场。范晔看出来特立独行的下场，在他的书里，他特别为特立独行的人，列了专传，就是《后汉书》里的《独行传》和《逸民传》。这种传记，变成传统，到《晋书》中变成《隐逸传》，《齐书》中变成《高逸传》，《梁书》中变成《处士传》，《魏书》中变成《逸士传》，《南史》以后都叫《隐逸传》。但这种形式的特立独行者，他们只是山林人物，只是不合作主义者，至多只能在品格上特立独行，在思想上还大有问题。换句话说，他们可惜都很笨。他们可能是特立独行的愚者，特立独行的贤者，特立独行的行者，特立独行的勇者，特立独行的作怪者，但很少是特立独行的智者。这些人在中国传统里比例极少，可说只有千万分之一。中国正史里为他们立专传，并不表示他们人多势众，只表示对他们致敬。当然，他们是消极的，消极地高蹈、消极地洁身自好、消极地不能做示众的烈士，只能做示范的隐士。但是，在乱世里，他们能自苦如此，能视富贵如浮云，能坚持信仰，坚持不同流合污，也就天大的不容易了！

20世纪以来，中国社会有了剧变，群体的趋向越来越明显，效率也越来越"科学"，古代人至多"天网恢恢"，现代人却会"法网恢恢"。古代人要表现特立独行，归去来兮以后，回家有将芜之田园，有欢迎之童仆，有寄傲之南窗，有盈樽之酒；现代人呢？什么都没有，只有管区警察。

但现代人中有一个例外，有一个"今之古人"，那就是李敖。很多伪善的读者吃不消李敖喜欢捧李敖，所以李敖谦虚一次，用一次海外学人捧场的话，来描写这个例外。《大学杂志》登过这么一段——

> 至于攻击传统文化的智识之士当中，倒有不少来自中国内地，足迹从未到过"西洋"，对于中国文史典章之通晓远在他们那点点"西学"之上的。主张"打倒孔家店"的四川吴虞便是一个典型。台北的李敖，主张"全盘西化"，那么坚决，那么彻底，然而他也从未出过洋，他对西方任何一国的语文未必熟娴流利，而他的中文已经卓然成家。更基本

的，他那种指责当道（包括学术界的当道），横睨一世的精神，完全不是"西方式"的，完全出自一种高贵的中国"书生传统"。近代愤激的中国智识之士以及若帮受他们影响的外国学者，爱讲中国历史上的文字狱与思想钳制，却忽视了中国传统书生另有一种孤傲决绝的精神，在《时与潮》发表的那篇李敖之文，便表现了这股精神。

这是很叫人赶快鼓掌的话。鼓掌以后，再看一遍，再鼓一次掌。

海外学人捧我有"一种高贵的中国'书生传统'"，他说对了。我是喜欢搬弄传统的。从14年前出版《传统下的独白》开始，到16年后出版这本《独白下的传统》，就证明我对传统有传统。为什么要这么传统呢？因为要了解中国，就不能不弄清传统。

美国人向法国人开玩笑，说你们法国人老是自豪，可是，一数到你们爸爸的爸爸，就数不下去了，为什么？法国人私生子太多，一溯源，就找不到老爸爸了。法国人也向美国人回敬，说你们美国人也老是自豪，可是一数到你们爸爸的爸爸，也数不下去了，为什么？美国人历史太短，一溯源，也找不到老爸爸了。这个笑话，说明了解历史太短的国家，就不必受传统的罪，直接了解，就可一览无余。了解只有200年历史的美国，固然要了解英国；但了解英国，只要精通北欧海盗史，就可以完工，绝不像了解中国这么麻烦。

精神分析学家看病的时候，必须使病人回忆过去；思想家、批评家、哲学家、历史家面对中国这个庞然大物，也必须如此。中国是一个充满了万年、千年、百年、几十年和十几年大量传统的民族，寿比南山。南山本是传统细壤所积，不了解钙层土（Pedocals）和淋余土（Pedalfers）的人，不了解土壤，不了解中国"钙层传统"和"淋余传统"的人，又怎么了解中国？

中国人不了解中国，中国人了解的中国只是"中国口号"；非中国人不了解中国，非中国人了解的中国只是"中国杂碎"。他们都没工夫了解中国，也没有了解中国的功夫。在这种情形下，一个有着"高贵的中国'书生传统'"的人，以"种豆南山下""悠然见南山"的心情，写下这本中国入门书，它的意义——不论是说出来的还是没说出来的——自然就非比寻常。

这是真正的"中国功夫"，这是李敖的"中国功夫"。

汉朝的开国皇帝刘邦，不喜欢知识分子，他的方法是"溺儒冠"——把将知识分子的帽子抓下来，当众朝帽子里撒尿；明朝的孤臣孽子郑成功，不要做知识分子，他的方法是"焚儒巾"——跑到孔庙向孔夫子说"各行其是！"当众把书生装烧了。这一溺一焚之间，真有学问。《旧唐书》里有"救焚拯溺"的话，借用来写中国知识分子的惶恐心情，倒也好玩。中国知识分子最缺乏"溺儒冠""焚儒巾"的气魄，读书不化，头脑不清，到处叫爸爸。这本《独白下的传统》，是一本"究天人之际，通古今之变，成一

187

家之言"的奇书，它像溺儒冠焚儒巾一样的唾儒面。有了这样的奇书，中国受苦受难的人才气象万千，才光芒万丈。

这不是写给脸上有口水的人看的书，它的写法，打破了所有格局与成例。我希望，所有受苦受难的人能看得懂又不看得困；我希望，他们透过这本书，来了解中国；也透过这本书，来了解自己。不论是贩夫走卒，不论是孤儿神女，不论是白日苦工或黑狱亡魂，他们都是受苦受难的中国人，他们是中国的生命，他们是真的中国。

1979年，经年累月足不出户之日，李敖在台湾

直笔——"乱臣贼子惧"

> 史官"直笔"的优良传统自唐朝开始失传以后，执政者一面说"以史为鉴""实事求是""说真话"，一面掩盖真相，独霸知情权，迫使老百姓说假话、空话、套话，就是没有一句人话。"直笔"，成为中国文人的"梦笔"。

孔夫子活的时候，天下大乱了，其实天下永远是大乱的。

孔夫子听说，有的做儿子的，居然杀了父亲！

孔夫子又听说，有的做臣子的，居然杀了皇上！

孔夫子气了！

孔夫子瞪了眼睛，吹了胡子。

孔夫子拿起了一支钢笔，噢，不对，那时候没有钢笔；拿起了一支毛笔，噢，也不对，那时候也没有毛笔；孔夫子拿起了的是——一把刀！

呀！孔夫子怎么会拿刀？孔夫子斯斯文文的圣人，拿刀干什么？杀他父亲吗？不是！杀他皇上吗？当然也不是！杀那杀父弑君的凶手吗？好像有点是了。

其实孔夫子不是拿刀去杀任何人，孔夫子太老了，孔夫子杀不死任何人；孔夫子是儒者，孔夫子不会杀人。

但是有人不是说吗，孔夫子当鲁国的司寇（司法行政部长兼警备司令），大权在握，第三天就杀了他的政敌"少正卯"，孔夫子不是杀人吗？

但有人说这事是假的。即使是真的，孔夫子也不必亲自操刀，因为有刽子手老爷，和刽子手老爷的鬼头刀。

那么，孔夫子拿刀干什么？

孔夫子拿刀并不是要杀人，而是吓唬人。

孔夫子拿起刀来，朝一块竹片刻去，刻了一片又一片，刻了许多字。最后，刻满

了一大堆的竹片。

这些竹片，就是孔子时代的书。

孔子时代没有笔和纸，只有刀子和竹片，刀子刻在新砍下去的青竹片上，一刻上去，竹片直冒水，像是流"汗"一样，所以叫做"汗青"。

所以，古人一提到"汗青"，就象征着书籍，也象征着历史。古人的诗说："留取丹心照汗青""独留青史见遗文"，就是这个缘故。

孔夫子"汗青"九个月，完成了一部"青史"。

这部"青史"，是中国第一部有系统的历史书，它的名字叫《春秋》。

《春秋》一共有一万六千五百七十二个字，每八个字，刻在一块竹片上，你说刻了多少片？

孔夫子写《春秋》的目的，并不是要杀乱臣贼子，而是要乱臣贼子害怕。

什么是乱臣贼子？凡是不守臣子的本分的，都是乱臣贼子。

什么是臣子的本分？臣子的本分是要乖乖地听话，要在自己的岗位上，小心翼翼地做事，不要做一点分外的事。不该你做的事，你不该管闲事。管闲事就是"越俎代庖"。

孔夫子写《春秋》，目的就是要大家个个都在自己岗位上做事，该做什么的，就做什么，不要不守本分！

可是，怪事就出在这儿，写这本《春秋》劝人守本分的人，自己就不守本分！

因为孔夫子的本分，不是"写历史的官"——史官，他没有资格写历史，《春秋》不该是他写的。就好像耗子虽讨厌，狗却不可抓耗子。

可是，孔夫子老了，他不管三七二十一，他还是写了。

他不但写，还不许别人参加意见，他的学生子夏站在旁边，两眼瞪着，一个屁也不敢放，只能帮忙搬竹片、磨刀。

孔夫子太伟大了，伟大得使学生"不能赞一辞"！

孔夫子把《春秋》写好了，双手一拍，向学生说：他知道他不该写这部书，可是希望大家原谅他。看了这部书，了解他的人，可以根据这部书了解他；骂他的人，根据这部书，也有足够的理由骂他。他自问凭良心写，管不了那么多，管不了那么多，管不了那么多。

但是，糟糕的是，孔夫子自己，却没完全凭良心——孔夫子在《春秋》里，竟做了好多好多的手脚。

孔夫子是春秋时代鲁国人，在《春秋》所记的240年中，鲁国的皇帝，四个在国内被杀，一个被赶跑，一个在国外被杀，这样六件重大的事，孔夫子竟在《春秋》里，一个字也不提。这哪里是写真相呢？这不是有意说谎吗？

正因为孔夫子在有意说谎，所以，他的学生们，也就跟着造谣，竟说："鲁之君臣，未尝相弑"！意思是说："我们鲁国呀，没有家丑。皇帝和臣子之间，没有凶杀案！"

像这一类有意说谎的例子，还多着呢！

如狄国灭了卫国，孔夫子为了替齐桓公遮盖，竟把这样一件大事，一笔带过，写也不写。

又如晋国诸侯竟传见周朝的皇帝，这是很不成体统的事，孔夫子为替晋文公遮盖，他竟改变一种写法，与事实的真相，差了十万八千里。

孔夫子为什么要做这些有意说谎的行为呢？研究他的原因，乃是由于孔夫子主张——

> 为尊者讳
> 为亲者讳
> 为贤者讳

换成白话，是——

> 为所尊敬的人瞒瞒瞒
> 为亲人瞒瞒瞒
> 为贤者瞒瞒瞒

孔夫子写书的目的，本是要把那些他看不惯的人的行为，记入青史的；但是人总是有缺点的，连孔夫子所尊敬的人、他的亲人、贤者也不例外，竟也有使人看不惯的行为出现，如果孔夫子不管三七二十一，把这些看不惯的行为，一股脑儿写进去了，那么人家一看到，对"所尊敬的人"，对"亲人"和"贤者"的敬意，也就大打了折扣。所以，孔夫子呀，宁愿说谎。这种在历史上说谎，有一个专名词，叫做"曲笔"。"曲笔"就是该直着说的话，要把它歪曲了来说。相反的，有什么，就说什么，该怎么说，就怎么说的做法，也有一个专名词，叫做"直笔"，就是正直的笔。

孔夫子写《春秋》，本来是要用"直笔"来使"乱臣贼子"害怕的，但是写来写去，他竟写出那么多的"曲笔"，可见写"直笔"是多么不容易！

孔夫子主张写"直笔"的意思，并不是他发明的，在孔夫子以前，中国早就有了这种传统。中国字历史的"史"字，最早的写法是——

上面是"中"字，下面是"右"字，就是"手"字。用"手"把持住"中"字，是什么意思，你就不难明白。

这个"史"字，一开始的意思不是指"历史书"，而是指"史官"。"史官"在上古时候，是地位很重要的一种官，他掌管天人之间的许许多多的事，像天时、历法、预言等等，做史官的，都脱不了份。后来史官的权力渐渐缩小，缩小到只记录国家大事。史官的名目很多，像"大史""小史""内史""讲史""左史""右史"，记录的范围从日月星辰变化，直到内政外交，皇帝的一举一动，都逃不过史官的刀尖（不是笔头）。

现在举一个"皇帝的一举一动，都逃不过史官的刀尖"的例子：周朝成王小时候，曾跟他的弟弟叔虞一块玩，成王用树叶刻了一块"珪"（"珪"是刻图章用的一种玉，皇帝给别人官做，要给印，就是"珪"），然后随手把这片树叶送给他弟弟，说："拿这个封你！"这时候史官在旁边，一听就记下来了。后来史官请成王真正去封他弟弟，成王奇怪了，问为什么？史官说某月某日，你拿树叶刻图章给你弟弟，不是说要封他吗？成王说，我是开玩笑的！史官说："天子无戏言，言，则史书之，礼成之，乐歌之。"这样一来，成王只好封他弟弟了。

这个故事发生在2000年前，成王的弟弟被封后，成立了一个新国家，就是晋国。

现在流行的口号是"司法独立""教育独立"，古代若有流行的口号，该是"历史独立"。在古代的史官，他们的地位可说是相当独立的；不但独立，还可以照史官的意思，来写他判断的事实。最有名的例子是文天祥《正气歌》中所说的"在齐太史简，在晋董狐笔"。

公元前607年，晋国的灵公，被赵盾的弟弟赵穿杀死了。晋国的史官叫董狐，他竟在史书上写道：

赵盾弑其君

赵盾跑过来，质问董狐说："董先生，你写错了罢？明明是我弟弟赵穿杀了皇帝，你怎么写我呢？"董狐说："你是朝廷大员，这件事情发生的时候，你躲在外面，可是没出国门；你回来了，又不追究凶手。你还脱得了干系吗？杀皇帝的不是你，又是谁呢？"于是赵盾心虚了，只好让董狐这样写，没法子。（当时赵盾真可以杀董狐一刀或一百刀，可是他太"笨"，没想起来干涉历史，所以就背着恶名，一背2500多年！）

董狐的例子，就是上面所说的史官"不但独立，还可以照史官的意思，来写他判断的事实"。

孔夫子就称赞过董狐，说他"书法不隐"，就是直笔写历史，不隐瞒什么。只可惜孔夫子自己，却是个"书法每隐"的家伙！

董狐这件事情过后59年，齐国又发生了皇帝被杀事件。凶手是大臣崔杼。于是史官又来了，史官叫太史，他写道：

崔杼弑庄公

崔杼可没有赵盾那种好脾气，他光火了，立刻把史官杀掉！可是，事情却没完。史官的弟弟来了，还是这样写：

崔杼弑庄公

崔杼又气了，又杀了一个。

可是，事情还没完。史官的弟弟的弟弟又来了，又这样写：

崔杼弑庄公

崔杼更气了，又杀了史官的弟弟的弟弟。

可是，事情还没完。史官的弟弟的弟弟的弟弟又来了，又这样写：

崔杼弑庄公

于是，崔杼不气了，泄气了，他只好认输，不杀了，让史官随便写罢！（史官到底兄弟多，所以他们赢了！这样看来，兄弟少的，最好别干这一行。）

如果崔杼不泄气，硬是要把史官的兄弟都杀光，那可怎么办？别忙，史官还是有办法，齐太史只是"北史氏"，当时还有"南史氏"。南史氏听说崔杼杀史官，立刻跑去，也要歪着脖子，接着写直笔。后来看到齐太史家的老四成功了，南史氏才打道回府。

由此可见，史官的"人海战术"也蛮可怕，它叫你来个杀不杀由你，写不写由我，看你拿武士刀的，把我这拿刻竹刀的怎么办！

又由此可见，史官不但是独立的，并且还是家族企业的，父亲传儿子的。

历史上为直笔而使脑袋搬家的，并不少见。前赵昭武皇帝（匈奴人）时候，公师彧就因写国史被杀；北魏道武皇帝（鲜卑人）时候，崔浩也因为写国史被杀。但尽管有这一类干涉历史的例子，究竟不能算是"正宗"。在正宗上，皇帝还是要尊重史官的。公元6世纪的一个皇帝，就向一个著名的史官魏收说："我后代声名，在于卿手。"又一个皇帝，也向魏收说："好直笔，勿畏惧！我终不做魏太武（北魏道武皇帝）诛史官。"这些都是皇帝尊重史官的说话。

本来，在制度上，史官的独立，使皇帝都不能看他写的历史（历史是要留给后人看的）。凡是尊重制度的皇帝，没有不守这道行规的。甚至汉朝最凶狠的皇帝汉武帝，也不看史官司马迁写的《史记》，所以《史记》中才能批评他。到了后汉时候，王允就埋怨"武帝不杀司马迁，使谤书（指《史记》）流于后世。"其实王允不知道，光就这一点，说明了汉武帝尊重史官，遵守制度。

这种制度，到唐朝以后，开始动摇。唐朝的一些皇帝，总忍不住要看史官写些什么。（看看骂老子没有？）这么一来，慢慢地，史官就不敢直笔了。

在史官的历史发生问题以后，在民间，有一些"野史"出来，表现直笔。当朝的皇帝虽一再警告、查禁，可是总不能斩草除根。"若想人不知，除非己莫为。"统治者做了坏事，要瞒，是瞒不了的；要烧，是烧不光的。"流芳"呢，还是"遗臭"？历史总不会放过他。

提倡写"直笔"的孔夫子，当他竟也骗人，写了"曲笔"的时候，历史上，也留下他的纪录。历史是不讲感情的，讲感情便不是真历史。历史只讲求真相，由求真的人，不断地、千方百计地记载它的真相。古往今来，许多坏蛋们想逃过历史，改变历史，可是他们全部失败了。历史是一个话匣子，坏蛋们怕人说话，可是历史却说个没完。坏蛋们真没法子。

谏诤——"宁鸣而死，不默而生！"

中国的谏官可敬又可悲，为了说一句真话，要冒着掉脑袋的危险。西方学者认为，知识分子的功能，就是批评政府。但是中国知识分子的传统功能常常是粉饰太平。

中国古代的政府是专制政府，专制政府的代表人是皇帝。

皇帝是被尊为"天子"的人，"天子"是上天的、老天爷的儿子，来头极大，大家都怕他。

皇帝的权力很大，大到有时候连他自己也弄不清有多大。因为连他自己也弄不清，所以，他常常要试试看，看自己的权力到底有多大。所以，他要做很多事，要对付很多人，甚至要代表老百姓，跟"鬼神"和"自然"打交道。关于最后一项，皇帝的权力就显得很小很小，因为"鬼神"和"自然"并不买他的账。比如说，天不下雨了，麦子都干了，皇帝的表现就是向'鬼神'和"自然"求雨，求呀求的，碰到他运气好，雨来了，于是老百姓就说皇帝很行；若碰到运气不好，任凭你怎么求，雨还是不来，皇帝也无所谓，他还是照样做他的皇帝——绝不让你做。

所以，在历史上，很多人做了皇帝，很多人想做皇帝。因为做皇帝太过瘾了，做皇帝权力很大。

皇帝由于权力很大，当他做一件对的事的时候，他会把一件事做得很好很好；当他做一件错的事的时候，他会把一件事做得很坏很坏。

一般傻头傻脑的小百姓都以为：皇帝的身份，既是上天的儿子，一定有一种"天纵之圣"，有一种天才与聪明，可以把一切事都做得很对。

对这种情形，不但傻头傻脑的小百姓以为如此，就是一些皇帝自己，也以为如此。他们真的以为他们是天才的化身，他们不会做错事。

于是，做呀做的，结果许多错事竟做出来了！

于是，为了使皇帝少做一点错事，一种制度便慢慢冒出来了，这种制度，叫做"谏官"制度。

"谏"，是一种劝告，"谏官"，是一种专门管劝告皇帝的官。这种官劝告皇帝不要做错事，劝告皇帝在做一件事前多想想，再想想。他们整天跟在皇帝身边，到处找皇帝的错。找到错以后，便提醒皇帝。

这种谏官，有许多种。有的叫"拾遗"，意思是把皇帝"遗"忘的东西"拾"起来，免得因遗忘而做错了事。

唐朝有一个大诗人，叫杜甫，他就做过这种"拾遗"的小官。

"拾遗"真是小官。为什么要把拾遗设计成小官呢？因为拾遗要给青年人做，青年人有火气，比较不老油条，看不惯的，就要说出来。一说出来，"谏官"的目的就达到了。因为谏官一类的职务，本来就是有话就要说的官，本来就是张开嘴巴哇哇说话的官。为了使谏官肯说话，敢说话，不怕一切后果和损失，所以给他们的职位，便越小越好，一个人做了一个小官，便不在乎得失，大不了不干，不干就不干，一点儿也不会有恋栈惋惜的心情。官越小，便越敢说话，所以谏官都是小官。

除了"拾遗"以外，还有一种小官叫"补阙"，表示要替皇帝弥补过失；还有一种小官叫"司谏"，表示专门管谏净的事；还有一种小官叫"正言"，表示向皇帝说正确的话。总之，这一类的小官们，名目很多。不管什么名目，他们的使命，统统都是向皇帝进忠告；他们的做法，统统都是挑皇帝的错。

当然，古代傻瓜们挑皇帝的错，并不止于"谏官""拾遗""补阙""司谏""正言"这一类的小官，一般大臣们，他们也可以劝皇帝。劝得成功，大家都高兴；劝得不成功，他一个人倒霉。

就人之常情而论，没有人喜欢在他做一件事的时候，旁边插了个多嘴的人来捣蛋，何况这个多嘴的人还是要你给他薪水的。做皇帝的也不例外。做皇帝的有大权力，他本可以把向他多嘴的人杀掉或赶跑，或者按在地上打屁股，但他要忍耐着不这样做，这种忍耐，的确需要一点功夫。

古代皇帝中越有忍耐功夫的，越会被人称赞，他们接受臣子们劝告，或者虽不接受，但有耐心听听，就会被称为好皇帝。他们这种作风，就被称为"纳谏"，翻成白话，是接"纳""谏"言；如果皇帝不接受臣子们的劝告，也有一个名词，叫做"拒谏"，翻成白话，是"拒"绝"谏"言。谏言拒绝多了，或者因为谏言而发脾气、赶人、打人、杀人，这种皇帝，历史上就叫做"昏君"，是坏皇帝。

中国历史上最早的"拒谏"传说，是殷朝的比干的故事，比干因为劝皇帝，皇帝气起来了，下命令挖掉他的心，当时的皇帝叫商纣，所以以后一提到"拒谏"的坏皇帝，大家就说商纣考第一。（有一次，汉朝的高祖被大臣周昌骂作商纣，可是他没生气，他没生气，就表示他不是商纣。）

中国最有名的"纳谏"例子，是皇帝唐太宗和谏官魏徵。魏徵在唐太宗生气的时候，也不怕，也要劝他，在这种"紧要关头"（紧要关头是指有的皇帝就要因忍耐不住而赶人、打人、杀人的关头），唐太宗却常常把气按住，不生了。

唐太宗和魏徵之间，常常有一些有味儿的故事：

有一次，唐太宗要到南山去，都准备好了，刚要出发，魏徵来了，唐太宗立刻装作没事的样子，因为他知道魏徵是反对他去南山的。但是魏徵很直爽，他问："听说皇上要去南山，怎么没走呢？"唐太宗说："本来是要走的，因为怕你生气，所以决定不走了。"

又有一次，唐太宗正在玩一只鸟，正好魏徵进来了，唐太宗怕给魏徵看到他在玩，不好意思，赶忙把鸟藏在胸前的衣服里。魏徵说了一大堆话才走，唐太宗赶紧把衣服解开，可是鸟已经闷死了。

关于魏徵的故事，后代的人都很向往。有一天，元朝的英宗跟大臣拜住说："我们这个时代，可还有像唐朝魏徵那样敢说话的人吗？"拜住回答说："什么样的皇帝，才有什么样的大臣。一个圆的盘子，水放进去，是圆的；一个方的杯子，水放进去，是方的。因为唐太宗有度量肯'纳谏'，所以魏徵才敢说真话，才肯说真话。"元英宗听了，很以为然。

所以，还是皇帝重要，碰到一个坏皇帝，你乱多嘴，脖子上不挨刀，那才怪！

有一部古书，它是中国的"十三经"之一，叫《礼记》，里面有一段话，是告诉做臣子该如何劝皇帝的。《礼记》说：

> 对皇帝，你要劝他；他不听，再劝他；再劝不听，第三次劝他。第三次劝他他还不听，你就逃掉算了；但是对你的爸爸妈妈，你的态度就要不同了。对父母，你要劝他；他不听，再劝他；再劝不听，第三次劝他。第三次劝他还不听，你不能逃掉，你要哭哭啼啼地跟着他，到他听了你的话为止。

《礼记》这一段指示，其实许多古人都没听它。古人中有的劝皇帝，劝一次皇帝不听，就吓得不敢再劝了；有的劝三次不听，他还是要劝，甚至要哭哭啼啼起来。

宋朝光宗的时候，他忽然不想上朝了。可是大臣们去请他，请得没法，他只好出来，走到门口，忽然皇后把他拦住，说："天好冷啊！我们喝酒去嘛！"皇帝一听，就又不朝前走了。这时候，有一个大臣叫傅良的，立刻跑上前去，不管三七二十一，伸手拉住皇帝的衣服，不让他回去喝酒。皇后气起来了，大骂说："你是不是要找死？"傅良听了，立刻哭哭啼啼地说："君臣如同父子，儿子劝父亲不听，一定要哭哭啼啼地跟着他！"

这个故事，说明了古代劝皇帝的人，并没有一定的中央标准局劝法，并不如《礼记》所要求的，劝三次不听，就逃掉。

有些古代的臣子，他们劝皇帝，常常采取激烈的法子。有的拉皇帝的衣服，有的拉皇帝的马；有的要表演自杀；有的拼命磕头，磕得满脸是血。有的皇帝对劝他的人很讨厌，为了怕人劝他做某件事，干脆在做某件事之前，先来他个声明，声明的文字常常是——

> 有谏即死，无赦！
>
> 翻成白话是："不要劝我呀！谁劝我我就宰谁，绝不饶他！"
>
> 敢有谏者，斩！
>
> 翻成白话是："谁敢劝我，就砍谁的脑袋！"

做皇帝的，本以为这样"有言在先"，应该不再有人多嘴了，应该把那些长舌头的男士们吓唬住了，这样一来，应该少去不少麻烦了。可是呀，没用，还是没用，还是有一些敢死队前来冲锋，来把脖子朝皇帝的刀下塞。例如楚国的庄王，说了谁谏就杀谁的，可是苏纵还是要去劝他；又如晋国的灵公，也说了谁谏就杀谁的，可是孙息还是要去劝他。做皇帝的，简直气得没法。

有些大臣看到皇帝做错事，劝他不听，常常要用无赖的方法去阻止。汉朝光武帝，本来要出去玩玩的，刚上车，大臣申屠刚劝他不要去，申屠刚的理由是：天下还没平定，你皇帝大人怎么好去玩？光武帝不听，下令开车，申屠刚见皇帝不听，立刻趴在地上，把头塞在车轮子里，意思是说："你要不听我的，我就不要活了！你干脆用车把我压死算了！你压呀！你压呀！"这么一来，光武皇帝服了，只好不去玩了。

宋朝徽宗的时候，有一次大臣陈禾向皇帝说话，皇帝听得不耐烦，气得站起来了，陈禾立刻跑过去，拉住皇帝的衣服，说："请听我讲完。"皇帝不听，硬是要走，陈禾非要他听，硬是拉住不放，结果裂帛一声，皇帝的衣服被撕破了，皇帝大骂："你看，你把我衣服弄破了！"陈禾说："你为了不听我的话，不在乎衣服；我为了使你听我的话，也不在乎脑袋！"皇帝很感动，特别叫人把被撕破的衣服保存起来，当做纪念品，当做一种鼓励和象征。

像这类当做纪念品，当做一种鼓励和象征的事，宋徽宗是有根据的。汉朝成帝的时候，一个叫朱云的，本是陕西地方的一个小官，但他要求见皇帝。在大庭广众之间，皇帝接见了他。朱云说："现在朝廷的大臣，都是占着职位吃白饭、不管事的，都不能帮皇帝的忙，我请求皇帝给我一把剑，杀个坏大臣，好给这些人一点警告。"皇帝一听，气起来了，说："这个小官，居然在朝廷上侮辱大臣，杀掉他！"

于是左右的人跑来抓朱云，朱云用手攀住宫殿的栏杆，死不肯放，别人用力一拉，结果连坚固的栏杆都给弄断了。朱云大叫说："我这回可跟比干等忠臣一起到地下去云游了，只不知道你们可怎么办！"这时候，叫辛庆忌的将军，立刻跑到皇帝前面，磕起头来，他说："这个小官太直爽了，如果他的话说得对，不该杀他；如果说得不对，我们应该包容他。我愿意以一条老命，来为朱云争取他的命！"话说完了，辛庆忌就唪唪唪唪磕起头来，磕个没完，磕得满头是血。于是，皇帝气消了，说算了。后来木匠要来换栏杆，皇帝说："不要换了，补一补就好了！就让它那个样子，作为一种鼓励，一种象征。"

还有一种情形，表面上，皇帝准许臣子可以有话直说，原因却不是由于皇帝度量大，而是怕外国人知道了，不好看。明朝仁宗时，大臣戈谦劝他不听，旁边有人拍皇帝马屁，知道皇帝讨厌戈谦，特进马屁要求把戈谦赶走，皇帝同意了；这时候，一名叫杨士奇的，立刻劝皇帝说："现在外国人来朝见皇帝的很多，这件事若传到外国云，洋鬼子们就要说我们没有度量，没有自由了，这是不好的。"于是皇帝就算了。

另外一种情形，皇帝宽大是为了怕历史，怕历史家记他的不好。宋朝的太祖赵匡胤，喜欢打鸟。（那时候没有猎枪，用的是弹弓。）有一天，玩得高兴，左右报告说，有大臣为了急事来求见，皇帝叫人把这个大臣叫进来听报告，听了半天，只是普通的事情。宋太祖气了，他问："为什么这种普通的事现在来报告？"那大臣答说："我认为这种事并不普通，至少比打鸟还重要！"皇帝更气了，立刻拿家伙打这大臣的嘴，结果门牙两颗，打掉在地下。那个大臣一句话也不说，只是弯下腰来，把门牙捡起，往口袋里一放。皇帝奇怪了，问他说："你捡门牙，是不是要到法院告我？"那大臣说："我怎么敢告皇帝？这件事，自然会有历史家去写！"皇帝一听，笑起来了，下令送这大臣许多钱，表示抱歉。

历史上关于臣子劝皇帝的故事，很多很多。为劝皇帝而挨刀流血的也很多很多。可是一些不要命的臣子，还是要一个接一个，劝个没完。宋朝一位做过谏官的，叫做范仲淹，他曾有过"先天下之忧而忧，后天下之乐而乐"的名言。他还作过一篇《灵乌赋》，高叫作为知识分子的人，要——

宁鸣而死，

不默而生。

表示一个人只有为"鸣"不计一切，才算是一个人。一个人要宁肯为"鸣"而死，也不要因沉默而活。在中国历史上，向皇帝谏诤的人，理由并不见得正确，目标也不见得远大，但是他们的基本精神则是一致的。那基本精神就是：

看到坏的，我要说；

不让我说，不可以！

附　记

有人拿谏诤事实与制度来比拟言论自由的事实与制度，这是比拟不伦的。谏诤与言论自由是两回事。甚至谏诤的精神，和争取言论自由的精神比起来，也不相类。言论自由的本质是：我有权利说我高兴说的，说的内容也许是骂你，也许是挖苦你，也许是寻你开心，也许是劝你，随我高兴，我的地位是和你平等的；谏诤就不一样，谏诤是我低一级，低好几级，以这种不平等的身份，小心翼翼地劝你。

吃人——动物吃人，人也吃人

"吃人"，在鲁迅笔下是理性判断，李敖在此提供了触目惊心的事实佐证。

你一定看过中国的一部小说《水浒传》，《水浒传》第二十七回是——

母夜叉孟州道卖人肉

武都头十字坡遇张青

这回里的"母夜叉"是指孙二娘，她开了一家黑店，"……盖些草屋，卖酒为生。实是只等客商过住，有那入眼的，便把些蒙汗药与他，吃了便死，将大块好肉切做黄牛肉卖，零碎小肉切馅子包馒头。"

在第三十二回里，你又可以看到宋江被强盗抓住后，强盗王矮虎大叫说："孩儿们，快动手取下这牛子（指宋江）的心肝来，造三份醒酒酸辣汤来！"

在第四十三回里，你又可看到"黑旋风"李逵在杀掉"假黑旋风"李鬼以后，"三升米饭早熟了，只没菜蔬下饭。李逵盛饭来，吃了一回，看着自笑道：'好痴汉！放着好肉在面前，却不会吃！'拔出腰刀，便去李鬼腿上割下两块肉来，把些水洗净了，灶里抓些炭火来便烧，一面烧一面吃。"

这个吃人肉的李逵，早在《水浒传》第四十回里，就吃了人肉了："只见黑旋风李逵跳起身来，说道：'我与哥哥动手割这厮！我看他肥胖了，倒好烧吃！'晁盖道：'说得是。'教——'取把尖刀来，就讨盆炭火来，细细地割这厮，烧来下酒，与我贤弟消这怨气。'李逵拿起尖刀，看着黄文炳，笑道：'你这厮在蔡九知府后堂且会说黄道黑，拨置害人，无中生有，搠撺他！今日你要快死，老爷却要你惨死！'便把尖刀先从腿上割起。拣好的，就当面炭火上炙来下酒。割一块，炙一块。无片时，割了黄文炳，李逵方才把刀割开胸膛，取出心肝，把来与众头领做醒酒汤。"

另一种等于吃人肉的，是用人肉来祭死人。如《水浒传》第二十五回，武松对他哥哥武大郎，"将两颗人头供养在灵前" 第六十七回"将史文恭剖腹剜心，享祭晁盖"等，都属这一类。

上面这些吃人肉的故事，有的原因是经济的（像卖人肉的孙二娘），有的是饥饿的（像吃李鬼的李逵），有的是嗜好的（像要吃宋江肉的王矮虎），有的是仇恨的（像以人头祭死人）。吃人肉的原因，各有不同，唯一相同的是：人不但吃动物的肉，还要吃人的肉；不但动物吃人，人也吃人。

吃人肉的事，经济的和饥饿的两种原因，本来很接近。以汉朝为例，单就《汉书》《后汉书》《资治通鉴》里，我们就可看到这些吓人的纪录：

一、汉高祖二年（公元前205）——"人相食，死者过半。"

二、汉高祖二年（公元前205）六月——"关中大饥……人相食。"

三、汉武帝建元三年（公元前138）——"河水溢于平原，大饥，人相食。"

四、汉武帝建元六年（公元前135）——"河南……父子相食。"

五、汉武帝元鼎三年（公元前114）——"关东郡国十余，饥，人相食。"

六、汉元帝初元元年（公元前48）——"关东郡国十一，大水，饥，或人相食。"

七、汉元帝初元二年（公元前47）——"琅琊郡人相食。"

八、汉成帝永始二年（公元前15）——"梁国平原郡……人相食。"

九、汉王莽天凤元年（公元14）——"缘边大饥，人相食。"

一〇、汉王莽地皇三年（公元22）——"关东，人相食。"

一一、汉王莽时——"北边及青徐地，人相食。"

一二、汉光武帝建武元年（公元25）——"民饥饿，相食。"

一三、汉光武帝建武二年（公元26）——"三辅大饥，人相食。"

一四、汉安帝永初二年（公元108）——"州郡大饥……人相食。"

一五、汉安帝永初三年（公元109）三月——"京师大饥，民相食。"

一六、汉安帝永初三年（公元109）十二月——"并凉二州大饥，人相食。"

一七、汉桓帝元嘉元年（公元151）——"任城梁国饥，民相食。"

一八、汉桓帝永寿元年（公元155）——"司隶冀州饥，人相食。"

一九、汉灵帝建宁三年（公元170）——"河内人妇食夫，河南人夫食妇。"

二〇、汉献帝兴平元年（公元194）——"人相食啖。"

二一、汉献帝建安二年（公元197）——"江淮间民相食。"

上面随手所举的例子，都是中国人吃人的历史。这些残忍现象的发生，主要的原因是荒年。还有一些人为的因素，最明显的，就是战争。

唐朝"安史之乱"，张巡、许远的部队，被安禄山的军队包围在睢阳。后来因为被包围得太久了，东西都吃光了，战马、老鼠、麻雀等等都吃光了。于是大家互相换小孩子来吃（不忍吃自己的，所以互换）。小孩子吃光了，张巡竟把他的姨太太杀掉，他对守城的军人说："你们为国家拼命，好久没东西吃，可是你们仍旧忠贞。我自己的身体不能给你们吃，岂能可惜一个女人吗？"于是，从吃张巡的姨太太开始，大家又拼命吃女人。女人吃光了，又吃男人。全睢阳城一共有六万人，最后被安禄山攻破的时候，只剩下几百人了。（张巡这种杀亲人吃亲人的做法，当然很有问题。因为守城的目的是抵抗"没人性的"叛军。但是自己竟连老婆都吃掉，所谓人性，又在哪里？）

又如唐朝僖宗的时候（886），杨行密围住广陵城（现在的扬州），一围就是半年。城里的人都饿得吃不消了。军队公开抓人来卖，捆起来，像杀猪一样的杀了吃肉。这又是一个残忍的例子。

像这一类的例子，还多着呢！

唐朝昭宗天复二年（902），凤翔城被朱全忠所围，城里公开卖起人肉来。人肉的价钱不如狗肉，狗肉每斤五百钱，人肉每斤只一百钱。

宋朝高宗绍兴三年（1133），杭州也有吃人肉的场面，同时还有了称呼：瘦的男女叫"饶把火"，女孩子叫"下羹羊"，小朋友叫"和骨烂"，这些被吃的人，统一被称作"两脚羊"。

清朝仁宗嘉庆六年（1801），四川人罗思举的部队缺粮，于是开始吃俘虏，一共吃了3500多人！

上面最后一个例子是指吃敌人的肉。在历史上，这种情形也很多。春秋、战国时候，早就有这类事实。战国时候，中山君对于私通外国的臣子，就要吃他的肉，还要一个人独吞，不分给别人。

汉朝王莽被杀，几十个人抢着吃他。

梁朝侯景死了，身体也被老百姓分吃。侯景的参谋王伟，也被公开烹掉，再被老百姓分着吃了。

隋朝炀帝把叛臣斛斯政烹死，把肉分给百官吃。

隋朝关西地方的薛仁杲，恨庾立不肯投降，把庾立放在火上割掉，肉分给军人吃。（庾立是文学家庾信的儿子。）

隋朝的张金称，本在河北作乱，被官兵抓住，把他绑在架子上，由他的仇人吃掉。

唐朝武则天时候，一个凶狠的官吏来俊臣被斩，他的仇人争着吃光他的肉。

唐朝玄宗时候，宰相杨国忠（娇滴滴的杨贵妃的哥哥）被军人杀掉，因为大家恨他，所以给吃掉了。

后晋时候，张彦泽被处死，老百姓抢着喝他的脑髓，又把他的肉吃光。

元朝世祖时候，一个叫阿合马的讨厌鬼被杀，当地军民高兴极了，大家分他的肉，全部吃光。

明朝武宗时候的太监刘瑾（电视剧中《法门寺》的主角），被杀的时候，老百姓恨他已极，竟花钱买他的肉来吃。

这些都是因仇恨而吃人肉的例子。

还有一种是嗜好性的，这些都是极残忍的坏蛋。例如唐朝的大盗朱粲，就是个吃人精。他专门烹吃小孩子，也吃女人。他竟说："食之美者，宁过于人肉乎！"他的感觉是：天下最好吃的东西，就是人的肉！

还有一个吃人精，是五代时候的赵思绾。他最喜欢人肝，还喜欢用酒吞人胆。他迷信吃人胆可以使自己胆子大，他说："吞此千枚，则胆无敌矣！"

这一类的吃人精，历史上还有很多很多。最残忍的是元朝时候的"淮右军"。这种军队最喜欢吃人。他们的吃法是把人捆在铁架子上生烤，有的用开水来烫熟。残忍的程度，真没法写出来。

除了上面各种吃人肉的情形外，另有一种特殊的例子，就是为了治病的理由。原来在中国的传统里，有一种迷信，叫做"割股救亲"，就是认为在一个人生病的时候，若想病好，非得吃病人自己亲人的肉不可。这种认为人肉可以治病的迷信，是唐朝开始的。唐朝有一个叫陈藏器的，写了一本医书叫《本草拾遗》，里头指出人肉可以治病。此后慢慢流传的结果，一班傻东东的小百姓也就真的相信起来。在爸爸妈妈公公婆婆生病的时候，就会有孝子孝媳们出来，用刀"割股"（割大腿上的肉），妄想用自己身上的肉，可以对亲人的病，有一点帮助。他们的用心是好的，却是蠢的。

历史上关于割股治病的事，举不胜举。宋朝就有朱云孙的太太刘氏，她的婆婆第一次生病的时候，由她的丈夫割股；第二次生病的时候，就由她自己割股了。在《宋史》里头，她是"孝妇"。

接着在元朝，也有这一类的例子。《元史》就记载着河南的秦氏姐妹，为了替爸爸治病，姐姐竟舀出自己的脑浆，妹妹也割下大腿的肉。脑浆是用来熬药，大腿肉是用来煮粥，你说这种行为蠢不蠢？

元朝还有割胁肉来为亲人治病的例子。割胁肉的人名叫胡伴侣，为了治爸爸的病，才这样做的。这种行为，还特别得到政府的奖励，你说这种政府蠢不蠢？（当时政府的奖励，除了荣誉奖以外，还给绢五匹，羊两头，田一顷。）

割股的行为，虽然动机是"孝"，但是跟中国传统的"孝"的观念比起来，却是冲突的。中国传统的"孝"的观念是：一个人的身体、头发、皮肤，都是爸爸妈妈传给他的，他不能也不敢毁了它们。这种行为的最有名代表人是曾参（曾子）。曾子临死以前，还战战兢兢地把自己全身检查了一番，发现没短少什么，没毁坏什么，才觉得对得起自己的爸爸妈妈，才放心地死去。还有一个例子是三国时候的一个将军，传说他在作战时候，眼睛被一支箭射中了，他赶快一拔，眼珠子都被拔了出来。他当时大叫说："身体是爸爸妈妈给的，不能丢掉，所以这颗眼珠子，我把它吃到肚里去！"说着，就吃下去了。

既然传统的"孝"的标准是不敢毁伤身体，"割股"的行为，当然是和这标准冲突的，所以这种行为，一方面可说是"孝"，一方面又可说是"不孝"。于是政府的处境，便感到很困难。纪元1270年，元朝政府想出了一条法律，决定"今后遇有割股之人，虽不在禁限，亦不需旌赏"。这意思很明白，政府是决定既不阻止，也不奖励了。

到了明朝、清朝，也沿着元朝，定了很类似的法律，但是实行得并不彻底。政府有时候，还是要对这些愚蠢的孝子们"加恩准其旌表"——政府还是忍不住要鼓励！

上面这种割股的例子，有的不仅限于为亲人治病，有的竟还有政治作用在内，因而间接影响了历史。春秋时候，晋文公在外面逃亡，他的大臣介之推，就割过大腿上的肉，给晋文公吃。另一个最富有政治作用的例子，是清朝的西太后。西太后就是慈禧太后，她虽是咸丰皇帝的老婆，但不是大老婆，大老婆是慈安太后。传说咸丰皇帝临死前，怕慈安被慈禧欺负，特别给慈安一个密令，内容说如果慈禧欺负人，就可以把她宰掉。咸丰皇帝死后，慈禧对慈安非常尊敬，目的就是要骗慈安，使慈安毁掉那个密令。有一天慈安病了，慈禧竟在胳膊上割下一块肉来熬药，送给慈安吃。慈安很感动，认为慈禧简直是她的亲姐妹，对亲姐妹，还要密令干吗？决定把密令烧掉。谁想到慈安把密令一烧，慈禧再也不买她的账了，再也不听话了。后来传说慈安的暴毙，还是被慈禧下的毒。说来说去，这一切，都是当时吃人肉惹来的麻烦。

总之，吃人肉，不管是什么理由，都是一件荒唐的事情，真没想到这种荒唐的事情，竟在中国历史上，有着那么多血淋淋的记录。现在人唱《满江红》，唱到"壮士饥餐胡虏肉，笑谈渴饮匈奴血"，竟然洋洋自得，大概是传统老毛病的发作吧？不然的话，怎么这样莫名其妙？

李锐

中国文人的"慢性乡土病"①
——由"悯农"与"田园"谈起

衣履光鲜的诗人爱吟"悯农"诗，生活在城里的文化人爱唱"田园"歌。历代文人合力制造了一个虚假的田园来安放自己奴性的灵魂。李说名之"慢性乡土病"。怎样看待农村与文学、田园与自然，这是一个新视角。

李锐（1950年生），当代作家。生于北京，祖籍四川。著有《厚土》《旧址》《无风之树》《太平风物》等。

不知从什么时候起，中国当代文坛上有了"农村题材"这个极其含混的提法。按照这个提法，凡写了农村或农民的作品都是"农村题材"。写过《小二黑结婚》的赵树理，写过《王贵与李香香》的李季和写过《老井》的郑义，写过《红高粱》的莫言，都可以放进这个宽松的框子。若照此类推，中国历史上所有杰出的大诗人苏轼、陆游、杜甫、白居易、陶渊明等等的许多作品也都可冠之以"农村题材"的称谓。甚至连中国文学史上最早的经典《诗经》中的"风"，也大都写的是"农村题材"。乍一看颇有些不伦不类的滑稽，仔细想想，我们这个有着五千年文明的古国，可不是只有农民和农民式的喜怒么？——这真是一个举世罕匹的悠久的农村；这真是一块万劫不复的广阔的乡土。在中国文学史上，关于农村和农民的描述真是多得难以计数。几乎在所有中国大诗人的笔下，除了"感怀"而外，写得最多的便是"悯农"诗和"田园"诗了。他们不仅在社会行为和人格行为遵照着农业文明的模式，作为文人作为艺术家，他们更经常也是更刻骨地通过自己的诗歌，强烈地抒发出他们对于乡土的五体投地的认同。那些千百年广为流传的诗句，和那个也是千百年而不变的乡土的历史，牢牢地铸就了中国人几乎是不可改变的深层心理结构。任何一个普通的人都会在嘴边上挂一两句"悯农"或是"田园"的诗。即便他目不识丁，即便他"不知有汉，无论魏晋"，也依然会在心理上准确无误地，依照"悯农"或是"田园"的眼光，打量自己眼前的世界。当这乡土二字在现代文明的冲击下，变成了落后与守旧的同义语的时候，那些深藏于心的"悯农"和"田园"也在不期然之中，变成为中国文人身上的"慢性乡土病"。现在已经不会有谁再去写什么"悯农"或是"田园"的诗句，但那个潜在的感情方式，却更为曲折又更为无孔不入地渗透到当代中国作家的字里行间。最可令人反省的是：当作家们的这种入微的情绪或是复杂的心理表达出来的时候，和他们产生最强烈共鸣的却都是些衣冠楚楚的"城里人"，都是些再也不用去"锄禾日当午"的"文化人"。凭着这个情感和审美的认同，我们会看见十亿人的惊人的一致性。凭着这个认同我们难解难分地留恋在自己的古老——但也注定了是末日的古老中而难以自拔。笔者在这里所做的，不过是想透过自己也常常深陷其中的诱惑，尽可能冷静地审视一下，这种遍地弥漫的"慢性乡土病"。

　　如果我们把那些精彩的"悯农"或是"田园"诗句放在一起来读，就会发现一个不可思议的现象：这种水火难容的描写，怎么竟能同时出现在中国文豪们的笔下？一方面他们慨叹着："锄禾日当午，汗滴禾下土。谁知盘中餐，粒粒皆辛苦。"另一方面他们又沉浸于"西崦人家应最乐，煮芹烧笋饷春耕"的乐趣之中；一方面他们怜悯着"可怜身上衣正单，心忧炭贱愿天寒"的卖炭翁，另一方面他们又回味着"莫笑农家腊酒浑，丰年留客足鸡豚"的温情；一方面他们对"遍身罗绮者，不是养蚕人"表示出愤愤不平，另一方面他们又欣赏着"箫鼓追随春社近，衣冠简朴古风存"；一方面他们控诉着"四海无闲田，农夫犹饿死"的人间地狱，另一方面他们又升入"人家在何许？云外一声鸡"的仙境。那位以田园诗而永垂青史的晋人陶渊明，面对着眼前的田园山野，整个身心都深深地沉入了"此中有真意，欲辨已忘言"的超乎一切的境界。宋人范成大竟在他的诗中把艰辛无比的劳作描绘成了欢悦的歌舞场："新筑泥场镜样平，家家打稻趁霜晴。笑声歌里轻雷动，一夜连枷响到明。"这真是一个不可思议的奇怪的世界。在这个世界里一方面充满了征夫、饿殍、褴褛的老翁、哭泣的农妇和在炎炎烈日之下挥汗如雨的锄禾者……另一方面却又如此的高远、恬静、古朴、温情，如此的歌舞升平。难道是天才的诗人们从不觉察自己笔下的这种矛盾吗？抑或是他们觉察了却又照旧"存而不论"，照旧去"悯农"，去"田园"？他们是怎样退回到自己的主观世界中完成这种不可调和的调和呢？或许根本就用不着调和。在这个数千年而一贯到底的"悯农"和"田园"的行为方式中，我们所看到的恰恰是那个农业文明价值观的最高体现，恰恰是同一情感模式中的正面和反面。他们深情地歌唱田园，也即是在深情地歌唱自己。他们把眼前的田园放大成为整个宇宙，内化成为全部人格。在这个放大和内化的过程中，他们终于企及了自己举世无双的"天人合一"的最高境界。在这个看似超脱了一切功利的田园境界中，他们把自己的生命推向了体验的高峰。可以毫不夸张地说，中国的士大夫们、中国的文人们创造了人类文明史上最为恬静、最为深沉也是最为纯粹的田园。在对这田园的歌唱和认同中，他们所肯定的所高扬的正是自己。于是，从这样一个无与伦比的地位俯视下去，他们慷慨地施舍出自己全部的怜悯来。一个"悯"字再清楚不过地透露了这种居高临下的情感施舍。但在这施人以怜悯和被人施以怜悯的两者间，没有任何一方是具备了独立的人格的——一个人要在向别人的施舍中肯定自己，另一个人是在得到他人的施舍时才觉得自己像人。在这里我们分明可以看到，以人身依附为特征的封建人际关系 已经扩大到了最彻底的程度，扩大到了情感和心理的依附。以至于在皇帝打倒了70多年之后的今天，这种情感方式，这种心理模式，仍然在左右着我们每一个人的行为，也左右着我们的审美取舍。

新时期文学中对于沈从文的误读和随之而来的模仿，最典型不过地说明了这种"慢性乡土病"确实是中国文人身上深入骨髓的病症。在经过灭绝文化的十年浩劫之后，新时期文学以"伤痕文学"为发轫开始了自己的历程。正当人们对直接的控斥和情感宣泄感到疲乏和不足的时候，半个世纪前的沈从文作品的重印，给中国文坛单调干渴的荒园中，带来一股沁人心脾的清泉，带来一块炫人眼目的神奇的彩云。在一片"田园诗"和"诗情画意"的赞美声中，人们轻而易举地抹去了沈从文作品背后那种肃穆的悲怆和字里行间对于人的泯灭的刻骨铭心的博大的悲哀，匆匆忙忙地把沈从文镶在那个"悯农"—"田园"的老画框里玩赏不已。接着，便是形形色色的仿制品在许多刊物上粉墨登场，以至有人因为这种模仿得了各种各样的奖，成了大大小小的名家。也是从这时开始，小说里的中国农民忽然都变成了歌唱家，唱着民歌去干活，唱着民歌去受苦，唱着民歌去谈情说爱，或是唱着民歌去完成一个什么悲剧。一时间，大河上下，长江南北，白山黑水之际，忽然都变成了歌舞场。农民嘴里的歌声成了作家灵感的源泉。其实，农民唱民歌并非不可描写，也并非是作家的杜撰。关键是在这一哄而上的模仿和民歌大集成的背后，作家们所流露出来的那样一种身不由己的对于旧式"田园"的回归与赞叹，和因此而发的、一种更为身不由己更为强烈的所谓对于劳动者的怜悯。这个对于沈从文的误读，说到底并非有误，这恰恰是普遍存在于中国文人内心深处的陈旧情感方式和陈旧心理机制的一次大曝光。我们在这种旧式的感情中真是沉溺得太久了，我们真是太容易陷入这种陈旧的放纵！所以，当面对自然的时候，我们便不由自主地把自然作为"田园"。（当然，这"田园"是一个人化了的自然："田"是被人开垦过的，"园"是被人所建立的并且充满着伦理和家庭的气息，是一个充满着乡土历史沉积的景观。对此可另作专论。）所以，当面对农民的时候，我们便下意识地把农民看作是一些"可怜的人"。（在此，并不包括那些更为等而下之的政策文学和粉饰生活、神化人民的作品。对于劳动人民的神化实际上是"阶级斗争论"的派生物。对此也可作专文另论。）

时至今日，我们仍可看到这个"悯农"—"田园"的旧模式，在形形色色的作品中以形形色色的方式流露出来。尤其当看到这一方面是作者的流露，另一方面更是亿万欣赏者的期待甚或是强求的时候，我们便会尤为清晰地感觉到自己所身处的两难的历史局限。

然而，当这以对人类崇拜为特征的古典人道主义，被从理想的天堂拉到纷乱尴尬的人世间来的时候；当这恬静的田园响彻了机器和枪炮的轰鸣的时候；当这"何必曰利"的古朴，被商品的旋风扫落进欲望的尘埃之中的时候，这种以封闭和自足为特点的人生体验，理所当然地陷入了丧失支点的混乱和旋转之中。但愿这混乱和旋转能够打碎那个古老的画框，使我们获得一面正视世界也正视自己的窗口。由于我们已经在太多的"理想"中尝尽失落的苦头，我们绝不会再把这面窗口涂抹上理想的光彩，我们希望得到的，也仅仅能够得到的，只有一个刻骨的真实，只有中国人自己的处境。

作于1989年1月13日

于坚

圣敦煌记①

　　在敦煌前面着一"圣"字，是诗人于坚对这处古迹的点睛之笔。它不是宗教圣地，却是超越宗教迷狂的诗与美的圣地；它不只是艺术圣地，而且是文明圣地；当宗教式微，文化君临万物，敦煌赞美大地人间，照亮生命，为天地养神，为人类传神，敦煌乃是最后的、终极的、文教之圣地。

并非所有的沙都被风吹散。

莫高窟后面是巨大的沙堆，凸出戈壁滩十多米，像几匹皮毛光滑的骆驼犬卧在苍天下。莫高窟是沙堆前面的一排丘陵般的砂岩，挡住了滚滚流沙。砂岩上开凿了一排排洞窟，里面供奉着赞美佛陀以及无数神祇的塑像、彩绘、经书。砂岩前面是一条河，水已经干了，只是河岸上白杨林立，摇曳多姿，活泼泼地，仿佛河水顺着黑暗之根流到树身里去了。狂沙过后，莫高窟继续。

沙漠环绕着敦煌，就像一种迷恋。

自开凿以来，这些窟已经存在了1000年以上，灰黄色的沙粒依然堆积在那儿，风将它们吹走，风又把它们吹回原地，似乎一粒未多，也一粒不少，无法计数。一粒都不是水，但也很难说这些沙依然是那些沙，只是沙堆依旧。在敦煌天空的热光下乍见这些洞窟，人不由得会双膝发软，如果有人毫无来由地朝着它们跪下来，也很自然，这并不一定是宗教狂热引起的生理反应。这地方太神奇了，滚滚流沙忽然在大漠上停下来，凝固成坚岩，裹挟出幽秘的洞穴，盲者眼眶般深邃的黑暗里，五色从枯沙中溢出，立地成佛。

就宗教来说，莫高窟并非圣地。敦煌不过是塔克拉玛干大沙漠中的一处航标，供奉着保佑旅人平安的神龛。"朝拜圣地的人、商人和士兵们在……前往神鬼出没、生命危险的塔克拉玛干沙漠时，无不在敦煌的寺院内，祈求圣灵保佑，使能一路平安，免遭鬼怪伤害。同样，行旅们从西方回到敦煌，由于安全地越过了那块令人望而生畏的沙漠，也在此地焚香还愿，表示感谢。"（彼得·霍普科克《丝绸路上的外国魔鬼》）

---

① 选自于坚《并非所有的沙都被风吹散：西行四章》，深圳报业集团出版社，2016年版，有删节。

敦煌，干得只剩下天空和粉末。沙是干的，宗教也是干的。只有洞窟中的那些塑像、壁画、经书不干，只有朝圣者的队伍不干。本来，世界传统的朝圣地并不包括敦煌，朝圣者的队伍是在最近一个世纪中悄悄地壮大起来。他们来敦煌干什么，烧香吗？敦煌是禁止烧香的。敦煌的佛爷至今也没有香火旺盛、有求必应的名声，在二十世纪的中国，宗教声名狼藉，大多数人将它视为迷信。但一听到这个名词：敦煌！就蒙召似的来了。

这个圣地圣在哪里？

它不知道自己已经成为被瞻仰的圣地，它其实从来也没有被作为一个纪念碑或者祭坛来建造。人们创造它，只是出于朴素虔诚的信仰甚至迷信，他们得找个地方来表达自己的诚意、迷狂。莫高窟起源于一个传说，说是有位僧人曾在此地见到金光在砂岩上一闪，这就是佛陀的指示。佛陀的指示来自佛经，也来自大地，而且通常来自大地，一棵树，一处水源，一块石头。

我在2011年的秋天来到敦煌。为这次旅行我准备了三十年，那是一种召唤，似乎你在世，此生没有去敦煌走过一遭，就白来一趟似的。

哗啦一声，锁开了。光先进去，洞窟隐晦地明起来，闪出一股老茶才有的苦涩味。光跪到地上，又朦朦胧胧地反射到壁间，隐约看见一神端坐正中，微笑着欠身道：来了？

这是唐开凿的第N窟。打开电筒，唐呈现在洞壁上。哗然而入的观众被踩了一脚急刹车似的安静下来。这是另一个世界，刚刚完工似的，凝固于一个瞬间。

辉煌的安静。

佛陀居中，垂目微笑，周围是喜在眉梢的诸神。就像一个家。没有大雄宝殿那种妙相庄严的威仪，总是令人战战兢兢、自惭形秽。佛陀慈眉善目，就像家长，不是威严的父亲，而是慈祥的母亲。菩萨是美人，美人中的美人，但不是冰雪美人，而是刚刚从梳妆台前转过身来的美人。诸神就像老师、亲人、朋友、爱人等待着你回家似的。并非静止，这厢，佛陀祥光漫溢，又灿烂又温润；那厢，菩萨亭亭玉立，春服既成，咏而归；那厢，春树茂林之间，鼓乐齐鸣，十二音雷公鼓、胡琴、箜篌、竖琴、阮、葫芦琴、莲花琴、弯把儿琴、直颈琵琶、曲颈琵琶、陶埙……此起彼伏；这厢，马鹿在山坡溪流间散步，开着一身的梅花；那厢，飞天婆娑起舞，婆娑一词，也许就是为飞天的舞姿而命名的吧；这厢，几位仙女刚刚下凡，正在商量是去逛丝绸铺还是去逛玉石店；这厢，大腹便便、虎背熊腰、笑逐颜开；那厢，沉鱼落雁，兰质蕙心，心旷神怡；那厢，闭月羞花，环肥燕瘦，喜在眉梢；这厢，塔刹之间，旗幡飞扬；那厢，亭台楼阁、茶香果鲜、"儵鱼出游从容，是鱼之乐也。"……

神就是诗意，就是无。《说文解字》说："神，天神，引出万物者也。"也就是老子说的"有物混成，先天地生"。神秘连用，《说文解字》说："秘，神秘，不可宣泄。"《易经·击辞上》：" '阴阳不测之谓神' 注：神也者，变化之极，妙万物而为言，不可形诘者也。"不可道，不可言说，通过语言、艺术来言说。语言艺术为神创造在场。诗是通过语言来呈现神之无的最高形式。杜甫说，下笔如有神。艺术也是，无论人物、山水、草木都必须要描绘出"神态"。神态是艺术活动至高无上的追求。莫高窟里，每一面墙都是通过线条、颜料呈现的"神态"。

与其他国家的神灵升华于世俗人生之上不同，中国的神是供养在日常生活世界中，所谓天人合一。通过诗歌、文章、艺术……"生活就是艺术"的意思，也就是神在世上，因为诗歌、文章、艺术的根本就是"传神"。

中国的古代是一个养神、传神的长时段。传神的时代是缓慢的慢工出细活，而不是多快好省。汉以前是安神的时代，神到场。唐朝是提神的伟大时代，神被养得活泼泼的。宋是凝神的时代，神端坐不动，养得雍容华贵。清是守神的时代，神的地位逐渐式微，雅驯狷獗，神被养得呆若木鸡。"五四"以降是亵渎神灵和失神的时代。神被意识形态、主义取代。今天是神缺席的时代。中国神灵已经被彼岸化了。彼岸，就是被历史化了，不在场了。

敦煌保管着诸神。在那些幽暗的洞窟里无时不感觉到神的在场。

敦煌是历史，这种历史不是书本上少数人的历史，而是活着的大众的历史。这是神性使然。敦煌曾经被流沙吞没，但只要一旦重见天日，就依然神性熠熠，因为它已经被神灵附体。

赤脚的神，与我站在同一块地上。

喜悦，匠人当年的入神的喜悦依然可以感受到，他创造了他心目中的女神。也许依着他的母亲、姐妹或者情人的样子。赋予她们吴带曹衣，他曾经在长安的春日宴见过这场景。他将云彩的感受转移到裙裾上。

五色运到极致，既灿烂缤纷又贵乎返本；线条达到极致，既大巧若拙又匠心独运，既生动灵秀又粗犷飞扬；手艺达到极致，有鬼斧神工也有精雕细琢；丝绸达到极致、衣冠达到极致、饰品达到极致、虔诚达到极致、高贵达到极致、谦卑达到极致……亲和、美好、乐融融、喜洋洋、乐而不淫、活泼泼、尊卑有序。一个场，中正、浪漫、庄重、肃穆、飘扬、凝重、亲和、喜悦、敬畏、清秀、肥荡、素面朝天、浓妆艳抹、华丽雍容、飞动、厚实、正襟危坐、鹤立鸡群、飞扬灵动、细节、二笔、写意、丹红紫黑、绘事后素、知白守黑、阴阳交错……彼此呼应、无数的极致、无数的消极，气象万千地交织在一起，饱满、适度于恰好，止于至善。正是所谓"人与天调，然后天地之美生"（《管子·五行》）。

这就是传说中所谓的"化境"，唤起的不仅仅是宗教的执迷不悟，更是芸芸众生的共享。信者可以共享，不信者也可以共享。一种妙不可言的对话氛围，令人心灵苏醒，欲言又止或者滔滔不绝，赞不绝口或者得意妄言……自从汗牛充栋的阐释开始之后，探微索幽的文字浩如渊海，但说来说去，听起来似乎只是两个字：美妙。

连美妙都不能说，美妙是什么，无法释义。如果敦煌可以像经书那样宣讲、释义，何必来敦煌，可以像基督徒那样向梵蒂冈邮购一本"圣经"。

敦煌必须亲临，你得睁开眼睛、抛弃观念，身临其境，回到看，然后才能观。你怀着观念而来，最后理屈词穷，迷失在美妙的感觉中。这不是一种观念，而是一种感觉，一种喜悦和快乐，从这个被唤醒的感觉开始，你可以走向觉悟。犹如春天的喜悦之树，在风中。

这些洞窟是一个个场，这个场创造了一种魅力，魅力是比观念更古老的东西。这个充满魅力的场域引领我们越过一切观念，看见超越了观念无法释义的美妙。敦煌已经不是某种宗教、某种观念、某种意识形态、某种教条，它们理屈词穷，敦煌升华到更高的层次，美轮美奂，使它得以诞生的初衷——宗教，也显得世俗了。

敦煌比佛教更美妙。

宗教，要从宗教的立场才可理解。敦煌，不信仰佛教的人们也会着迷，不是着迷于敦煌的宗教意义，而是着迷于它的美。世界美如斯。

在敦煌，每一个人都有可能超凡入圣。诸神是人在人间的当下创造出来的。宗教只是一种自由创造的启动器。

我站在这里，呆若木鸡，睁大了眼睛，陷入迷狂，不是宗教的迷狂，是艺术的魅力导致的迷狂，世上竟有这样的迷药，比宗教还迷人。我想看个究竟，却感觉到虚无。

莫高窟与世界圣地普遍的阳性，凸立出来不同，它是一个阴性的整体，等待着深入。人们像来自黑暗宇宙的精子，朝着这些幽邃的洞穴走去，在那里深藏着灿烂而宁静的五色，你也许因好色而再次诞生。

敦煌是匿名的，在4世纪到9世纪的壁画中，几乎找不到关于作者的任何资料。作者已死，作者已经匿名。佛陀一再告诫不要立偶像，神自己是自己的偶像，佛涅槃之后是不可见的在者。匠人们创造的是神，揣摩、创造偶像意味着作者比神更高，这是一种得罪，他们怎么能落下自己的名字？匿名者因为匿名而自由，他们可以天马行空地想象并创造心中的诸神。无拘无束到这种地步，比如菩萨造像，"今之画者，但贵其姝丽之容，是取悦于众目，不达画之理趣也"（宋·郭若虚），"妍柔姣好，奇衣宝眼，一如妇人"（唐·赵公佑），"慈眼视物，无可畏之色"（元·释圆至），"造相梵像，宋齐间皆唇厚鼻隆目长颐丰，挺然丈夫之相。自唐以来，笔工皆端严柔弱似妓女之貌，故今人夸宫娃如菩萨也"（宋·释道成）。

千年过去，我依然感觉他们如何道成肉身，线条和色彩与他们的心灵、眼睛、手、动作合为一体。

从塑神到塑仙。匠人把神变成了仙。仙是在人间的。

"妇女的面部化装，从敦煌各画看来，与唐人诗文中所说，也无甚变化。脸上无不施脂粉的，有的是艳如芙蓉，正是白居易的'脸如芙蓉胸如玉'。口唇则有胭脂，岑参所谓'朱唇一点桃花殷'。也有乍泥黑色的，大概是所谓胡俗（白居易《时世妆》所谓'乌膏'）。两颊或口的左右，或施红色的画点，也有用黄色的，这即唐人诗中所谓的'妆靥'。妆靥除红、黄两色外，有用纯圆点的，有作一弯新月形的……此等头面饰，以唐以后诸窟为最甚。魏、隋各窟为简单，此情少见。"

当我读到姜亮夫先生释读敦煌的这一段，内心一亮。敦煌的超越性正在这里，它是通过艺术的在场，在笔墨中，在时代之象中（"朱唇一点桃花殷"），恍兮惚兮，又超越于时代，而时代是什么？宗教的迷狂。因此它可以在宗教式微的时代，依然光辉灿烂。

158窟。微明。大佛睡在沙漠上，安然垂目。匠人匿名于佛中，而佛匿名于敦煌，敦煌匿名于沙漠，沙漠匿名于宇宙。微之伟大。微妙之伟大。不是奇妙。是微妙。神妙乃是微妙。不是奇妙、绝妙、巧妙、精妙、高妙、奥妙，是"妙不可言"而不是所谓"妙语惊人"。"常无欲以观其妙"——《老子》。王弼注："妙者，微之极也。"

当宗教式微，这个千年前就完成的伟大高峰才水落石出。

断碣赋碑，都付予苍烟落照。印度犍陀罗的佛龛，如今只剩残片，佛教在印度式微了，尽管从前的激情也许超过敦煌，但在印度，没有留下"敦煌"这种东西。"敦煌自汉至唐为中西交通孔道。人文极盛。外来宗教如佛、如祆、如景、如摩尼，皆先后集其间。"（陈垣）最后只剩下敦煌，莫高窟独立瀚海。

1930年，陈寅恪提出"敦煌学"的概念，"敦煌学者，今日世界学术之新潮流也"。

"清光绪二十六年四月，洞中佛龛坍塌，故书遗画暴露，稍稍流布。时人不甚措意。三十三年，匈人斯坦因、法人伯希和，相继至敦煌，载遗书遗器而西，国人始大骇悟。"

骇悟的是什么？

与世界诸多文明基于某种准宗教不同，中国文明可以说是基于文教的文明。

最初，人在黑暗中，"天下荡荡，无纲纪文章"（《诗·大雅·荡序》）。文明使人去除黑暗的遮蔽，成为仁者，仁者就是第二个人。子曰"仁者，人也"。与世界其他国家不同，中国文明是以文照亮生命。文明一词乃中国独有。《易·乾》："见龙在田，天下文明。"孔颖达疏："天下文明者，阳气在田，始生万物，故天下有文章而光明也。""经纬天地曰文。"（《左传·昭公二十八年》）"刚柔交错，天文也；文明以止，人文也。观乎天文以察时变，观乎人文以化成天下。"（《易经》）

文明在中国就像宗教一样。文的诞生也是神性的。创造文字的仓颉是一位神。"仓颉四目。"（《论衡》）"昔者仓颉作书，而天雨粟、鬼夜哭。"（《淮南子》）仓颉造字，可以说是上帝显灵。

但文明不是异域所谓宗教，而是文教。"仓颉作书，以教后嗣"（《仓颉篇》），这个教，就是文教。"子以四教：文、行、忠、信。"（《论语》）"文，犹美也，善也。"（郑玄）

文化，以文化之。文，将形而下的肉身引向形而上的精神领域。生命乃一黑暗之身，文化就是文身，去除无意义之黑暗对生命的遮蔽，立心，赋予存在意义。文化世界，谓之文明。以字符照亮文化言语；以味道照亮文化饮食；以瓷照亮文化泥巴；以水墨照亮文化山水；以园林照亮文化石头、花鸟虫鱼；以纹饰照亮文化器物；以丝绸、绣片照亮衣物；以书法文化照亮线条；以兰花文竹照亮文化一草一木……"上帝就存在于每一件事情中，并引导每一件事情走向善"（詹姆士·里德《基督的人生观》）。中国的上帝就是文，文的最高表现就是雅致。雅又是至德、至善的体现，文的过度就是雅驯、文过饰非。在中国，最高之人，乃是文人。

更伟大者，这种文化还要文化照亮文化，敦煌起源于宗教的激情，如果只是教条主义，那么早期匠人的顶礼膜拜已经完美。但是，敦煌的创造并没有到亦步亦趋为止。与其说敦煌那些匿名的作者是一批艺术家、工匠，不如说他们是文人。这些伟大的文人创造了"敦煌"这种东西，曹衣出水，敦煌超越了它的宗教起源，超越了它的实用性。通过艺术之文，文化了宗教。

宗教兴起于对大地世间的绝望和对彼岸的向往。文教则赞美大地人间，道法自然。"大地假我以文章"。

宗教基于升华出世界的激情。激情会消退，一旦宗教式微，文就是精神世界最后的、终极的守护者。这一点在现代西方发生了："文化本身是为人类生命过程提供解释系统，帮助他们对付生存困境的一种努力""社会行为的核准权已经从宗教那里移交到现代文化手中……取得了君临万物的地位"（丹尼尔·贝尔《资本主义的文化矛盾》）。象征派诗歌、表现主义、印象派的绘画、波普艺术、杜尚、安迪·沃霍尔这些人的出现，可以视为西方工业化社会试图通过文化为社会重建价值系统的一种努力。

敦煌乃是最后的、终极的。敦煌，文教之圣地也。

起源于宗教狂热，但最终超越了它而不朽者。那些佛教徒，那些匿名于狂沙的伟大艺人创造了超越宗教的东西——圣敦煌。

人们穿越沙漠来到敦煌，顶礼膜拜的是圣泥塑、圣壁画、圣铁线描、圣兰叶描、圣中锋、圣钴蓝、圣土红、圣朱砂、圣赭石、圣铁红、圣雄黄、圣湖绿、圣石青、圣石绿、圣铁黑、圣泥金、圣砖、圣竹简、圣书、圣吴带当风、圣曹衣出水、圣第45窟、圣第154窟、圣第99窟……

圣敦煌。

无数匿名于沙漠的工匠艺人创造了敦煌。他们像恒河沙数一样，环绕着自己的作品，风将他们吹去，他们又从别处回来。

入夜，敦煌的天空满天星子，一颗颗旋转着，就像被解放的沙子。下面，黑暗里，莫高窟在黑暗里，就像一个沙漏。

2012年

李敬泽

鸟叫一两声①

古代原典一旦成《经》典，立即面目全非。后人出于各种目的，不断往上涂脂抹粉，于是不见了本来面目。回到人性立场阅读诗经，正是接听远古先民的真实叹息。

李敬泽（1964年生），当代文学批评家、散文家。原籍山西。著有《纸现场》《读无尽岁月》《见证一千零一夜》《小春秋》等。

《诗经》开卷第一首就是《关雎》："关关雎鸠，在河之洲"，大家想必背得出，此处不念了。现在要问的是，这首诗是什么意思？

对面那女子脸儿一红，扭捏道：啥意思？相思病呗。

对，相思病，不仅是相思病，还有相思病并发失眠症："优哉游哉，辗转反侧"。如果有人问：中国人从何时开始失眠呢？现存最早的文字记载就是《关雎》，那至少在商朝末周朝初，而且原因正是"女人"。

当然，在《关雎》中，相思病最终痊愈，"窈窕淑女"娶回家了，"琴瑟友之""钟鼓乐之"，卡拉OK估计要唱大半夜，处处啼鸟惊不破三千年前的春梦。

然而，错啦，同学们哪，你们都错了，看看《毛诗序》里是怎么说的："《关雎》，后妃之德也。""乐得君子以配淑女，忧在进贤，不淫其色，哀窈窕，思贤才，而无伤善之心也。"

这话翻译过来就是，皇上的大老婆看见一小女子模样长得俏，然后就睡不着，就急得两手瞎抓挠（"参差荇菜，左右采之"）。急什么呢？不是急着遣人把小妖精做了，而是急着怎么把她弄进宫来做小老婆，从此东宫西宫左右一心，共同辅佐皇上，治理天下。这是什么境界？是不知人间有醋的境界，真乃"后妃之德"，真乃男人之福也！

我要是这么解说《关雎》，肯定被人啐得满脸唾沫，但这是《毛诗序》，是关于《诗经》最权威、最正统的诠释，两千年间无数大人物、无数聪明脑袋都学，而且都信：《诗经》里怎么能仅仅是男欢女爱呢，那不成了"私人写作"吗？这事儿

---

① 选自李敬泽《小春秋》，新星出版社，2010年版。

没这么简单，必定是有微言大义，渭河边那两只鸟必定与朝堂风云、天下大势相连着，连不上拧巴着连，结果就弄出这么一通男性自恋狂的疯话来。

《诗经》是好的，但要看出《诗经》的好，必得把秦汉之后的诠释一概抛开，直截了当地读诗。吟出那些诗篇的人们，他们曾经真实地活着，看山就是山，看水就是水，看美女就是美女，看了美女睡不着也不会说是心忧天下，等真要为国出征的时候，他们就尽他的责，提起弓箭去战斗、去死——那是一种不曾被各种各样大话浮词所蒙蔽的人生。

"雎鸠"据说就是鱼鹰，脖子被系住，鱼叼到嘴里咽不下去，只好再吐出来让人拿去红烧或清蒸。我见过的鱼鹰都是蔫耷耷一副厌世的样子，除了拒食，拒绝开口；难怪啊，一种鸟，一辈子遭束缚，叫一声还被解说得云山雾罩、离题万里，如果是我我也懒得叫，我会暗自断定人这种动物是靠鱼和废话噪音生存，我将保持沉默。

但是我相信，在三千年前的某个晚上，确有一只鱼鹰闲叫了一声："关！"另一只应了一声："关！"是夜月白风清，儒生、教授、记者、编辑和知识分子们都睡了，只有一个年轻男子睡不着，他听见了那两声，他的心便向渭河去——那条三千年后已经干涸，有时又泛滥成灾的古河。

李书磊

河边的爱情①

重读古典

> 读书贵有新发现。李书磊发现《诗经》中的爱情大都发生在河边，进而推想出两者的延伸内涵与相互关联：河流——时间、人生、命运；爱情——慰藉、救赎、反抗。言之成理。
>
> 李书磊（1964年生），当代学者，著有《1942：走向民间》《重读古典》等。

今天读来，《诗经》真正活下来的诗是那些爱情诗；而阅读《诗经》中的爱情诗我发现了一个动人的情节：这些爱情大都发生在河边，爱的歌咏有很多都同河流与河水有关。那首开宗明义且家喻户晓的《周南·关雎》写的就是河边的爱情："关关雎鸠，在河之洲。窈窕淑女，君子好逑。"当然你可以说这"关关雎鸠，在河之洲"是一种虚写的起兴，但要知道起兴实际上常常是即景的：举目望去，随意所见的物事就随手拈来加入歌诗，因而起兴往往是不可分割的本文意象；何况《关雎》中另一段的"参差荇菜，左右流之"更坐实了这种河的场景——荇菜乃是一种美丽的水草。与《关雎》相埒的还有那首著名的《鄘风·柏舟》："汎彼柏舟，在彼中河"，这姑娘在河边萌动了对那垂发少年的思念："髧彼两髦，实维我仪。""河边爱情"在《诗经》中成了一种惯例甚至成了一种模式。"南有乔木，不可休息。汉有游女，不可求思。"（《周南·汉广》）"有狐绥绥，在彼淇梁。心之忧矣！之子无裳。"（《卫风·有狐》）"子惠思我，褰裳涉溱。子不我思，岂无他人？"（《郑风·褰裳》）"蒹葭苍苍，白露为霜。所谓伊人，在水一方。"（《秦风·蒹葭》）……唱不完的爱情就紧贴着那流不尽的河水。

自然这河水与爱情、河流与情歌的关联本出自无心，然而唯其无心反倒更见出了一种本质的亲缘。到底是为什么爱总靠着河、河总关着爱？后世词人说"柔情似水，佳期如梦"，或许这情与水真是有一种品质上的呼应；不过真正使我们动心的乃是另外一则关于河水的典故，《论语》中的典故。当年孔子来到河边，"子在川上曰：'逝者如斯夫！不舍昼夜。'"孔子对人生本有一种明净澄澈的达观，但

---

① 选自李书磊《重读古典》，中国广播电视出版社，1997年版。

他面对河流也不禁发出这种伤感的喟叹。赫拉克利特说，"你不可能两次踏进同一河流"，这明晰的哲理论断中似也透露出一种深刻的骚怨。真是一呼一应，无独有偶。而深入民间的谚语则更像是一种绝望的控诉，民谚说："西流东到海，何时复西归！"哲人和俗人发出了共同的感叹，这河流究竟为什么如此扣动人类的心弦？或许河水向人们提醒的最惊心的东西乃是孔子所说的"逝者"。那从容而恒常的流逝乃是时间的赋形，时间无情地离去恰像这河水；而时间正是人生的本质，人生实际上是一种时间现象，你可以战胜一切却不可能战胜时间。因而河流昭示着人们最关心也最恐惧的真理，流水的声音宣示着人们生命的密码。对河流的惶恐定是人类代代相传的一种原始记忆：日常的生活中你可以逃遁于有意无意的麻木，而面对河流你却无法回避那痛苦的觉悟。面对河流你会想起你已经失去和必将失去的一切，想起在这永恒的消逝中生命的短暂与渺小，会有一种无法安慰的绝望攫住你的心，你感到一种无限凄凉的脆弱与感伤——也正是这个时候爱情就产生了。在这种冰冷的空虚中你想抓住点什么，你想靠住点什么，你的心渴望着慰藉。于是男人就想起了"窈窕淑女"，女人就想起了"髧彼两髦"的少年。这一切都是那样的自然而然。爱情是人类无望人生中唯一的救赎，也是人在无边的沉沦中本能的呼号。除了爱情人们还能依凭什么呢？长生与飞升的痴想明知是一种幻影，而人世间再伟大的功业也终会烟消云散，"纵有千年铁门槛，终需一个土馒头"，"王侯将相在何方，荒冢一堆草没了"。这时候爱情这种同样短暂的东西却获得了一种神秘的永恒力量，人们就凭借这力量与残酷的世界抗衡。情人们在河边大声地喧哗（《郑风·溱洧》），情人的喧哗就盖住了河流的咒语。

人们面对河流即是面对命运，河边的爱情即是人类对命运的反抗。

闻一多

宫体诗的自赎①

学术论文，本身是一篇美文。才、识、学、情，缺一不可。一身兼诗人和学者，各自角色当行，这样的人物，令人怀念不已。

宫体诗就是宫廷的，或以宫廷为中心的艳情诗，它是个有历史性的名词，所以严格地讲，宫体诗又当指以梁简文帝为太子时的东宫，及陈后主、隋炀帝、唐太宗等几个宫廷为中心的艳情诗。我们该记得从梁简文帝当太子到唐太宗晏驾中间一段时期，正是谢朓已死，陈子昂未生之间一段时期。这期间没有出过一个第一流的诗人。那是一个以声律的发明与批评的勃兴为人所推重，但论到诗的本身，则为人所诟病的时期。没有第一流诗人，甚至没有任何诗人，不是一桩罪过。那只是一个消极的缺憾。但这时期却犯了一桩积极的罪。它不是一个空白，而是一个污点，就因为他们制造了些有如下面这样的宫体诗：

> 长筵广未同，上客娇难逼。还杯了不顾，回身正颜色。（高爽《咏酌酒人》）
>
> 众中俱不笑，座上莫相撩。（邓鉴《奉和夜听妓声》）

这里所反映的上客们的态度，便代表他们那整个宫廷内外的气氛。人人眼角里是淫荡，

> 上客徒留目，不见正横陈。（鲍泉《敬酬刘长史咏名士悦倾城》）

人人心中怀着鬼胎：

> 春风别有意，密处也寻香。（李义府《堂词》）

对姬妾娼妓如此，对自己的结发妻亦然（刘孝威《郡县寓见人织率尔赠妇》便是一例）。于是发妻也就成了倡家。徐悱写得出《对房前桃树咏佳期赠内》那样一首诗，他的夫人刘令娴为什么不可以写一首《光宅寺》来赛过他？索性大家都揭开了：

---

① 选自闻一多《唐诗杂论》，上海古籍出版社，1998年版。

> 知君亦荡子，贱妾自倡家。（吴均《鼓瑟曲有所思》）

因为也许她明白她自己的秘诀是什么。

> 自知心所爱，出入仕秦宫。谁言连屈尹，更是莫遨通？（简文帝《艳歌篇》十八韵）

简文帝对此并不诧异，说不定这对他，正是件称心的消息。堕落是没有止境的。从一种变态到另一种变态往往是个极短的距离，所以现在像简文帝《娈童》，吴均《咏少年》，刘孝绰《咏小儿采莲》，刘遵《繁华应令》，以及陆厥《中山王孺子妾歌》一类作品，也不足令人惊奇了。变态的又一类型是以物代人为求满足的对象。于是绣领、袏腹、履、枕、席、卧具……全有了生命，而成为被玷污者。推而广之，以至灯烛、玉阶、梁尘，也莫不踊跃地助他们集中意念到那个荒唐的焦点，不用说，有机生物如花草莺蝶等更都是可人的同情者。

> 罗荐已擘鸳鸯被，绮衣复有葡萄带。残红艳粉映帘中，戏蝶流莺聚窗外。（上官仪《八咏应制》）

看看以上的情形，我们真要疑心，那是作诗，还是在一种伪装下的无耻中求满足。在那种情形之下，你怎能希望有好诗！所以常常是那套褪色的陈词滥调，诗的本身并不能比题目给人以更深的印象。实在有时他们真不像是在作诗，而只是制题。这都是惨淡经营的结果：《咏人聘妾仍逐琴心》（伏知道），《为寒床妇赠夫》（王胄），特别是后一例，尽有"闺情""秋思""寄远"一类的题面可用，然而作者偏要标出这样五个字来，不知是何居心。如果初期作者常用的"古意""拟古"一类暧昧的题面，是一种遮羞的手法，那么现在这些人是根本没有羞耻了！这由意识到文词，由文词到标题，逐步的鲜明化，是否可算作一种文字的裸裎狂，我不知道，反正赞叹亨实的"诗"变成了标明事类的"题"之附庸，这趋势去《游仙窟》一流作品，以记事文为主，以诗副之的形式，已很近了。形式很近，内容又何尝远？《游仙窟》正是宫体诗必然的下场。

　　我还得补充一下宫体诗在它那中途丢掉的一个自新的机会。这专以在昏淫的沉迷中作践文字为务的宫体诗，本是衰老的、贫血的南朝宫廷生活的产物，只有北方那些新兴民族的热与力才能拯救它。因此我们不能不庆幸庾信等之人周与被留，因为只有这样，宫体诗才能更稳固地移植在北方，而得到它所需要的营养。果然被留后的庾信的《乌夜啼》《春别诗》等篇，比从前在老家作的同类作品气色强多了。移植后的第二、三代本应不成问题。谁知那些北人骨子里和南人一样，也是脆弱的，禁不起南方那美丽的毒素的引诱，他们马上又屈服了。除薛道衡《昔昔盐》《人日思归》，隋炀帝《春江花月夜》三两首诗外，他们没有表现过一点抵抗力。炀帝晚年可算热忱的效忠于南方文化了，文艺的唐太宗，出人意料之外，比炀帝还要热忱。于是庾信的北渡完全白费了。宫体诗在唐初，依然是简文帝时那没筋骨、没心肝的宫体诗。不同的只是现在词藻来得更细致，声调更流利，整个的外表显得更乖巧，更酥软罢了。说唐初宫体诗的内容和简文帝时完全一样，也不对。因为除了搬出那僵尸"横陈"二字外，他们在诗里也并没有讲出什么。这又教人疑心这辈子人已失去了积极犯罪的心情。恐怕只是词藻和声调的试验给他们羁縻着一点作这种诗的兴趣（词藻声调与宫体有着先天与历史的联系）。宫体诗在当时可说是一种不自主的、虚伪的存在。原来从虞世南到上官仪是连堕落的诚意都没有了。此真所谓"萎靡不振"！

但是堕落毕竟到了尽头，转机也来了。

在窒息的阴霾中，四面是细弱的虫吟，虚空而疲倦，忽然一声霹雳，接着的是狂风暴雨！虫吟听不见了，这样便是卢照邻《长安古意》的出现。这首诗在当时的成功不是偶然的。放开了粗豪而圆润的嗓子，他这样开始：

> 长安大道连狭斜，青牛白马七香车。玉辇纵横过主第，金鞭络绎向侯家！龙衔宝盖承朝日，凤吐流苏带晚霞。百丈游丝争绕树，一群娇鸟共啼花。

这生龙活虎般腾踔的节奏，首先已够教人们如大梦初醒而心花怒放了。然后如云的车骑，载着长安中各色人物panorama式的一幕幕出现，通过"五剧三条"的"弱柳青槐"来"共宿娼家桃李蹊"。诚然这不是一场美丽的热闹。但这癫狂中有战栗，堕落中有灵性：

> 得成比目何辞死，愿作鸳鸯不羡仙。

比起以前那光是病态的无耻——

> 相看气息望君怜，谁能含羞不肯前！（简文帝《乌楼曲》）

如今这是什么气魄！对于时人那虚弱的感情，这真有起死回生的力量。最后：

> 节物风光不相待，桑田碧海须臾改。昔时金阶白玉堂，即今惟见青松在！

似有"劝百讽一"之嫌。对了，讽刺，宫体诗中讲讽刺，多么生疏的一个消息！我几乎要问《长安古意》究竟能否算宫体诗。从前我们所知道的宫体诗，自萧氏君臣以下都是作者自身下流意识的口供，那些作者只在诗里。这回卢照邻却是在诗里，又在诗外，因此他能让人人以一个清醒的旁观的自我，来给另一自我一声警告。这两种态度相差多远！

> 寂寂寥寥杨子居，年年岁岁一床书。独有南山桂花发，飞来飞去袭人裾。

这篇末四句有点突兀，在诗的结构上既嫌蛇足，而且这样说话，也不免暴露了自己态度的褊狭，因而在本篇里似乎有些反作用之嫌。可是对于人性的清醒方面，这四句究不失为一个保障与安慰。一点点艺术的失败，并不妨碍《长安古意》在思想上的成功。他是宫体诗中一个破天荒的大转变。一手挽住衰老了的颓废，教给他如何回到健全的欲望；一手又指给他欲望的幻灭。这诗中善与恶都是积极的，所以二者似相反而相成。我敢说《长安古意》的恶的方面比善的方面还有用。不要问卢照邻如何成功，只看庾信是如何矢败的。欲望本身不是什么坏东西。如果它走入了歧途，只有疏导一法可以挽救，壅塞是无效的。庾信对于宫体诗的态度，是一味地矫正，他仿佛是要以非宫体代宫体。反之，卢照邻只要以更有力的宫体诗救宫体诗，他所争的是有力没有力，不是宫体不宫体。甚至你说他的方法是以毒攻毒也行，反正他是胜利了。有效的方法不就是对的方法吗？

矛盾就是人性，诗人作诗本不必对自己的行为负责。原来《长安古意》的"年年岁岁一床书"，只是一句诗而已。即令作诗时事实如此，大概不久以后，情形就完全变了，骆宾王的《艳情代郭氏答卢照邻》便是铁证。故事是这样的：照邻在蜀中有一个情妇郭氏，正当她有孕时，照邻因事要回洛阳去，临行相约不久回来正式成婚。谁知他一去两年不返，而且在三川有了新人。这时她望他的音信既望不到，孩子也丢了。"悲鸣五里无人问，肠断三声谁为续！"除了骆宾王给寄首诗去替她申一回冤，这悲剧又能有什么更适合的收场呢？一个生成哀艳的传奇故事，可惜骆宾王没赶上蒋防、李公佐的时代。我的意思是：故事最适宜于小说，而作者手头却只有一个诗的形式可供采用。这试验也未尝不可作，然而他偏偏又忘记了《孔雀东南飞》的典型。凭一支作判词的笔锋（这是他的当行），他只草就了一封韵语的书札而已。然而是试验，就值得钦佩。骆宾王的失败，不比李百药的成功有价值吗？他至少也替《秦妇吟》垫过路。

这以"一抔之土未干，六尺之孤何托"，教历史上第一位英威的女性破胆的文士，天生一副侠骨，专喜欢管闲事，打抱不平、杀人报仇、革命、帮痴心女子订负心汉，都是他干的。《代女道士王灵妃赠道士李荣》里没讲出具体的故事来，但我们猜得到一半，还不是卢、郭公案那一类的纠葛？李荣是个有才名的道士（见《旧唐书·儒学·罗道琮传》，卢照邻也有过诗给他）。故事还是发生在蜀中，李荣往长安去了，也是许久不回来，王灵妃急了，又该骆宾王给去信促驾了。不过这回的信却写得比较像首诗。其所以然，倒不在——

梅花如雪柳如丝，年去年来不自持。初言别在寒偏在，何悟春来春更思。

一类响亮句子，而是那一气到底而又缠绵往复的旋律之中，有着欣欣向荣的情绪。《代女道士王灵妃赠道士李荣》的成功，仅次于《长安古意》。

和卢照邻一样，骆宾王的成功，有不少成分是仗着他那篇幅的。上文所举过的二人的作品，都是宫体诗中的云冈造像，而宾王尤其好大成癖（这可以他那以赋为诗的《帝京篇》《畴昔篇》为证）。从五言四句的《自君之出矣》，扩充到卢、骆二人洋洋洒洒的巨篇，这也是宫体诗的一个剧变。仅仅篇幅大，没有什么，要紧的是背面有厚积的力量撑持着。这力量，前人谓之"气势"，其实就是感情。有真实感情，所以卢、骆的来到，能使人们麻痹了百余年的心灵复活。有感情，所以卢、骆的作品，正如杜甫所预言的，"不废江河万古流"。

从来没有暴风雨能够持久的。果然持久了，我们也吃不消，所以我们要它适可而止。因为，它究竟只是一个手段，打破郁闷烦躁的手段；也只是一个过程，达到雨过天晴的过程。手段的作用是有时效的，过程的时间也不宜太长，所以在宫体诗的园地上，我们很侥幸地碰见了卢、骆，可也很愿意能早点离开他们——为的是好和刘希夷会面。

古来容光人所羡，况复今日遥相见？愿作轻罗著细腰，愿为明镜分娇面。（《公子行》）

这不是什么十分华贵的修辞，在刘希夷也不算最高的造诣。但在宫体诗里，我们还没听见过这类的痴情话。我们也知道他的来源是《同声诗》和《闲情赋》。但我们要记得，这类越过齐梁，直向汉晋人借贷灵感，在将近百年以来的宫体诗里也很少人干过呢！

与君相向转相亲，与君双栖共一身。愿作贞松千岁古，谁论芳槿一朝新！百年同谢西山日，千秋万古北邙尘。（《公子行》）

这连同它的前身——杨方《合欢》诗，也不过是常态的，健康的爱情中，极平凡，极自然的思念，谁知道在宫体诗中也成为了不得的稀世的珍宝。回返常态确乎是刘希夷的一个主要特质，孙翌编《正声集》时把刘希夷列在卷首，便已看出这一点来了。看他即便哀艳到如：

自怜妖艳姿，妆成独见时。愁心伴杨柳，春尽乱如丝。（《春女行》）
携笼长叹息，逶迤恋春色。看花若有情，倚树疑无力。薄暮思悠悠，使君南陌头。相逢不相识，归去梦青楼。（《采桑》）

也从没有不归于正的时候。感情返到正常状态是宫体诗的又一重大阶段。惟其如此，所以烦躁与紧张都消失了，只剩下一片晶莹的宁静。就在此刻，恋人才变成诗人，憬悟到万象的和谐，与那一水一石一草一木的神秘的不可抵抗的美，而不禁受创似的哀叫出来：

> 可怜杨桊伤心树！可怜桃李断肠花！（《公子行》）

但正当他们叫着"伤心树""断肠花"时，他已从美的暂促性中认识了那玄学家所谓的"永恒"——一个最缥缈，又最实在，令人惊喜，又令人震怖的存在，在它面前一切都变渺小了，一切都没有了。自然认识了那无上的智慧，就在那彻悟的一刹那间，恋人也就变成哲人了：

> 洛阳城东桃李花，飞来飞去落谁家？洛阳女儿好颜色，坐见落花长叹息：今年花落颜色改，明年花开复谁在！……古人无复洛城东，今人还对落花风。年年岁岁花相似，岁岁年年人不同。（《代悲白头翁》）

相传刘希夷吟到"今年花落……"二句时，吃一惊，吟到"年年岁岁……"二句，又吃一惊。后来诗被宋之问看到，硬要让给他，诗人不肯，就生生地被宋之问给用土囊压死了。于是诗谶就算验了。编故事的人的意思，自然是说，刘希夷泄露了天机，论理该遭天谴。这是中国式的文艺批评，隽永而正确，我们在千载之下，不能，也不必改动它半点，不过我们可以用现代语替它诠释一遍，所谓泄露天机者，便是悟到宇宙意识之谓。从蜣螂转丸式的宫体诗一跃而到庄严的宇宙意识，这可太远了，太惊人了！这时的刘希夷实已跨近了张若虚半步，而离绝顶不远了。

如果刘希夷是卢、骆的狂风暴雨后宁静爽朗的黄昏，张若虚便是风雨后更宁静更爽朗的月夜。《春江花月夜》本用不着介绍，但我们还是忍不住要谈谈。就宫体诗发展的观点看，这首诗，尤有大谈的必要。

> 春江潮水连海平，海上明月共潮生。滟滟随波千万里，何处春江无月明！江流宛转绕芳甸，月照花林皆似霰。空里流霜不觉飞，汀上白沙看不见。

在这种诗面前，一切的赞叹是饶舌，几乎是亵渎。它超过了一切的宫体诗有多少路程的距离，读者们自己也知道。我认为用得着一点诠明的倒是下面这几句：

> ……江畔何人初见月？江月何年初照人？人生代代无穷已，江月年年只相似。不知江月待何人，但见长江送流水！

更迥绝的宇宙意识！一个更深沉、更寥廓、更宁静的境界！在神奇的永恒前面，作者只有错愕，没有憧憬，没有悲伤。从前卢照邻指点出"昔时金阶白玉堂，即今唯见青松在"时，或另一个初唐诗人——寒山子更尖酸地吟着"未必长如此，芙蓉不耐寒"时，那都是站在本体旁边凌视现实。那态度我以为太冷酷，太傲慢，或者如果你愿意，也可以带点狐假虎威的神气。在相反的方向，刘希夷又一味凝视着"以有涯随无涯"的徒劳，而徒劳地为它哀毁着，那又未免太萎靡，太怯懦了。只张若虚这态度不亢不卑，冲融和易才是最纯正的，"有限"与"无限"，"有情"与"无情"——诗人与"永恒"猝然相遇，一见如故，于是谈开了——"江畔何人初见月？江月何年初照人？……江月年年只相似，不知江月待何人？"对每一问题，他得到的仿佛是一个更神秘的更幽默的微笑，他更迷惘了，然而也满足了。于是他又把自己的秘密倾吐给那缄默的对方：

> 白云一片去悠悠，青枫浦上不胜愁。

因为他想到她了，那"妆镜台"边的"离人"。他分明听见她的叹喟：

> 此时相望不相闻，愿逐月华流照君！

他说自己很懊悔，这飘荡的生涯究竟到几时为止！

> 昨夜闲潭梦落花，可怜春半不还家。江水流春去欲尽，江潭落月复西斜！

他在怅惘中，忽然记起飘荡的也许不只他一人，对此情景，大概旁人，也只得徒唤奈何罢？

> 斜月沈沈藏海雾，碣石潇湘无限路。不知乘月几人归，落月摇情满江树！

这里一番神秘而又亲切的，如梦境的晤谈，有的是强烈的宇宙意识，被宇宙意识升华过的纯洁的爱情，又由爱情辐射出来的同情心，这是诗中的诗，顶峰上的顶峰。从这边回头一望：连刘希夷都是过程了，不用说卢照邻和他的配角骆宾王，更是过程的过程。至于那一百年间梁陈隋唐四代宫廷所遗下了那份最黑暗的罪孽，有了《春江花月夜》这样一首宫体诗，不也就洗净了吗？向前替宫体诗赎清了百年的罪，因此，向后也就和另一个顶峰陈子昂分工合作，清除了盛唐的路——张若虚的功绩是无从估计的。

卅年八月二十二日陈家营

林庚

盛唐气象①

林庚先生是一名诗人，他认为盛唐之音是人民胜利的声音，容得了自由浪漫万千气象，由得你春风得意一泻千里，于是有了天真自然青春朝气生机无限的少年精神的"盛唐气象"。听诗人解读诗歌，解得好的，会激发出第三重共鸣——其一，诗歌原典激发诗人的共鸣；其二，诗人的解读放大了这种共鸣；其三，诗歌原典与诗人的解读与读者的领会。三重享受，逐波荡漾，风吹草低见牛羊。

林庚（1910～2006），现代诗人、古典文学学者。原籍福建，生于北京。早年曾与吴组缃、李长之、季羡林并称"清华四剑客"。

盛唐是中国古典诗歌的全盛时期，这全盛并不是由于量多，而是由于质高。当然盛唐比起初唐来，诗的数量是较多的，但是比起中晚唐来，它却是较少的。《全唐诗》所收诗的比例，除五代及生平不明的作家（这些人一般的作品已都很少）外，初唐诗人约为270人，作品约2757首；盛唐诗人约为274人，作品约6341首；中唐诗人约为578人，作品约19020首；晚唐诗人约为441人，作品约1474首。按照这个数字，如果画成曲线，中唐显然在人数和作品数量上都是高峰，然而我们却说盛唐时代是唐诗的最高峰，这里正是就质量而言。

盛唐气象所指的是诗歌中蓬勃的气象，这蓬勃不只由于它发展的盛况，更重要的乃是一种蓬勃的思想感情所形成的时代性格。这时代性格是不能离开了那个时代而存在的。盛唐气象因此是盛唐时代精神面貌的反映。

一、盛唐气象与陈子昂

盛唐气象是反映着时代精神的，然而如果以为一谈盛唐气象便是歌功颂德，则显然又是错误的。歌功颂德指的是对于封建统治阶级的阿谀，是从来也不代表盛唐气象的那些应制诗之类的主要内容。而盛唐气象所歌颂的是人民的胜

① 选自林庚《唐诗综论》，清华大学出版社，2006年版。有删节。

利，离开了人民的胜利就无所谓盛唐气象。唐代的盛世是由于隋末农民起义迫使统治阶级做了让步，是由于建安以来成长起来的民主要求在这一基础上的更为高涨，才使得封建社会顺利发展了它的上升阶段。而这些都是人民的斗争成果。盛唐时代并不是统治阶级好心的赐与，歌颂这一时代因此与所谓歌功颂德并无相同之处。相反的，歌颂盛唐时代正是要歌颂那促进现状更为富于解放的精神力量，歌颂那人民在胜利中饱满的生活情绪与自豪感。陈子昂作为盛唐诗坛的先驱，也是盛唐气象与建安风骨之间的桥梁，而陈子昂就是并不满足于现状的。他的最有名的《登幽州台歌》：

> 前不见古人，后不见来者。念天地之悠悠，独怆然而涕下！

这动人心魄的诗篇，它鼓舞了人们的事业心，增强了突破现状的豪迈气质，一种追求理想的热情，一种积极浪漫主义精神的新鲜品质，它乃是陈子昂在诗歌史上给人们最深刻最难以磨灭的印象。而我们如果却以为陈子昂主要的是在这里揭露黑暗，或者说是在这里反映了一个没落无望的时代，岂不违背历史真实吗？实际上陈子昂在这里所揭开的正是盛唐的序幕。

二、盛唐气象与建安风骨

中国诗歌史上，作为一个理想的诗歌时代，唐代以前大都向往于建安，唐代以后则转而醉心于盛唐。盛唐气象乃是在建安风骨的基础上又发展了一步，而成为令人难忘的时代。对于建安风骨的大力提倡，首先有梁代优秀批评家钟嵘的《诗品》，之后就是陈子昂了，他的《与东方左史虬修竹篇序》说：

> 汉魏风骨，晋宋莫传！

这有力的语言指出了唐诗明确的方向。之后李白《古风》说：

> 自从建安来，绮丽不足珍。

又《宣城谢朓楼饯别校书叔云》中说：

> 蓬莱文章建安骨，中间小谢又清发。俱怀逸兴壮思飞，欲上青天揽明月。

而专选盛唐的殷璠《河岳英灵集》则说：

> 开元十五年后，声律风骨始备矣。言气骨则建安为傅侪，论宫商则太康不逮。

可见风骨乃是建安诗歌的特点，也是唐诗的优良传统。那么盛唐时代与建安时代到底有什么共同之处呢? 盛唐气象与建安风骨又有什么不同点呢? 要说明这个问题, 首先就必须了解建安时代乃是一个解放的时代, 那是从两汉的宫廷势力之下解放出来, 从沉闷的礼教束缚之下解放出来; 于是文学也就有力地从贵族文学中解放出来, 带着人民胜利的心情、民主要求的信念; 一种自由奔驰的浪漫的气质、富于展望的朗爽的形象, 这就构成建安风骨的精神实质。而唐代也正是从六朝门阀的势力下解放出来, 从佛教的虚无倾向中解放出来, 从软弱的偏安与长期的分裂局面下解放出来, 而表现为文学从华靡的倾向中解放出来, 带着更为高涨的胜利心情, 更为成熟的民主信念, 更为豪迈的浪漫气质, 更为丰富的朗爽的歌声, 出现在诗歌史上。而初唐社会上残余的门阀势力与诗歌中残余的齐梁影响, 到了盛唐就一扫而尽。这一种解放的力量, 也就是建安风骨真正的优良传统。而这样一种发展的力量与社会上的落后势力、保守势力能没有抵触吗? 它乃冲击为绚烂的浪花, 反映为复杂的歌唱, 而总的则统一为人民胜利的声音, 这也就是令人向往的"盛唐之音"。

建安是一个解放的时代, 但也是一个艰苦的时代。这艰苦由于这时代是出现在一个兵荒马乱的废墟之上的, 这艰苦又由于这时代还缺少一种保证这个解放的有效的经验, 因为一切都似乎是草创的。一种荒凉高亢的歌声, 所谓"凉风飘白日""高台多悲风", 就是建安风骨的基调。而盛唐时代是出现在百年来不断上升的和平繁荣的发展中, 是有了几百年来成熟了的封建社会中民主斗争的方式, 它是一个进展得较为顺利的解放中的时代。一种春风得意一泻千里的展望, 所谓"天生我材必有用""黄河之水天上来""大道如青天""明月出天山", 这就是盛唐气象与建安风骨, 同为解放的歌声, 而又不全然相同的地方。当然, 为保正并发展这一解放的高潮, 就得不断地斗争, 就不得不有能禁得起艰苦考验的风骨, 建安风骨因此是具备在盛唐气象之中的, 也是盛唐气象的骨干。没有这个骨干, 盛唐气象是不可能出现的, 这就是为什么陈子昂高倡风骨在诗歌史上具有那么重大的意义, 也就是李白之所以赞美"建安骨"的根据。然而盛唐气象又不止于这个"骨", 它还有丰实的肌肉, 而丰实的肌肉也就更为有力地说明了这个'骨"。如说建安风骨无妨以刘桢的《赠从弟》一诗为例:

> 亭亭山上松, 瑟瑟谷中风。风声一何盛, 松枝一何劲。冰霜正惨
> 悽, 终岁常端正。岂不罹凝寒, 松柏有本性。

这正是《诗品》所赞美的"真骨凌霜, 高风跨俗"了。那么盛唐气象就是"旧春召我以烟景, 大块假我以文章"的大地回春的歌声。它们在本质上是一个东西, 而盛唐气象却进一步显示出这个本质在生活中起了更为丰富的作用。它潜移默化, 无往而不存在, 因此只能说是一片气象, 而非素朴的风骨所能尽了, 它乃是建安风

骨的更为丰富的展开。

三、盛唐气象是一个具有时代性格的艺术形象

什么叫做盛唐气象呢？或者先说什么叫做气象呢？唐皎然《诗式》说：

> 气象氤氲，由深于体势。

姜夔在《白石道人诗说》里说：

> 气象欲其浑厚，其失也俗；体面欲其宏大，其失也狂。

这里所说的"体面"约同于《诗式》所说的"体势"，所谓"其失也狂"也正可以说明所谓"宏大"乃是"气盛势飞"的，所以其"失"才会"狂"。而这里所说的"气象欲其浑厚"也就是《诗式》的"气象氤氲"，因其是"浑厚氤氲"的，所以似浅而实深，似俗而实高。《沧浪诗话》说："盛唐人有似粗而非粗处，似拙而非拙处"，若竟是粗拙便是俗了；这正是盛唐诗歌"深入浅出"的造诣。使得三言两语就抵得无尽的言说，这也就是"氤氲"与"浑厚"了。因此《诗式》中序说：

> 至如天真挺拔之句，与造化争衡，可以意会，难以言状。

《白石道人诗说》则引东坡的话：

> 言有尽而意无穷，天下之至言也。

他们都强调诗歌的最高造诣就是丰富到不可尽说，完整到天真自然。而我们今天应当进一步地了解，能达到这样造诣，固然有待于诗歌的艺术修养，而更主要的还是诗歌的生活内容。没有丰富而深厚的生活内容，艺术修养也是无法提高的。而盛唐诗歌中普遍存在的"浑厚""氤氲"的气象，证明它不单是属于某一个诗人的，而乃是整个时代精神面貌的反映。

蓬勃的朝气，青春的旋律，这就是"盛唐气象"与"盛唐之音"的本质。朱彝尊的《静志居诗话》里所以引有这样的一段话：

> 唐诗色泽鲜妍，如旦晚脱笔砚者；今诗才脱笔砚，已是陈言。

这一个富于创造性的解放的时代，它孕育了鲜明的性格，解放了诗人的个性，使得那些诗篇永远是生气勃勃的，如旦晚才脱笔砚那么新鲜，它丰富到只能用一片气象来说明。

四、盛唐气象的艺术特征

盛唐气象最突出的特点就是朝气蓬勃,如旦晚才脱笔砚的新鲜这也就是盛唐时代的性格。

盛唐时代是一个统一的时代,是一个和平生活繁荣发展的时代,它不同于战国时代生活中那么多的惊险变化。因此在性格上也就更为平易开朗。《楚辞》比起《国风》来要复杂得多,曲折得多,而唐诗则反而与《国风》更为接近;这一个深入浅出而气象蓬勃的风格,正是盛唐诗歌所独有的。王维的《少年行》:

> 新丰美酒斗十千,咸阳游侠多少年。相逢意气为君饮,系马高楼垂柳边。

高适的《营州歌》:

> 营州少年厌原野,狐裘蒙茸猎城下。虏酒千钟不醉人,胡儿十岁能骑马。

李白的《望天门山》:

> 天门中断楚江开,碧水东流至此回。两岸青山相对出,孤帆一片日边来。

一种青春的旋律,无限的展望,就是盛唐诗歌普遍的特征。他的《横江词》:

> 人道横江好,侬道横江恶;一风三日吹倒山,白浪高于瓦官阁。

在风浪的险恶中,却写出了如此壮观的局面,这与《蜀道难》的惊心动魄,乃同为时代雄伟的歌声。而这一首民歌似的短诗,它究竟是说"横江恶"还是在更深入地礼赞"横江好"呢?这就是现实生活中丰富的歌唱。在现实生活中矛盾是不可能没有的,然而那压倒一切的辉煌的形象,它说明了一个经得起风浪的时代性格的成长。李白的诗歌因此是盛唐气象的典型。这一时代性格事实上无往而不存在。杜甫的《后出塞》:

> 朝进东门营,暮上河阳桥。落日照大旗,马鸣风萧萧。平沙列万幕,步伍各见招。中天悬明月,令严夜寂寥。悲笳数声动,壮士惨不骄。借问大将谁,恐是霍嫖姚。

这真是"雄浑悲壮"的诗篇了,在中国古典诗歌中它只能是属于盛唐的。而王昌龄的《塞下曲》:

> 饮马渡河水,水寒风似刀。平沙日未暮,黯黯见临洮。昔日长城战,咸言意气高。黄尘足今古,白骨乱蓬蒿。

其深厚、朗爽、典型、形象,正是最饱满有力的歌声,至如李白的《将进酒》:

> 黄河之水天上来，奔流到海不复回。……五花马，千金裘，呼儿将
> 出换美酒，与尔同销万古愁！

如果单从字面上看，那么已经是"万古愁"了，感情还不沉重吗？然而正是这"万古愁"才够得上盛唐气象，才能说明它与"前不见古人，后不见来者。念天地之悠悠，独怆然而涕下"的气象可以匹敌，有着联系；才能说明盛唐的诗歌高潮比陈子昂的时代更为气象万千。然而我们如果以为"白发三千丈""同销万古愁"仅仅是由于说愁之多，愁之长，也还是停留在字面之上，更深入的理解是这个形象的充沛饱满，这才是盛唐气象真正的造诣。李后主《虞美人》：

> 问君能有几多愁，恰似一江春水向东流。

也是说愁多、愁长，也是形象的名句；然而这个形象绝不是盛唐气象；它说愁多、愁长，却说得那么可怜相；它的"一江春水向东流"与"黄河之水天上来"，在形象上简直是无法比拟的全然不同的性格。难道长江不比黄河更大些吗？难道一定要用"长江""大河"才能构成"盛唐气象"吗？王昌龄《芙蓉楼送辛渐》：

> 寒雨连江夜入吴，平明送客楚山孤。洛阳亲友如相问，一片冰心在玉壶。

这也是典型的盛唐气象。盛唐气象是饱满的、蓬勃的，正因其在生活的每个角落都是充沛的；它夸大到"白发三千丈"时不觉得夸大，它细小到"一片冰心在玉壶"时不觉得细小；正如一朵小小的蒲公英，也耀眼地说明了整个春天的世界。它玲珑透彻而仍然浑厚，千愁万绪而仍然开朗；这是植根于饱满的生活热情、对新鲜的事物的敏感，与时代的发展中人民力量的解放而成长的，它带来的如太阳一般的丰富而健康的美学上的造诣，这就是历代向往的属于人民的盛唐气象。

盛唐气象是一个时代的性格形象，是盛唐诗歌普遍的基调。然而这并不妨碍盛唐个别诗篇不同于这个气象或基调，也不妨碍盛唐之后的诗篇中偶然出现这个气象。如刘方平也是曾生活于盛唐时代的人，但是他的诗《月夜》：

> 更深月色半人家，北斗阑干南斗斜。今夜偏知春气暖，虫声新透绿窗纱。

又《春怨》：

> 纱窗日落渐黄昏，金屋无人见泪痕。寂寞空庭春欲晚，梨花满地不开门。

都宛然是中晚唐的气象了。而大历时期的诗人卢纶，他的《塞下曲》：

> 林暗草惊风，将军夜引弓。平明寻白羽，没在石棱中。月黑雁飞
> 高，单于夜遁逃。欲将轻骑逐，大雪满弓刀。

则依然是盛唐气象。所以《沧浪诗话》说："大历之诗高者尚不失盛唐，下者渐入晚唐矣。"又说"盛唐人诗亦有一二滥觞晚唐者，晚唐人诗亦有一二可入盛唐者，要当论其大概耳"。因为这既然是一个时代的性格，当然只能论其大概了。盛唐气象因此又是一个诗歌时代总的成就，无数优秀的诗人们都为这一气象平添了春色。它也是中国古典诗歌造诣的理想，因为它鲜明、开朗、深入浅出；那形象的飞动，想象的丰富，情绪的饱满，使得思想性与艺术性在这里统一为丰富无尽的言说。这也就是传统上誉为"浑厚"的盛唐气象的风格。

历史上不知有多少诗人们在追求着向往着这个盛唐气象，然而这到底是一个时代的产物和反映；盛唐以后，宋、元、明、清各代，中国长期陷在封建社会没落阶段的泥淖中，这一个如日之方中的美好的成就，也就成为千百年来古典诗歌中可望而不可即的赞叹。

1958年1月27日

重读古典

胡晓明

唐诗与中国文化精神①

　　诗就是人心的苏醒，让我们醒过来见到自己的真身。唐诗有最蓬勃的生命精神，唐人尽气尽才尽情，善待生命，不虚此生。唐诗是早晨，是少年，是神采飞扬。唐诗中似乎隐含着民族精神复活的种子，如果中国重新崛起，真正发出"人民胜利的声音"，我们就有机会尽情享受唐诗，追慕中国人诗意生存的范例，复活中华民族的青春活力和高贵人性。

　　胡晓明（1955年生），古典文学学者。原籍四川。著有《中国诗学之精神》《万川之月：中国山水诗的心灵境界》，主编《释中国》等。本文是作者在上海图书馆的演讲稿。

两个老先生和两个禅师

　　多年前，华东师大的施蛰存老先生招考研究生时出了一道题目："什么是唐诗？"这是一个大有意味的问题。唐诗是一个美好的词语。汉语中有很多美好的词语。比如长江、长城、黄山、黄河等。唐诗也是汉语中最美好的词语之一。我们提起唐诗，就有一种齿颊生香的感觉。唐诗只是风花雪月么？只是文学遗产么？只是语言艺术么？当然是的，可是我们又总觉得不够。

　　我们仅从风花雪月去看唐诗，或许表明，我们的人生可能太功利了。我们仅从语言艺术和文学遗产去看唐诗，我们又可能把唐诗看得太专业了。唐诗还可不可以指向一些更远更大的东西？

　　我知道，唐代有兼容并包的文化精神：丝绸之路，以长安为中心，西至罗马，东至东京，各种宗教，和平共处；有世界主义的文化精神：国力极强盛，版图辽阔，经济发达，文化既大胆拿来，又讲送去主义，元气淋漓，色彩瑰丽；有继承创新的文化精神：秦汉帝国的文化格局、南北朝职官、府兵、刑律等等熔为一炉。

　　在教科书上，似乎只有这些才是唐诗的文化精神。不是说这些不重要，然而谈到唐诗的文化精神，就只能是"遥想汉唐多少宏放"，我觉得这似乎是一个

---

　　① 选自2004年9月20日《解放日报》。

成见。今天我们都不从这些大地方讲起，诗歌毕竟是关于心灵的事情，我们从唐诗的心灵世界讲起。不是说这些不重要，而是心灵性才更是唐诗幽深处的文化精神。

我常讲诗歌，也常常想起杭州的西湖边上，花港观鱼的旁边，曾经住着近代的老先生、仙风道骨的诗人马一浮先生。

诗是什么呢？马先生有四句话说得好：诗其实就是人的生命"如迷忽觉，如梦忽醒，如仆者之起，如病者之苏"。后来叶嘉莹教授说，这是关于诗的最精彩的一句定义了。诗就是人心的苏醒，是离我们心灵本身最近的事情，是从平肩、浮华与困顿中醒过来见到自己的真身。我们为什么说仅仅从风花雪月、语言艺术、文学遗产、汉唐气象等来读唐诗，总觉得不够呢，那就是隔了一层，没有醒过来跟自己的真身相见。

这似乎有点玄了。有没有真身，这本身就是一个值得进一步论证的事情。但是我这里姑且将它作一个比喻：人生有很多幻身、化身，诗是这当中那个比较有力量、自己也比较爱之惜之的那个自我，而且是直觉的美好。

我又想起古代有两个禅师有一天讨论问题。第一个禅师说了一大套关于天地宇宙是什么的道理。轮到第二个禅师时，他忽然看到池子里边有一株荷花干了，就说了一句："时人见此一枝花，如梦相似"。我读唐诗，似懂非懂、似问似答之间，正是"见此一枝花，如梦相似"。因为读诗是与新鲜的感性的经验接触，多读诗，就是多与新鲜的感性的经验相接触、相释放，就像看花。也因为读诗读到会心，又恍然好像古人是我们的梦中人，我们是古人的前世今身。

我只举一个小例子，我15岁离开家去当工人的时候，心里只是想家呀，沛然莫之能御。有一天读一首小小的唐诗：

> 日暮苍山远，天寒白屋贫。
> 柴门闻犬吠，风雪夜归人。

我忽然就觉得，那个大风大雪中，快要回到家中的夜归人，就是我自己的背影啊，心里一下子有说不出的温暖与感动。为什么唐诗会这样呢，我想这是因为唐诗表达了我们古今相通的人性，而且是用永远新鲜的感性的经验来表达。所以唐诗一方面是永恒的人性，另一方面又永远是感性的、新鲜的。而这个古今相通的人性，恰恰正是中国文化内心深处的梦。我想我们中国文化做梦做得最深最美的地方，就是古今相通的人性精神。永远的风花雪月，背后是永远的人性世界。

具体而言，唐诗中所表现的中国文化的人性精神，可以从哪几个方面来谈？我先把结论写在下面，然后再来一个一个证明：

尽气、尽才的精神。尽心、尽情的精神。

人生要尽气尽才，永不舍弃

唐诗里头有一个主要的声音，是说人在这个世界里要善待自己，要不负此生，不虚此生。以诗仙李白为例，他一生集书生、侠客、神仙、道士、公子、顽童、流浪汉、酒徒、诗人于一身，如果说别人尽十分气、十分才，即是尽气尽才，李白就是尽二十分、三十分。

《尚书》有一句老话：人为万物之灵。这表明，人的生命，是天地间最美好的事物。这是古老的中国文化的一项重要的发现。《诗经》里有句诗："夙兴夜寐，毋忝尔所生"。意思是说早晨起来，晚上睡下，都要想想，是不是对得起自己的生命。我想，如果没有古代先民对于人的生命美好的发现，就不会有这样的对于生命美好的爱惜，像一个爱清洁的人家，每天都窗明几净，开开心心地过生活。

我们简单说，"人为万物之灵"有这样几个意思。一、人是宇宙的善意的创造。二、生命是生来美好、高贵、不可贬抑的。三、人在世的意义，正是善待生命的美好，充分发挥自己的聪明才智，以不负此生、不虚此生。四、无论如何艰难困顿，人生永不舍弃。

为什么讲唐诗要讲到这里呢？我们说唐诗里头有一个主要的声音，是说人在这个世界里要善待自己，要不负此生，不虚此生，这是我的一个直觉。我们从简单的常识讲，以诗仙李白为例子。

李白，我常常想，中国文化中有李白这个词语，真是一个美妙的亮点。有点像美国文化里的自由女神，法兰西文化里的马赛曲。如果说别人尽十分气、十分才，即是尽气尽才的生命，而李白是尽二十分、三十分。根据我们的描述，李白一生，集书生、侠客、神仙、道士、公子、顽童、流浪汉、酒徒、诗人于一身，日本学者还说他是官方的间谍，超量付出了才与气。尽才尽气的表现，现代人的说法就是自由。自由有两种。一是积极自由，即充分实现自己生命的美好。二是消极自由，即不受外来力量的束缚。

积极自由在李白身上，好像有光有热要燃烧，有不能自已的生命力。李白的消极自由表现在鄙弃权贵、笑傲王侯，"天子呼来不上船，自称臣是酒中仙"，"安能摧眉折腰事权贵，使我不得开心颜"，他是中国知识人中，最能自尊自爱、最不受拘限的一个典型。李白，几乎成为真正的文人自爱的一个美好的理想。

杜甫是一个厚字，结实扎根在地上。他最后死在回中原的船上，伏在船上写诗说："战血流依旧，军声动至今。"中国唐代诗学的两座主峰，一个是天的精神，一个是大地的精神，真实做人、积极用世，不管他们有没有建立了什么功业，他们的生命是活得有声有色、有光有热。他们对于他们的时代、社会，是尽心、尽气、尽才的，他们并没有从他们的时代得到什么，但是他们的时代却因为他们的存在而伟大。

唐代第二线的大诗人韩愈、柳宗元、白居易、李商隐、杜牧等，都是做人做事有担当，有作为的。韩愈一生最精彩的是谏佛骨，苏东坡说他是文起八代之衰，道济天下之溺，在举世滔滔的佞佛大潮中，障百川而东之，挽狂澜于既倒。柳宗元一生最突出的是参与王叔文集团的政治革新，被贬谪的后半生不屈身降志，又做出了影响深远的政绩。白居易最亮点的是领导了中唐的新乐府运动，"唯歌生民病，愿得天子知"，让诗歌文学发生社会良心的作用，深刻影响了后世中国文学。

李商隐与杜牧都是博学多识、才华盖世的士人，不仅仅是诗人。正是他们压抑的才华得不到实现，才成全了他们美丽的诗歌，某种意义上说，他们的诗歌，正是他们不负此生、不虚此生的证明。所以我们可以说，唐代的第一流的诗人，个个都是要拿出自己生命的美好，要做一点事情，都是想要让自己的才智充分得到表现的。

有关唐诗学的一些关键词，譬如盛唐气象、兴寄风骨、诗赋取士、诗史精神、歌诗合为事而作、讽谏诗等，都指向刚健有为、向社会负责、以天下有道的关怀，做到不负此生、不虚此生的时代精神。这些关键词，正可以简明有力地代表唐诗的基本精神。我看唐代人对唐代人的诗歌评论，也是推崇尽气的精神。

譬如盛唐诗人任华《寄李白》："古来文章有能奔逸气、耸高格，清人心神、惊人魂魄。我闻当今有李白。"可见我们不是无根据的。白居易说："天意看须会，人间要好诗。"高度概括了这种时代精神。表明：好诗是天意之所在，天意之肯定。这是一整个要好诗的时代。诗人最懂得这个道理，他们是要让天下都成为美好的诗。

大家会问：你说的是盛唐精神，那么晚唐呢？不是都有点气脉衰败了吗？如果是跟盛唐比，晚唐是不够尽气了。但是不要忘记，晚唐诗人使尽才的生命精神突出出来了。到了晚唐，好诗才成为一种可以使人终身赴之、类似于宗教信仰一样的美好追求。

王建说"唯有好诗名字出，倍教少年损心神"；白居易说"天意君须会，人间要好诗"。所以，从初盛唐尽气的生命到中晚唐尽才尽情的生命精神，其实仍然是善待生命、高扬人性美好，不负此生、不虚此生的文化精神的表现。如果没有中国文化的这个人性亮色的底子，就不会有唐诗的这种表现。所以，我认为唐诗背后有一个秘密，有一种很深的精神气质，就是尽气尽才的精神，就是不负此生、不虚此生的时代集体意识。如果有谁敢说自己的生命是不负此生、不虚此生，用中国文化的说法，我们就可以说他是得了唐诗的真精神。

唐诗是早晨，不是下午茶

现在我们来读读那些千年传诵的名句吧。我们看诗人动不动就说"秦时明月汉时关"，动不动就说"万里长征人未还"，诗人动不动就说"男儿何不带吴钩？收取关山五十州"，动不动就说"为言地尽天还尽，行到安西更向西"，我们发现唐诗的世界大得很，力量充沛得很，精神豪迈得很。

初盛唐的人要是失恋了，痛苦了，说的是"莫愁前路无知己，天下何人不识君？"就会哂然一笑，心情好起来了。要是暂时经过苦难，重新克服了困境，就会说："两岸猿声啼不住，轻舟已过万重山！"就会对前途重新有希望。诗人要是曾经被打败，曾经受大挫折，后来又东山再起，拨云见日，就会说："种桃道士今何在？前度刘郎又重来！"心里充满自豪的感情。诗人被压得喘不过气来了，他就会有这样的诗："仰天大笑出门去，我辈岂是蓬蒿人！"唐人看不惯有些小人得势，说："尔曹身与名俱灭，不废江河万古流。"这是唐诗中骂人最厉害的一句话，骂得很有力量，以历史时间作尺度，眼界十分开阔。

唐诗是可以提升人的人格，振作生命的活气的。读到不少唐诗，真的就是"忽如一夜东风来，千树万树梨花开"，心花怒放的感觉。这也是我们喜欢唐诗的一个原因。所以，叶嘉莹教授接着马一浮先生的话说，诗歌是一种生生不息的不死的心灵。

唐诗中常常提到大江大河、高山平原，因为唐诗主要是中国北方文化发展到极盛时期的诗，所以要写就写高山大河，所以宋词多半是小桥流水，唐诗多半是高山大河。

中国文学写高山大河写得最好的作品，我敢说至今没有超过唐诗的。比如"两岸青山相对出，孤帆一片日边来"，豪情雄壮，比如"青山一道同云雨，明月何曾是两乡"，比如"白日依山尽""大漠孤烟直""黄河之水天上来，奔流到海不复回"，比如"孤帆远影碧空尽，唯见长江天际流"，比如"无边落木萧萧下，不尽长江滚滚来"，都力量充沛得很，生命强健得很。

长江、黄河、高山、大川、太阳、月亮，唐诗就是想来一个惊天动地，就是想贯通宇宙生命之气。"城阙辅三秦，风烟望五津"，这个风烟，大气得不得了。"蜀道之难难于上青天"，"天姥连天向天横"，这个"上青天""向天横"都是直上直下将人的生命与宇宙生命相贯通。

盛唐诗人、宰相张说大书诗人王湾的诗于政事堂："海日生残夜，江春入旧年"。这正是代表唐人的审美意识：天地之大美、自然之伟观——黎明、春天、新年，一齐来到人间，使人间成为美好的存在。"生"字、"入"字，热情奔放，是生命化的大自然。天行健，生命刚健、积极有为，迎向清新与博大。

有些看起来很平常、很安静的诗，也有一种有天有地、贯通宇宙的元气之美。比如："行到水穷处，坐看云起时"，那个"水穷处"，通往那个"云起时"，都是宇宙生生不息的气脉。"岱宗夫如何? 齐鲁青未了"，这"青未了"三个字，不正是生生不息的春色天边无际地流淌么?

有一个诗人有一天晚上突然睡不着觉了，找不到原因，只觉得身子很暖和，原来经过了一个冬天，地气开始回暖了，于是他写诗说"今夜偏知春气暖，虫声新透绿窗纱"。你们看，诗人的生命节奏，感通着宇宙的生命节奏。

老杜有一句诗："四更山吐月，残夜水明楼"，后代的诗人特别喜欢。那是安史之乱后黑暗的唐朝社会，一个无月的黑夜，诗人忧心如焚，彻夜不眠。忽然，窗外那黑黝黝的山嘴里，一下子吐出了一轮晶莹的明月，楼外的水池，月色之中，也波光粼粼，明亮起来了，诗人的心境，也由忧苦而惊喜，而充满了对天意的默默的感动。

杜甫有一首绝句"两个黄鹂鸣翠柳，一行白鹭上青天"，这里的文字，小孩子都懂得，平凡得不得了，但是读起来舒服极了，通透极了，有一种生命与宇宙透气的感觉。杜甫还有一首绝句，"黄四娘家花满蹊，千朵万朵压枝低。留连戏蝶时时舞，自在娇莺恰恰啼。"一种生机盎然之美，一种随处生春之美，读久了就觉得生命很亮丽，很新鲜活泼有力。

有一些表面上看起来是有些感伤的诗，实际上骨子里生命的力量依然充沛得很。比如柳宗元的《寒江独钓》："千山鸟飞绝，万径人踪灭"。那么，是不是宇宙就死掉了呢? 没有，"孤舟蓑笠翁，独钓寒江雪"，越是雪大风寒，越是千山万径，越显得那个钓鱼的渔翁，生命力十分强健。又如孟浩然的《春晓》："春眠不觉晓，处处闻啼鸟。夜来风雨声，花落知多少?"听起来诗人好感伤呀，怜香惜玉的一个样子，但你没有读懂。你想一下诗人半夜里被风雨声惊醒，但清晨又是一个好天气，又是一个春光明媚，他也又是一个好心情，躺在被窝里，听叽叽喳喳鸟儿窗前啼叫，阳光透过窗格儿满满地洒进来，好开心! 那些风风雨雨，雨雨风风，总会过去，而人类社会，宇宙自然，正是这样，在风风雨雨中，花开花落中，永恒地往前生长，往前发展，任何东西也阻挡不了生命的生长。

小小的一首唐诗，一共才不过二十个字，说的竟然是这样有益于人生，有益于生命的道理，敞开的竟然是这样一个无限的世界，你能说唐诗不是一个不死的心灵么? 唐诗难道不正是这样表达了中国文化青春少年的梦么? 唐诗是早晨，是少年，不是下午茶。下午茶的精神是反省的、回味的、沉思的、分析式的，要不停想问题的，而早晨是不提问题的，不分析的，不反省的，早晨是登山则情满于山，观海则意溢于海，是清新的样子，是神采飞扬。我们要让我们的民族在千年长途的风霜满面中，有少年精神，在朝九晚五的风尘仆仆中，有做梦的机会，那么，就让我们的下一代多读唐诗吧！

唐诗中积极进取、蓬勃向上的生命精神，不仅来自国力、开放等时代气象，而且来自开明、先进的政治文化：即科举、尚贤、纳谏。"进士致身卿相为社会心理群趋之鹄的"，这跟科举考试有很大的关系，跟汉魏以来中国古代知识人的地位大幅度上升有很大的关系，跟全社会崇尚诗歌、崇尚人文、崇尚美有很大的关系，跟唐代的国力有很大的关系，这是中国文化的复兴之象。只有这样的时代，才会有尽气的精神突出表现，只有社会上有一种尽理尽心的气象，文学上才会有尽才尽气的表现。

我们今天似乎特别缺少英雄主义了，特别缺少提升生命的真实力量了。这跟我们对人性的看法有关。现代以来，科学主义将人性不当回事，以为只不过是DNA的合成，可以做成什么样就是什么样。现在甚至还有了譬如百忧解这样的医学成果了。

科学的傲慢，加上消费主义的物化浪潮，人性这个东西，要么是零散化，成为没有理性构架、没有主心骨、没有人格意识的拼贴；要么是空洞化，成为没有真实内容、真实需求的虚无主义；要么是幽暗化了，成为一团人欲物欲；要么游戏化，成为一种商业性大众化的表演。现代性主张人是经济动物，是潜意识盲动与升华，是宇宙中的过客。这些问题很大，我今天不可能讨论现代思想的利弊，但我们对于现代思想的反思与怀疑，也成为我们读唐诗的一个背景，使我们懂得珍惜，懂得引申发扬。

葛兆光

盛唐三大诗人①（3则）

　　盛唐三大诗人：王维、李白、杜甫，分别象征着中国文化佛、道、儒三大思想走向，盛唐诗坛的三位顶级诗歌大师，也是中国诗史上的三座艺术高峰。葛兆光先生一面汇集文献、旁征博引，一面慎思明辨、条分缕析，要言不烦地解说三巨匠淡、快、细的艺术风格。三则短文，不亚于一本专著。

　　葛兆光（1950年生），中国文化学者。原籍福建。著有《中国禅思想史——从6世纪到9世纪》《中国思想史——7世纪前中国的知识、思想与信仰世界》等。

王 维

239

　　王维（701～761），字摩诘，太原祁（今山西祁县）人，开元九年（72□）中进士，任大乐丞，因伶人舞黄狮子一事被贬到济州当司仓参军，幸好赏识他的张九龄当了中书令，才又重用为右拾遗、左补阙、给事中。安史之乱时，他沦陷在长安，照规矩，凡是乱中接受了伪职的人都要受严惩，但由于他装过病，又写过一首哀伤当时百官被迫听音乐的诗，所以安史之乱后在他弟弟的回护下仅受到降职的处分，后来又当上了中书舍人、尚书右丞等官。

　　人们通常把王维和李白、杜甫并称为盛唐三大诗人倒不仅仅是由于他们刚好象征了盛唐诗坛佛、道、儒三大思潮，而是很早就有人把他们一视同仁地视为当时最了不起的诗歌大师。和他时代先后的殷璠编《河岳英灵集》便在序中以他和王昌龄、储光羲为开元、天宝间的诗坛代表，独孤及《左补阙安定皇甫公集序》则认为沈（佺期）、宋（之问）之后的大诗人当推王维与崔颢，宋代人也说李、杜之下孟浩然，王维"当为第一"（《许彦周诗话》），无论什么人论盛唐诗，都要数到王维，就连在李白、杜甫声誉如日中天的后世，人们私下里还是更偏好文人味道十足的王维，觉得他的诗不像李白那么激扬蹈厉，热烈得让人难以平静，也不像

---

　　① 选自葛兆光《唐诗选注》，浙江文艺出版社，1999年版。标题为编者所拟。

杜甫那么严肃整饬，沉重得让人难以轻松，所以《诗镜总论》便对"世以李、杜为大家，高（适）、岑（参）为傍户"的说法颇有微词，转弯抹角地提醒人们王维"写色清微，已望陶（渊明）、谢（灵运）之藩"；《而庵诗话》则对"俎豆杜陵者比比，而皈依摩诘者甚鲜"的现象公开表示不满，暗中以"天子""妙悟"比王维，以"宰相""师承"说杜甫，狠抬了王维一番；那位素来不喜欢杜诗的王士禛虽然碍于舆论不便公然扬王抑杜，但论诗的时候也免不了表露出自己的偏爱，像《师友传诗录》里说到唐人七律就说王维是"正宗"，偏不提最擅长七律的杜甫。

　　关于王维的诗，比较一致的说法，当然是称赞它"澄澹精微"（司空图《与李生论诗书》）、"淳古淡泊"（欧阳修《书梅圣俞稿后》）、"清深闲淡"（魏庆之《诗人玉屑》），这种直接来自感受的印象式评论和象征式术语大体不错，一下子就抓住了王维诗的特征，也很吻合王维深受佛禅熏染而追求旷逸高远的心理性格。但应当更明确、更具体地说明的，也许还有以下两点：第一，既擅绘画又精乐理的王维有极出色的声、色感觉。宋人曾有王维"诗中有画"、兼顾长康善画、杜子美善诗之长的赞语，但他们都只提到了有关色彩的一面，其实，最早指出这一点的唐人殷璠，在《河岳英灵集》里就已说到王维诗"在泉为珠，着壁成绘"。前一句的"珠"好像《琵琶行》里的"大珠小珠落玉盘"的"珠"，它不是哗哗啦啦淅淅沥沥不断流淌的水声雨声，而是清泉滴露深潭溅玉般既清亮又幽深的泉声，这种声响给人的感觉恰恰是无声，因而反倒渲染了幽深静谧的气氛，像《鹿砦》的"空山不见人，但闻人语响"，《竹里馆》的"独坐幽篁里，弹琴复长啸"，《鸟鸣涧》的"月出惊山鸟，时鸣深涧中"，这种方式可能受到南朝人"蝉噪林愈静，鸟鸣山更幽"的启发，所以他一再使用，如《赠东岳焦炼师》"山静泉愈响"、《奉和圣制玉真公主山庄》"谷静泉愈响"、《过感化寺昙兴上人山院》"谷鸟一声幽"等等，都是试图营造一种秋夜听蟋蟀声似的清幽听觉效果；后一句"着壁成绘"就是苏轼说的"诗中有画"，但这画毕竟不是有形有色的真画，而是以语词在读者视境中突出鲜亮或朦胧的色感，比如令苏轼感佩不已的那首"蓝溪白石出，玉川红叶稀。山路元无雨，空翠湿人衣"，白石在碧水，红叶点山川，这些跳动的色彩一下子就使视境豁亮，而后两句又以"空翠"这种大块色调一笔染过，尤其是下一个"湿"字使读者眼中顿时出现朦胧空灵的淡色和淡色中的几块亮点，这就是中国水墨画般的色彩效果。此外如"满园深浅色，照在绿波中"（《游春曲》之一），"嫩竹含新粉，红莲落故衣"（《山居即事》），"泉声咽危石，日色冷青松"（《过香积寺》），"江流天地外，山色有无中"（《汉江临泛》），"青菰临水映，白鸟向山翻"（《辋川闲居》）……都显出一种淡而不暗、亮而不艳、可触可摸的色彩。这种声、色感交融在一道，使他的山水田园诗常常能一下子抓住读者的视觉与听觉，不由自主地随他的诗句进入那幽深清远的境界。第二，在盛唐诗人中王维是很能全面吸收汉魏六朝诗歌长处的。一方面他学了陶渊明的淡旷闲恬，即《后山诗话》说的"得其自在"，这'自在'包括了意境高远闲旷，也包括了意脉从容不迫，意象朴素自然，他的诗歌语言不像李白那么奇异谲诡，也不像杜甫那么精致艰深，看上去明白如话，所用的也大多是简单词汇，很少绕弯子引典故捏腔子作文绉绉状，相反他还有意仿照汉魏六朝古诗，以一些最普通的名词为意象，用最平直的语序说出来，构成最朴素的诗境，反而造就了自然淡泊的韵味；另一方面他又学了谢灵运、谢朓一流的精致工巧，在朴素淡雅的诗句中融入了尖新流丽，使诗歌既不过分枯瘠质直，又不过分浓艳华丽，即《麓堂诗话》所谓的"丰缛而不华靡"或王缙《王右丞集序》所谓的"句本冲淡而兴则悠长，者词清婉流丽"，这使得六朝诗歌两大风格在盛唐合而为一，并启迪了中晚唐诗歌的发展路向，后来的"大历十才子"，刘长卿、韦应物乃至晚唐一些诗人大多走的是这个路数。当然，早年王维的诗风与此并不相同，多少还有些激扬风发的作品，晚年王维也有一些诗并不能包容在上述风格中，在有的时候也不免写些繁缛、平直或枯瘠的诗作。

李 白

李白（701~752）字太白，先祖据说是陇西成纪（今甘肃天水）人，但很早迁徙到西域，李白就出生在中亚碎叶（苏联托克马克，一说在新疆库尔勒和焉耆附近）。他五岁时随父迁回绵州彰明（今四川江油），25岁时"仗剑去国，辞亲远游"（《上安州裴长史书》），离开蜀中，到处漫游。据说十年间他仗剑任侠，学仙访道、饮酒赋诗，结交文友，闯出了不小的名声，以至于比他年长了40多岁的老诗人贺知章都对他惊佩不已，称他为"谪仙人"，称他的诗"可以泣鬼神"（参见孟棨《本事诗·高逸》及王定保《唐摭言》卷七），于是他的狂放性格和天赋奇才都一下子闻名遐迩。靠着这种名气和一些手眼通天的道教徒的推荐，天宝元年（742）他第二次入京时当上了供奉翰林并受到唐玄宗特殊礼遇。据说玄宗不仅亲自迎接，以七宝床赐食，还亲手为他调羹（参见李阳冰《草堂集序》、范传正《唐左拾遗翰林学士李公新墓碑》），但唐玄宗并没有把他当成辅弼之才委以重任而只不过把他视为敏捷诗人来养一个清客，李白也并不是胸怀韬略能匡时经国的政治家而只是一个天真狂放的诗人在做入世之梦。所以不过两年，这个皇帝和文人的"蜜月"就在重重猜忌、挑拨、谗毁下结束了，唐玄宗仍当他的天子，李白仍四处漫游作他的诗，直到安史之乱爆发，玄宗退位，李白也又一次结束了他浪漫的诗人生活，入了永王李璘的幕府去讨伐叛乱。可是至德二年（757），李璘由于受朝廷猜忌被击败，李白又被牵连，受到流放夜郎（今贵州桐梓）的处分，幸而中途遇赦才得返回。上元二年（761）61岁的李白从金陵出发，到临淮（今安徽泗县）参加太尉李光弼的军队去讨伐叛乱，不料中途因病只能返回，第二年就病逝于当涂县令李阳冰处。

李白是盛唐最有天赋的诗人，"豪放""飘逸"是古人谈论李白诗时最常用的词眼，它们和今人最爱用的"浪漫主义""富于想象"等文学批评术语一样，用在李白诗的评论上有足够的依据和充分的概括力，但在这里我们想拣出另外一个词来形容李白的诗，这就是宋代王安石首先使用过的那个"快"字（《冷斋夜话》与《扪虱新话》均引王安石语说李白"词语迅快"）。"快"在中国最古老最权威的字典《说文解字》里是"喜也"，但人们常用于诗评的却是它的引申义"疾速"（《说文解字注》），以及再引申义"爽快""痛快""畅快"，王安石所谓的"快"似乎没有兼容这许多意思在内，但后来《韵语阳秋》卷一所谓"思疾而语豪"的"疾"，《四溟诗话》卷二引孔文谷所谓的"然却太快"的"快"，《小瀼草堂杂论诗》所谓的"只是一爽字"的"爽"，大约都涵盖了爽快、痛快、畅快之意，这使李白的诗得了这样一个形象却不怎么雅致的比喻："饥鹰下掠"。

不过，我们这里说李白诗"快"更侧重于指他诗思与诗语之间的疾速。李白身上浓重的诗人气质和豪爽的天真性情使他不愿意像其他诗人那样斟字酌句，涵咏体味，把心头的意思掖掖藏藏，也不愿意被诗律声病捆手绑脚，弄得磕磕绊绊，他的心思和他的话语之间仿佛没有闸门，心头的冲动总是那么急不可耐、争先恐后地从喉咙里奔跑出来。于是，他的诗一方面由于"迅快"而自然流畅、气脉贯通，所谓"语多卒然而成者"（《沧浪诗话》），即明江盈科《雪涛诗评》说的"青莲是快活人，当其得意，斗酒百篇"，往往写来就仿佛"小孩儿家口没遮拦"似的心直口快地表现着他的情感和性格，所谓"他人作诗用笔想，太白但用胸口一喷即是"就是说他完全是以"我"为主，随情绪变化来安排诗歌气脉的曲折，而绝不像杜甫一流以学力与技巧取胜的诗人那样含蓄曲折靠语言词句上费心安排，因而后人就把他评别人诗的两句话"清水出芙蓉，天然去雕饰"，转用在他自己身上。一方面由于"迅快"而显出了豪爽潇洒，所谓"思疾而语豪"，就是说他"兴酣落笔而不自觉，然逸气横生"（《剑溪说诗又编》）。他是一个极端自信自大的文人，他自认为是"巢由以来，一人而已"的天才（《代寿山答孟少府移文书》），是"谪仙人"（《答湖州迦叶司马》），所以说话从不扭扭捏捏躲躲闪闪，而是嗓门大，喉咙粗，"跌宕自喜，不闲整栗"（《诗辨坻》卷三），再加上他把从道教那里学来的五花八门的神话仙话鬼话一股脑写在诗里，把自己幻想到的种种奇幻谲诡的幻象、自己膨胀得无边无际的自信和古往今来各种句法语词统统捏在一块，于是使眼花缭乱的读者不得不被他的想象所震慑，才气小的后人不得不被他的气势压倒，只好惊叹他"言在口头，想出天外"（《诗概》）、"仙人无踪迹可蹑"（《岘佣说诗》），所以后来的不少诗论家只好挪借杜甫写李白其人的一句诗"飞扬跋扈为谁雄"（《赠李白》）来评李白的诗（《诗筏》及《载酒园诗话又编》）。

当然，说李白诗"快"不是说他写诗只凭天赋可以冲口而出，后来不少人学李白而"画虎不成反类犬"变成了粗率俗滑，证明李白并非没有本钱的买空卖空，相反他"五岁诵六甲，十岁观百家"（《上安州裴长史书》），肚子里积攒了雄厚的诗家贤本，所以他可以从上自《诗经》《楚辞》下至齐梁诗人那里挪借来无数诗材。在盛唐诗人中他是学古最多的一个，杜甫用阴铿、鲍照、庾信来比拟他的诗也许只是朋友间互相赞美的例行用语，但李白自己反复吟咏阮籍、谢朓等人无疑是亮出了自家的底牌，清人《剑溪说诗》卷上就曾说到"太白诗有似《国风》《小雅》者，有似《楚辞》者，似汉魏乐府及古歌谣杂曲者，有似曹子建、阮嗣宗者，有似鲍明远者，似谢玄晖者，又有似阴铿、庾信者，独无一篇似陶"。这里前面一段说得有理，却忘了李白模拟对象中还有左思、谢灵运，他的《古风》中一些诗意直接来自左思《咏史》，而"襟前林壑敛暝色，袖上烟霞收夕霏"则只是给谢灵运《石壁精舍还湖中作》两句名句加了帽子；后面一句则结论下得太干脆，其实李白《月下独酌》四首、《春日独酌》两首、《下终南山过斛斯山人宿置酒》全是拟陶，其中"孤云还空山，众鸟各已归。彼物皆有托，吾生独无依"简直就是从陶渊明《咏贫士》中抄出来的。

可是由于他的诗来得太"快"，使他自己的诗思来不及细细琢磨，自己的诗语来不及修饰，而古人的诗材、意境、语言也常常消化得不够细致，于是就像青人毛先舒《诗辨坻》卷三所说"飘逸而失之轻率"，便使他的诗时有粗糙、时有浅近，有时自己的意思"开门见山"就说得干干净净（《沧浪诗话》），以至于后面敷衍成篇，有时古人的诗材疙疙瘩瘩囫囵吞在诗中以至于全篇不谐。有时候他的横溢天才使他的独创个性凸现得淋漓尽致，恒人们不得不佩服他"奇之又奇，自骚人以还，鲜有此体调"（《河岳英灵集》卷上），有时候却不免让人总是看出他的模拟底色，像《蔡百衲诗评》所说的"时作齐梁人体段"（《竹庄诗话》卷一引），《艺苑卮言》所说的"乐府……尚沿六朝旧习"、《岘佣说诗》所说的"五言古犹是魏晋旧制"。于是有人甚至把杜甫《春日忆李白》中"重与细论文"的"细"字看成了"讥其太俊快"或"讥其欠缜密"的文学批评（《韵语阳秋》卷一、《鹤林玉露》卷六）。就像清人陈廷焯《白雨斋词话》所说的"粗而不精，枝而不理"。这种说法虽然有些老吏断狱的苛刻，却也有老吏断狱的明细，在这一点上应当承认，李白尽管囊括了古代诗歌传统却没有把它消化吸收为自己的东西，他的天才足以让他左右采撷随心所欲，但他的"迅快"并不足以让他重建一套新的诗歌语言，所以《竹庄诗话》卷五说他"格止于此而已，不知变也"，在这个意义上他只是一个总结前代的诗人而不是开创后代的诗人，不像杜甫那样善于把诗史传统的终点和未来诗史的起点连接在自己手中，将传统诗歌的语言技巧更新变异开创出新的诗歌天地。

杜 甫

杜甫（712~770）字子美，巩县（今河南巩义）人，杜审言之孙。开元年间他曾漫游吴越齐赵作诗交友，虽然据说当时一些文坛名人都称赞他像汉代的扬雄、班固（《壮游诗》），可是去考进士却落第了。天宝五载（746），杜甫来到当时的政治文化中心长安，希望在这里找到实现他"致君尧舜上，再使风俗淳"（《奉赠韦左丞丈二十二韵》）的理想的阶梯，但四处投诗献文却得不到当路者的援手，生活陷于困顿之中。虽然他于天宝十载、十三载两度献赋曾使唐玄宗颇为惊奇，但他却没有李白那么走运，直到安史之乱前夕才得到了一个掌管兵器甲仗和门禁锁钥的正八品下的小官右卫率府胄曹参军。安史之乱中，他曾在西去途中被叛军俘虏送往长安，脱逃后到当时朝廷所在地凤翔当了左拾遗，但随即又触怒唐肃宗，乾元元年（758）被贬为华州司功参军。第二年杜甫弃官西行，度关陇，客秦州，寓同谷，最后到了四川，定居于成都浣花溪旁，一住就是六七个年头，在这段时间里，他有时赋闲在家，也有时在幕府任职，曾当过参谋、检校工部员外郎。永泰元年（765）他离开成都后，又在夔州（今四川奉节县）住了两年，大历三年（768）他结束了蜀中生活，携家出峡，在鄂、湘一带又漂泊了三年，最后在"郁郁冬炎瘴，濛濛雨滞淫""乌几重重缚，鹑衣寸寸针"（《风疾舟中伏枕书怀》）的凄惨境地中死于途中，最终没有能回到他梦魂萦绕的"故国"。

在古代文人心目中，杜甫赢得"古今诗人第一"的地位有一半靠了他诗歌内容里对国家君主忠贞不渝的信念、始终如一的热爱以及对苦难百姓的怜悯，不过，在中国诗史上杜甫赢得"诗圣"的桂冠却有一半要凭他在诗歌语言技巧上的变革与创新。毋庸置疑，他诗中感情的真挚和胸怀的博大是了不起的，很少有人能和他那种"时危思报主"（《江上》）与"一洗苍生忧"（《凤凰台》）的拳拳之心相比，所以宋人说"古今诗人众矣，而子美独为首者，岂非以其流落饥寒终身不用，而一饭未尝忘君也欤"（苏轼《东坡集》卷二十四《王定国诗集叙》），"大抵哀元元之穷，愤盗贼之横……亦骚人之伦而风雅之亚也"（孔武仲《宗伯集》卷六《书杜子美哀江头后》）。问题是这种情感和抱负虽然不能说是"老生常谈"，却绝不是诗歌的新鲜话题，就以"朱门酒肉臭，路有冻死骨"为例，《瓯北诗话》卷二就指出这个对比在《孟子》《史记》《淮南子》中已经有过，而这一思想也只是《论语》《礼记·礼运》中某种大同理想或平均主义的唐代诗歌版，对于杜甫这样一个"奉儒守官"又"好论天下大事，高而不切"的文人来说，有这样的人格境界固然难能可贵但也理有必然（《新唐书》卷二〇一本传），在中国富于入世精神的诗歌传统中，写出这样的诗句固然令人敬佩但不能令人惊异，诗歌的一些主题常常是代代沿袭的，沿用传统主题并不能使人成为思想家，更不消说成为杰出诗人，因为诗歌显然不靠你写什么，只能靠你怎么写。也就是如何变化、创新诗歌语言技巧来决定诗人的"诗史意义"。

是宋代人发现了杜甫在人格上的意义也是宋代人察觉了杜甫在诗歌史上的价值。虽然杜甫在唐代已经名气很大但唐代人却不怎么真正了解杜甫的诗，即便是宋初有王禹偁说到了"子美集开新世界"（《日长简仲咸》）、孙何说到了杜甫"语成新体句"（《读杜子美集》），宋初大多数人也只是跟着元稹那一句"辞气豪迈"顺口打转，凭着印象大赞杜诗之"豪"，像田锡、欧阳修、张方平、苏舜钦、范仲淹等等，于是杜甫似乎成了一个只会粗声大气说豪言壮语的莽汉。直到宋人想翻个筋斗跳出唐诗的天罗地网，自己开垦一块生荒地的时候，他们才仔仔细细地看出了杜诗的好处在于语言技巧的更新，于是他们细细地剔理杜诗的篇法，分析杜诗的句法，学习杜诗的字法，揣摩杜诗的声律，发现杜诗原来是一座开不尽掘不完的诗歌技巧宝库，是一份足够模拟仿效很久的诗歌语言范本，杜甫在诗史上的"诗圣"桂冠才被宋人恭恭敬敬地奉上，因此便有了仙童教杜甫在豆垄里掘"诗王"金字的神话（《云仙杂记》卷一），杜诗可以驱疟的鬼话（《苕溪渔隐丛话》后集卷七引《艺苑雌黄》），杜诗是诗歌中的"六经"的迂话（《扪虱新话》卷七）。但是，宋人发现了这些诗歌语言技巧却没有认真思索这在整个诗史上的意义，秦观《淮海集》卷二十二《论韩愈》所说的杜诗"集大成"，给人的印象仿佛杜甫真的是掌管前代诗歌各种家什的钥匙的胄曹参军，把古人遗产统统搜罗在自己武库中供人挑挑拣拣，所以苏轼说"为诗欲法度备足当看杜子美"（《竹庄诗话》卷一引），而明清人生在宋人之后却看清了杜诗的意义在于它是诗史上的"变体"或"变调"，它不仅改变了汉魏齐梁的诗歌语言甚至改变了"温柔掩雅，典丽冲和"的盛唐诗风（清施闰章《学余堂文集》卷六《徐伯调五言律序》，参见明何景明《大复集》卷一四、王世贞《艺苑卮言》卷四、清沈德潜《说诗晬语》、叶燮《原诗》），于是他们给了杜甫一句更切合的评语"子美中兴……一变前人而前人皆在其中"（冯班《钝吟杂录》卷七《诫子帖》），所谓"前人皆在其中"即秦观所谓的"集大成"，"一变前人"则是《说诗晬语》所谓的"独开生面"，而"中兴"就是说杜甫承上启下成了中国诗歌史上的一个标志，划分着前后两个诗史时代。

我们曾用"快"字来象征李白的诗思，我们也可以用"细"字来形容杜甫的诗艺。这个"细"字不是我们的杜撰而是杜甫的夫子自道，他曾说"老来渐觉诗律细"，这"细"就是他"新诗改罢自长吟"'语不惊人死不休'的结果。古人常以"飘逸""沉郁"来分别形容李、杜诗，这种近乎对仗的象征主义评语虽然未必有意对举却让人想到另外两个比喻："李青莲诗佳处在不着纸，杜浣花诗佳处在力透纸背"（清洪亮吉《北江诗话》），不着纸的飘逸仿佛列子御风，透纸背的沉郁仿佛拈针绣花，如果说李白的脱口而出常常是不自觉地宣泄情感，那么杜甫的反复长吟则是自觉地造句作诗，用刘熙载《诗概》的话来说就是"太白耑高，少陵思精"，思精正是为了在诗歌语言上"独开生面"。杜甫生当声律风骨大备的盛唐，不另辟蹊径花样翻新势必被淹没在诗海里无声无息，杜甫并非自甘寂寞的人，"诗是吾家事"的念头使他全身心地写诗，"好胜"的性格使他呕心沥血地创新，"性僻耽佳句"的习惯使他挖空心思地造句，明陆时雍《诗镜总论》曾指责他"在于好奇，作意好奇则于天然之致远矣。……细观之，觉几回不自在"，其实"作意好奇"正是杜甫自觉的追求，"不自在"正是杜甫革新的效果。他对诗歌尤其是近体律绝的句法、字法、篇法、声律都苦苦地琢磨，近体诗中虚字日益消退，他便有意羼入虚字使它化虚为实并曲折诗意（参见《石林诗话》卷中、《对床夜语》卷二、《瓯北诗话》卷二），近体诗日益陷入典丽雅致的套话，他便有意用生新的僻语和平畅的俗语去矫正（参见《冷斋夜话》卷四、《岁寒堂诗话》卷上、《师友传诗录》《岘佣说诗》论杜诗中"粗俗语"），近体诗日益受到定型句法与节奏的束缚，他便刻意用省略、倒装、虚词、离析句等反常的句法去扭曲它（参见《麈史》卷中论杜诗"多离析或倒句"条、《艺圃撷余》论杜诗"结构自成一家言"条、《瓯北诗话》卷二论杜诗"独创句法"条、《说诗晬语》论杜诗"倒插""反接"条），近体诗声律日益谐调定型，他就刻意破弃音律作拗律吴体来矫正它（参见《环溪诗话》卷中论黄山谷拗体在杜诗中条、《瀛奎律髓》卷二十五论老杜吴体条），尤其是他紧缩与舒展的两种句法，清人潘德舆《养一斋李杜诗话》卷二曾看出杜甫"有极意研练之诗，亦有兴到疾挥之诗"，其实前者即《童蒙诗训》引谢无逸所说的"雕琢语到极致处"的句式，它用了紧缩节略，颠倒错综、反接实插各种方式"冥心刻骨，奇险到十二三分"（《瓯北诗话》卷二），以至于"一句说得多事""意脉深藏曲折""字字不闲"（参见《诚斋诗话》《环溪诗话》《（巩石）溪诗话》卷四），使这些诗句仿佛到处潜伏着机关，读到它时似乎迎头撞上意象接踵而来的车轮大战，让人目不暇接、手忙脚乱；又似乎踏进意脉变幻莫测的天门大阵，不得不小心翼翼地跟着它走兑踏坎寻找生门；后者即《童蒙诗训》引谢无逸所说的"自然不做底语到极致处"的句式，它看上去自然流畅明白如话，即元稹所谓"直道当时语"（《酬孝甫见赠十首》其二）、元人所谓"只把寻常话作诗"（《逸老堂诗话》引），其实这种看似"近质野"（《苕溪渔隐丛话》前集卷四十八）的句式对于当时诗坛已惯熟的句法恰是一种矫枉的变体，而这些看似平易寻常的诗句恰恰也是一种深思熟虑的"人造自然"，仿佛雕梁画栋的大观园里精心布置的那个稻香村。这两种句法对当时诗歌实在是一种变革，所以当看惯了按部就班照本宣科式诗歌的人看到杜诗时便觉得他很"生"很"怪"，而宋初人读了杜诗之后也觉得它"驰骤怪骇"（孙仅《读杜工部诗集序》），像"万蛟盘险句"（张伯玉《读子美集》），因为对于走惯了平坦而熟悉的路子的人来说，杜诗大变常态的确让人感到陌生与惊畏，但是当宋人想明白了"随人作诗终后人"（《仕学规范》卷三十九引黄庭坚语）的道理之后，这种把诗写得很"生"或很"熟"的方法就无疑给后人指出了一条生路，开出了无限法门。所以，当我们仔细疏理杜甫身后诗歌语言的变化脉络时，我们就会同意王禹偁的那句话："子美集开新世界"。

钱锺书

宋诗说①（3则）

钱锺书先生的宋诗人小传广得盛誉，月旦人物，舌灿莲花；谈诗论艺，妙趣横生；把宋代诗人的尴尬窘况透底抖搂，破解读者对古诗的神秘崇拜，将你提升到辨析诗品的通达境界。

钱锺书（1910～1998），字默存，号槐聚。原籍江苏。现代作家、国学大师。著作有《围城》《人·兽·鬼》《写在人生边上》《谈艺录》《管锥编》等。

宋诗的特色②

宋代的五七言诗虽然真实反映了历史和社会，却没有全部反映出来。有许多情况宋诗里没有描叙，而由宋代其他文体来传真留影。譬如后世哄传的宋江"聚义"那件事，当时的五七言诗里都没有"采著"，而只是通俗小说的题材，像保留在《宣和遗事》前集里那几节，所谓"见于街谈巷语"。这些诗人十之八九从大大小小的官僚地主家庭出身，经过科举保举，进身为大大小小的官僚地主。在民族矛盾问题上，他们可以有爱国的立场；在阶级矛盾问题上，他们可以反对苛政，怜悯穷人，希望改善他们的生活。不过，假如人民受不了统治者的榨逼，真刀真枪地对抗起来，文人学士们又觉得大势不好，忙站在朝廷和官府一面。后世的士大夫在咏梁山泊事件的诗里会说官也不好，民也不好，各打五十板③；北宋士大夫亲身感到阶级利益受了威胁，连这一点点"公道话"似乎都不肯讲。直到南宋灭亡，遗老像龚开痛恨"乱臣贼子"的"祸流四海"，才想起宋江这种"盗贼之圣"来，仿佛为后世李贽等对《忠义水浒传》的看法开了先路。在北宋诗里出现的梁山泊只是

---

① 选自《钱锺书集·宋诗选注》，生活·读书·新知三联书店，2002年版。标题为编者所拟。

② 节选自《宋诗选注·序》。

③ 魏禧《魏叔子诗集》卷一《读〈水浒〉》第二首："君不择臣，相不下士，士不求友，乃在于此！"

宋江"替天行道"以前的梁山泊，是个风光明秀的地区①，不像在元明以来的书里是"好汉"们一度风云聚会的地盘。

宋诗还有个缺陷，爱讲道理，发议论；道理往往粗浅，议论往往陈旧，也煞费笔墨去发挥申说。这种风气，韩愈、白居易以来的唐诗里已有，宋代"理学"或"道学"的兴盛使它普遍流播。宋代五七言诗讲"性理"或"道学"的多得惹厌，而写爱情的少得可怜。宋人在恋爱生活里的悲欢离合不反映在他们的诗里，而常常出现在他们的词里。如范仲淹的诗里一字不涉及儿女私情，而他的《御街行》词就有"残灯明灭枕头欹，谙尽孤眠滋味；都来此事，眉间心上，无计相回避"这样悱恻缠绵的情调，措词婉约，胜过李清照《一剪梅》词"此情无计可消除，才下眉头，又上心头。"据唐宋两代的诗词看来，也许可以说，爱情，尤其是在封建礼教眼开眼闭的监视之下那种公然走私的爱情，从古体诗里差不多全部撤退到近体诗里，又从近体诗里大部分迁移到词里。除掉陆游的几首，宋代数目不多的爱情诗都淡薄、笨拙、套板。像朱淑真《断肠诗集》里的作品，实在肤浅得很，只是鱼玄机的风调，又添了些寒窘和迂腐。

据说古希腊的亚历山大大帝在东宫的时候，每听到他父王在外国打胜仗的消息，就要发愁，生怕全世界都给他老子征服了，自己这样一位英雄将来没有用武之地。紧跟着伟大的诗歌创作时代而起来的诗人准有类似的感想。当然，诗歌的世界是无边无际的，不过，前人占领的疆域愈广，继承者要开拓版图，就得配备更大的人力物力，出征得愈加辽远，否则他至多是个守成之主，不能算光大前业之君。所以，前代诗歌的造诣不但是传给后人的产业，而在某种意义上也可以说是向后人挑衅，挑他们来比赛，试试他们能不能后来居上、打破记录，或者异曲同工、别开生面。假如后人没出息，接受不了这种挑衅，那么这笔遗产很容易贻祸子孙，养成了好吃懒做的膏粱纨绔。有唐诗做榜样是宋人的大幸，也是宋人的大不幸。看了这个好榜样，宋代诗人就学了乖，会在技巧和语言方面精益求精；同时，有了这个好榜样，他们也偷起懒来，放纵了摹仿和依赖的惰性。瞧不起宋诗的明人说它学唐诗而不像唐诗②，这句话并不错，只是他们不懂这一点不像之处恰恰就是宋诗的创造性和价值所在。明人学唐诗是学得来惟肖而不惟妙，像唐诗而又不是唐诗，缺乏个性，没有新意，因此博得"赝盛唐诗""赝古""优孟衣冠"等等

---

① 例如宋庠《元宪集》卷十《坐田州亭上作，亭下是梁山泊，水数百里》："长天野浪相依碧，落日残云共作红。鱼罟回环千艇合，菱蒲相映又百帆通"；韩琦《安阳集》卷五《过梁山泊》；苏辙《栾城集》卷六《梁山泊》，又《梁山泊见荷花忆吴兴》第五首："菱蒲出没风波际，雁鸭飞鸣雾雨中。应为高人爱吴越，故于齐鲁作南风。"

② 例如何景明《何氏集》卷二十六《读〈精华录〉》："山谷诗自宋以来论者皆谓似杜子美，固余所未喻也。"

绰号①。宋人能够把唐人修筑的道路延长了，疏凿的河流加深了，可是不曾冒险开荒，没有去发现新天地。用宋代文学批评的术语来说，凭借了唐诗，宋代作者在诗歌的"小结裹"方面有了很多发明和成功的尝试，譬如某一个意思写得比唐人透彻，某一个字眼或句法从唐人那里来而比他们工稳，然而在"大判断"或者艺术的整个方向上没有什么特著的转变，风格和意境虽不寄生在杜甫、韩愈、白居易或贾岛、姚合等人的身上，总多多少少落在他们的势力圈里。把末流当作本源的风气仿佛是宋代诗人里的流行性感冒。嫌孟浩然"无材料"的苏轼有这种倾向，把"古人好对偶用尽"的陆游更有这种倾向；不但西昆体害这个毛病，江西派也害这个毛病，而且反对江西派的"四灵"竟传染着同样的毛病。他们给这种习气的定义是："资书以为诗"②，后人直率的解释是："除却书本子，则更无诗"③。宋代诗人的现实感虽然没有完全沉没在文字海里，但是有时也已经像李逵假浪水，探头探脑地挣扎。

　　从古人各种著作里收集自己诗歌的材料和词句，从古人的诗里孳生出自己的诗来，把书架子和书箱砌成了一座象牙之塔，偶尔向人生现实居高临远地凭栏眺望一番。内容就愈来愈贫薄，形式也愈变愈严密。偏重形式的古典主义发达到极端，可以使作者丧失了对具体事物的感受性，对外界视而不见，恰像玻璃缸里的金鱼，生活在一种透明的隔离状态里。据说在文艺复兴时代，那些人文主义作家沉浸在古典文学里，一味讲究风格和词藻，虽然接触到事物，心目间并没有事物的印象，只浮动着古罗马大诗人的好词佳句④。我们古代的批评家也指出相同的现象："人于顺逆境遇所动情思，皆是诗材；子美之诗多得于此。人不能然，失却好诗；及至作诗，了无意思，唯学古人句样而已。"⑤这是讲明代的"七子"，宋诗的病情还远不至于那么沉重，不过它的病象已经显明。譬如南宋有个师法陶潜的陈渊⑥，他在旅行诗里就说："渊明已黄壤，诗语馀奇趣。我行田野间，举目辄相遇。谁云古人远？正是无来去！"⑦陶潜当然是位大诗人，但是假如陈渊觉得一眼

---

①　参看于慎行《穀城山馆文集》卷十一《冯宗伯诗序》："如画师写照……无一不似……了无生意……似之而失其真矣！"又《朱光禄集序》："大者摹拟篇章，小者剽剥字句……形腴神索。"这是曾受"七子"影响的一位过来人的话。

②　刘克庄《后村大全集》卷九十六《韩隐君诗序》，是用韩愈《登封颍县尉卢殷墓志》里的话。韩愈那句话在宋代传诵非常广，例如强幼安《唐子西文录》里"凡作诗平居须收拾诗材以备用"条，文珦《潜山集》卷三《哭李雪林》、卷五《周草窗吟稿号"蜡屐"为赋古诗》等。

③　王夫之《船山遗书》卷六十四《夕堂永日绪论》内编评苏轼黄庭坚。

④　德·桑克谛斯（F.De Sanctis）《意大利文学史》（Storia della Letteratura Italiana），1962年版第一册第342页。

⑤　吴乔《围炉诗话》卷一。

⑥　《默堂先生文集》卷四《小轩问题》第二首："渊明吾之师"，卷五《次韵令德答天启》："我师陶靖节。"

⑦　《默堂先生文集》卷五《越州道中杂诗》第八首。

望出去都是六七百年前陶潜所歌咏的情景，那未必证明陶潜的意境包罗得很广阔，而也许只表示自己的心眼给陶潜限制得很褊狭。这种对文艺作品的敏感只造成了对现实事物的盲点，同时也会变为对文艺作品的幻觉，因为它一方面目不转睛，只注视着陶潜，在陶潜诗境以外的东西都领略不到，而另一方面可以白书见鬼，影响附会，在陶潜的诗里看出陶潜本人梦想不到的东西。这在文艺鉴赏里并不是稀罕的症候。

早在南宋末年，严羽对本朝的诗歌已经做了公允的结论："近代诸公乃作奇特解会，遂以文字为诗，以才学为诗，以议论为诗，且其作多务使事，不问兴致，用字必有来历，押韵必有出处。"①

韩愈虽然说"惟陈言之务去"，又说"惟古于词必己出，降而不能乃剽贼"②，但是他也说自己"窥陈编以盗窃"③；皎然虽然说"偷语最为钝贼"，"无处逃刑"，"偷意也情不可原"，但是他也说"偷势才巧意精"，"从其漏网"④。在宋代诗人里，偷窃变成师徒公开传授的专门科学。王若虚说黄庭坚所讲"点铁成金""脱胎换骨"等方法"特剽窃之黠者耳"⑤；冯班也说这是"宋人谬说，只是向古人集中作贼耳"⑥。反对宋诗的明代诗人看来同样的手脚不干不净："徒手入市而欲百物为我有，不得不出于窃，瞎盛唐之谓也。"⑦文艺复兴时代的理论家也明目张胆地劝诗人向古典作品里去盗窃："仔细的偷呀！""青天白日之下做贼呀！""抢了古人的东西来大家分赃呀！"还说："我把东西偷到手，洋洋得意，一点不害羞。"⑧撇下了"惟一的源泉"，把"继承和借鉴"去"替代自己的创造"，就非弄到这样收场不可。偏重形式的古典主义有个流弊：把诗人变得像个写学位论文的未来硕士博士，"抄书当作诗"，要自己的作品能够收列在图书馆的书里，就得先把图书馆的书安放在自己的作品里。偏重形式的古典主义还有个流弊：把诗人变成领有营业执照的盗贼，不管是巧取还是豪夺，是江洋大盗还是偷鸡贼，是西昆体那样认准了一家去打劫，还是像江西派那样挨门排户大大小小人家都去光顾。这可以说是宋诗——不妨还添上宋词——给我们的大教训，也可以说是整个旧诗词的演变里包含的大教训。

---

① 《沧浪诗话》"诗辨"节。

② 《昌黎先生集》卷十六《答李翊书》。

③ 《昌黎先生集》卷十二《进学解》；参看李冶《〈敬斋古今黈〉补遗》卷一赞韩愈、柳宗元、欧阳修都是本领高妙的大盗。

④ 《诗式》卷一"三不同语意势"条。

⑤ 《滹南遗老集》卷四十。

⑥ 《钝吟杂录》卷四。

⑦ 《围炉诗话》卷六。参看焦竑《澹园集》卷十二《答友人论文》："夫古以为贼，今以为程。"

⑧ 唯达（Marco Girolamo Vida）（1480～1566）《诗学》（De Arte Poetica）卷三。

苏 轼

苏轼（1037~1101）字子瞻，自号东坡居士，眉山人，有《东坡集》《后集》《续集》。他一向被推为宋代最伟大的文人，在散文、诗、词各方面都有极高的成就。他批评吴道子的画，曾经说过："出新意于法度之中，寄妙理于豪放之外"。从分散在他著作里的诗文评看来，这两句话也许可以现成地应用在他自己身上，概括他在诗歌里的理论和实践。后面一句说"豪放"要耐人寻味，并非发酒疯似的胡闹乱嚷。前面一句算得"豪放"的定义，用苏轼所能了解的话来说，就是："从心所欲，不逾矩"；用近代术语来说，就是：自由是以规律性的认识为基础，在艺术规律的容许之下，创造力有充分的自由活动。这正是苏轼所一再声明的，作文该像"行云流水"或"泉源涌地"那样的自在活泼，可是同时又很谨严的"行于所当行，止于所不可不止"。李白以后，古代大约没有人赶得上苏轼这种"豪放"。

他在风格上的大特色是比喻的丰富、新鲜和贴切，而且在他的诗里还看得到宋代讲究散文的人所谓"博喻"或者西洋人所称道的莎士比亚式的比喻，一连串把五花八门的形象来表达一件事物的一个方面或一种状态。这种描写和衬托的方法仿佛是采用了旧小说里讲的"车轮战法"，连一接二地搞得那件事物应接不暇，本相毕现，降伏在诗人的笔下。在中国散文家里，苏轼所喜欢的庄周和韩愈就都用这个手法；例如庄周的《天运》篇连用"刍狗已陈""舟行陆、车行水""猿狙衣服""桔槔""柤梨橘柚""丑人学西施"六个比喻来说明不合时宜这一点，韩愈的"送石处士序"连用"河决下流""驷马驾轻车就熟路""烛照""数计""龟卜"五个比喻来表示议论和识见的明快这一点。在中国诗歌里，《诗经》每每有这种写法，像"国风"的"柏舟"连用镜、石、席三个形象来跟心情参照，"小雅"的"斯干"连说"如跂斯翼，如矢斯棘，如鸟斯革，如翚斯飞"来形容建筑物线条的整齐挺耸。唐代算韩愈的诗里这类比喻最多，例如《送无本师》先有"蛟龙弄角牙"等八句四个比喻来讲诗胆的泼辣，又有"蜂蝉碎锦缬"等四句四个比喻来讲诗才的秀拔，或像"峋嵝山"里"科斗拳身薤倒披"等两句四个比喻来讲字体的奇怪。但是我们试看苏轼的"百步洪"第一首里写水波冲泻的一段："有如兔走鹰隼落，骏马下注千丈坡，断弦离柱箭脱手，飞电过隙珠翻荷"，四句里七种形象，错综利落，衬得《诗经》和韩愈的例子都呆板滞钝了。其他像《石鼓歌》里用六种形象来讲"时得一二遗八九"，《读孟郊诗》第一首里用四种形象来讲"佳处时一遭"，都是例证。词里像贺铸《青玉案》的有名结句把"烟草""风絮""黄梅雨"三者来比"闲愁"，就是"博喻"的佳例，最突出的是名谢逸的《花心动·闺情》用"风里杨花"等九物来比好事不成（《全宋词》652页）。上古理论家早已注重诗歌语言的形象化，很注意比喻；在这一点上，苏轼充分满足了他们的要求。

苏轼的主要毛病是在诗里铺排古典成语，所以批评家嫌他"用事博""见学矣然似绝无才""事障""如积薪""窒、积、芜""獭祭"，而袒护他的人就赞他对"故实小说"和"街谈巷语"，都能够"入手便用，似神仙点瓦砾为黄金"。他批评过孟浩然的诗"韵高而才短，如造内法酒手而无材料"，这句话恰恰透露出他自己的偏向和弱点。同时，这种批评，正像李清照对秦观的词的批评："专主情致而少故实，譬如贫家美女，虽极妍丽丰逸，而终乏富贵态"，都可以帮助我们了解在那种创作风气里古典成语的比重。

最可惜的是陆游没有肯替苏轼的诗集作注，这跟杜甫和李白的"樽酒细论文"，没有记录一样，是文学史上的大遗事。

道学家的诗

批评家认为道学是"作诗第一对病"[①]，在讲宋诗——还有明诗——的时候，也许应该提一下这个问题。哲学家对诗歌的排斥和敌视在历史上原是常事，西洋美学史一开头就接触到柏拉图所谓"诗歌和哲学之间的旧仇宿怨"[②]。但是宋代道学家对诗歌的态度特别微妙。

程颐说："作文害道"，文章是"俳优"。又说："学诗用功甚妨事"，像杜甫的写景名句都是"闲言语，道他做甚！"轻轻两句话变了成文的法律，吓得人家作不成诗文。不但道学像朱熹要说："顷以多言害道，绝不作诗"，甚至78天里做一百首诗的陆游也一再警告自己说："文词终与道相妨"，"文词害道第一事 子能去之其庶几！"当然也有反驳的人。不过这种清规戒律根本上行不通。诗依然一首又一首地作个无休无歇，妙的是歪诗恶诗反而因此增添，就出于反对作诗的道学家的手笔。因为道学家还是手痒痒地要作几首诗的，前门撵走的诗歌会从后窗里爬进来，只添了些狼狈的形状。就像程颐罢，他刚说完作诗"害事"，与上引一首自己作的"谢王子真"七绝；又像朱熹罢，他刚说"绝不作诗"，忙忙"盖不得已而言"的来了一首《读〈大学·诚意〉章有感》五古。也许这不算言行不符，因为道学家作的有时简直不是诗。形式上用功夫既然要"害道"，那末就可以粗制滥造，所谓："自知无纪律，安得谓之诗？"或者："平生意思春风里，信手题诗不用工。"内容抒情写景既然是"闲言语"，那末就得借讲道学的借口来吟诗或者借吟诗的机会来讲道学，游玩的诗要根据《周礼》来肯定山水，赏月的诗要发挥《易

---

① 郑方坤《全闽诗话》卷四引谢肇淛《小草斋诗话》；参看胡应麟《诗薮》内编近体中论"儒生气象一毫不得著诗，儒者语言一字不可入诗'。

② 《理想国》第607页。

经》来否定月亮，看海棠的诗要分析主观嗜好和客观事物。结果就像刘克庄所说："近世贵理学而贱诗，间有篇咏，率是语录讲义之押韵者耳。"道学家要把宇宙和人生的一切现象安排总括起来，而在他的理论系统里没有文学的地位，那仿佛造屋千间，缺了一间；他排斥了文学而又去写文学作品，那仿佛家里有屋子千间而上邻家去睡午觉；写了文学作品而借口说反正写得不好，所以并没有"害道"，那仿佛说自己只在邻居的屋檐下打个地铺，并没有升堂入室，所以还算得睡在家里。这样，他自以为把矛盾统一了。

北宋中叶以后，道学家的声势愈来愈浩大；南宋前期虽然政府几次三番下令禁止，并不能阻挡道学的流行和减削它的声望。不管道学家是无能力而写不好诗或者是有原则的不写好诗，他们那种迂腐粗糙的诗开了一个特殊风气，影响到许多诗人。有名的像黄庭坚、贺铸、陆游、辛弃疾还有刘克庄本人都写了些"讲义语录之押韵者"，小家像吴锡畴、吴龙翰、陈杰、陈起、宋自适、毛珝、罗与之等等也是这样。就像描摹道学家丑态的周密也免不了写这一类的诗，甚至于取个"草窗"的笔名，还是根据周敦颐和程颢等道学家不拔掉窗前野草的故事。又像朱淑真这样一位工愁善怨的女诗人，也有时候会在诗里做出岸然道貌，放射出浓郁的"头巾气"；有人讲她是朱熹的侄女儿，那句查无实据的历史传说倒也不失为含有真理的文学批评。

假如一位道学家的诗集里，"讲义语录"的比例还不大，肯容许些"闲言语"，他就算得道学家中间的大诗人，例如朱熹。

王国维

《人间词话》^①（2则）

血书者

　　血写的文字，是锥心刺骨的表白，但也有境界高下之分。同是亡国皇帝，宋徽宗赵佶的词个人意味较浓，南唐后主李煜的词也说个人哀痛，却容易引起后人的共鸣，因为他的文字具有象征意味，更容易触发普遍的人性。以对人心的感染力而言，词坛的李煜，仿佛佛教的释迦牟尼、基督教的耶稣——这只能说明王国维对李煜的偏爱。

　　尼采谓："一切文学，余爱以血书者。"后主之词，真所谓以血书者也。宋道君皇帝《燕山亭》词亦略似之。然道君不过自道身世之戚，后主则俨有释迦、基督担荷人类罪恶之意，其大小固不同矣。

附：

燕山亭·北行见杏花

赵　佶

　　裁剪冰绡，轻叠数重，淡著胭脂匀注。新样靓妆，艳溢香融，羞杀蕊珠宫女。易得凋零，更多少、无情风雨。愁苦。问院落凄凉，几番春暮。

　　凭寄离恨重重。这双燕，何曾会人言语。天遥地远，万水千山，知他故官何处。怎不思量，除梦里有时曾去。无据。和梦也、新来不做。

虞美人

李　煜

　　春花秋月何时了？往事知多少！小楼昨夜又东风，故国不堪回首月

---

　　① 选自王国维《人间词话》，上海古籍出版社，1998年版。小标题为编者所拟。

明中。雕栏玉砌应犹在，只是朱颜改。问君能有几多愁？恰似一江春水向东流！

三境界

　　"三境界"之说，由于眼光独到、选词精当，可以做多种引申，创业也罢、治学也罢、求爱也罢、求真也罢、人生也罢，莫不如是。

　　古今之成大事业、大学问者，必经过三种之境界："昨夜西风凋碧树。独上高楼，望尽天涯路。"此第一境也。"衣带渐宽终不悔，为伊消得人憔悴。"此第二境也。"众里寻他千百度，蓦然回首，那人却在，灯火阑珊处。"此第三境也。此等语皆非大词人不能道。然遽以此意解释诸词，恐为晏、柳诸公所不许也。

附：

鹊踏枝

晏　殊

　　槛菊愁烟兰泣露。罗幕轻寒，燕子双飞去。明月不谙离恨苦，斜光到晓穿朱户。昨夜西风凋碧树。独上高楼，望尽天涯路。欲寄彩笺兼尺素。天长水阔知何处。

蝶恋花

柳　永

　　伫倚危楼风细细，望极春愁，黯黯生天际。草色烟光残照里，无言谁会凭阑意。拟把疏狂图一醉，对酒当歌，强乐还无味。衣带渐宽终不悔，为伊消得人憔悴。

青玉案

辛弃疾

　　东风夜放花千树，更吹落，星如雨。宝马雕车香满路。凤箫声动，玉壶光转，一夜鱼龙舞。
　　蛾儿雪柳黄金缕，笑语盈盈暗香去。众里寻他千百度。蓦然回首，那人却在，灯火阑珊处。

张中行

偏 爱①

　　文学是人学，各样的读者喜欢各样的作品，是文学欣赏的主观性。另有一种衡量作品高下的客观标准，沏上一壶好茶，且听诙谐率真的张中行先生娓娓道来……

　　张中行（1909～2006），原籍河北。现代学者、散文家。北京大学教授，与季羡林、金克木并称"燕园三老"。著有《负暄琐话》《负暄续话》《负暄三话》《诗词读写丛话》等。

　　偏爱常用于人对人。元稹诗："谢公最小偏怜女，自嫁黔娄百事乖。"这是说这位谢老丈人对儿女不是一视同仁，而是特别喜欢最小的一个。想来谢婆必更是这样。读诗词是不是也会如此？我想不只"会"如此，而且"必"如此。也"应该"如此。

　　以诗词为限，偏爱有范围大小之别。可以大到在诗词间有所偏爱，比如同样是抒情，有的人对软绵绵特别感兴趣，那就无妨多读"执手相看（读平声）泪眼"，"斜阳正在烟柳断肠处"之类而一唱三叹。同是诗或词，可以对某一体有偏爱，比如诗特别喜欢近体，词特别喜欢长调就是。体还可以加细，一直细到喜欢近体的七律，长调的《满江红》《贺新郎》之类。偏爱的还可以是时代，如诗特别喜欢盛唐，词特别喜欢北宋之类。时代还可以缩小到人，如盛唐特别喜欢老杜，北宋特别喜欢小晏之类。更常见的偏爱集中于作品，如诗特别喜欢《古诗十九首》、杜甫《秋兴八首》，词特别喜欢柳永《雨霖铃》、贺铸《青玉案》之类。这方面也可以缩小，如诗可以特别推重"春风又绿江南岸"的"绿"字，词特别推重"红杏枝头春意闹"的"闹"字之类。这多种偏爱的分歧自然只是举例，就绝大多数读者说，都多多少少是墨子的信徒，（有条件的）兼爱，正如对于佳人，窈窕的、赵飞燕，丰满的、杨玉环，都觉得好。那就无妨说，读诗词，时间长了，篇数多了，总难免，偏爱这些，不偏爱那些，不偏爱的那一堆里，也许有一些，甚至不很少，轻则不喜欢，重则厌恶。这好不好？

---

　　① 选自张中行《诗词读写丛话》，中华书局，2005年版。

　　我看是没有什么不好。理由有主观、客观两种。主观是就读者说，各有性之所近，正如饮食大欲，有人爱吃甜的，有人爱吃辣的，不必勉强，勉强也难以奏效。以读诗为例，陶诗和西昆体之间，如果容许打破时代的拘束，巢父、许由一流人一定选择前者，徐陵、江总一流人一定选择后者。这类事说不上什么对错，人生是复杂的，大道理之下应该包容多种小自由。客观是就作品说，古今大量的不通的不算在内，只说漂在水面以及之上的，如朱庆余的《近试上张水部》："洞房昨夜停红烛（读仄声），待晓堂前拜舅姑。妆罢低声问夫婿，画眉深浅入时无？"李商隐的《寄令狐郎中》："嵩云秦树久离居，双鲤迢迢一纸书。休问梁园旧宾客，茂陵风雨病相如。"两首诗都见于《唐诗三百首》，都是写给某一人意在讨好的，不知别人怎么看，我看是有高下之分，因为读前一首总感到肉麻，后一首没有乞怜的谄媚态，不诛心就过得去。由此可见，作品确是有好坏之分，至少是高下之分，对应好坏、高下，有偏爱正是当然的，虽然所偏未必就是适当的，进一步说，读诗词，偏爱还有优点，是可以证明已经深入一步。理由可以想见。其一，偏爱由比较来（除性之所近以外），固执的偏爱由多次比较来。儿童开始接触诗词，比如只念了三五首绝句，"床前明月光""两个黄鹂鸣翠柳"之类，觉得还有点滋味，这够不上偏爱，因为没有觉得这比什么什么好。读多了，比如唐以前，尤其南朝五言诗读了不少，越来越感到，还是《古诗十九首》好，因为语质朴而情真挚。这是由比较来的偏爱，与儿童的浅尝相比，获得增多，所以是深入一步。其二，偏爱还由深入领会，或说与作者的诗情（作品蕴含的情怀）同呼吸、共苦乐来。陶诗"众鸟欣有托（读仄声），吾亦爱吾庐"，杜诗，"夜阑更秉烛（读仄声），相对如梦寐"，都用朴实的笔墨写常事常情，可是这情是由颠簸的经历和哲人式地体味人生来的，其中有理，也有泪，如果我们读了，生偏爱之心，就证明我们已经透过字面，心中也有了理，眼里也有了泪。用前面说过的话说，这是已经进入诗境，或取得境的化。

　　上面说，偏爱的所偏未必就适当。适当比不适当好，可是分辨适当与不适当，不容易，因为要有标准。偏爱主要由感受来，感受却不能单独充当标准，至少是不能单独充当基本的或稳固的标准。所以最好还是再深入，问问所偏爱的作品为什么是值得偏爱的，或者说，去找那个基本的或稳固的标准，以支持偏爱。我的经验，这样的深思，有如掘井，可以分层，最有力的泉源总是在靠下一层。还是以读诗词为例。李白，与杜甫相比，是长于写绝句的，拉他的两首绝句来比比看：

　　　　云想衣裳花想容，春风拂槛露华浓。
　　　　若非群玉山头见，会向瑶台月下逢。

　　　　　　　　　　　　　　　　　　（《清平调》三首之一）

故人西辞黄鹤楼（"人"字平声，不合格律），烟花三月下扬州。
孤帆远影碧空尽，惟见长江天际流。

（《送孟浩然之广陵》）

前一首写佳人，后一首送诗人。佳人容易引起男士的热，可是这位佳人是有主的，而且主不是普通人，是有生杀予夺之权的皇帝，于是可能的热就难得热起来。但这样的诗必须歌颂、美化，无力而不得不装作有力，只好拉西王母来凑奏热闹。后一首就不然，"惟见"云云，表示极不愿离别而终于不得不离别，其中不只有热，而且有泪。这样，两首相比，后一首真，前一首假，或说得委婉些，以酒为喻，后一首醇，前一首是掺了水的。醇好，掺水不好，这是比感受深一层的理。深一层的理还可以表现在旁的方面，举《古诗十九首》的两首为例：

今日良宴会，欢乐难具陈。
弹筝奋逸响，新声妙入神。
令德唱高言，识曲听其真。
齐心同所愿，含意俱未申。
人生寄一世，奄忽若飙尘。
何不策高足，先据要路津。
无为守穷贱，轗轲长苦辛。

（其四）

迢迢牵牛星，皎皎河汉女。
纤纤擢素手，札札弄机杼。
终日不成章，泣涕零如雨。
河汉清且浅，相去复几许。
盈盈一水间，脉脉不得语。

（其十）

两首诗感情都真实，可是，至少我觉得，有高下之分。前一首写人生短促，这几乎是人人都会感到的，分别在于怎样对待。积极的态度是少壮努力，或退为消极，"对酒当歌"。这首诗不然，而是"抢先"，求居人上。后一首写可望而不可即的思情，欲语而不得语的苦，像是由人生的定命来的，所以有普遍性，难忍而终于不得不忍，所以又有长久性。两首相比，虽然感情都不假，可是前一首浅，后一首深。深好，浅不好，这是另一种深一层的理。这样的理还可以表现在许多方面，如谢灵运诗，"池塘生春草，园柳变鸣禽"，上联比下联好，因为自然，没有拼凑痕迹；杜甫诗，"江天漠漠鸟双去，风雨时时龙一（读仄声）吟"，也是上联比下联好，因为形象生动，意境清远，至于龙，谁也没见过，加上吟，就难于知道是怎么回事了。自然好，有鲜明意境好，这些也是深一层的理。其他可以类推。

这样的多方面的理，能不能统一为更深一层的理？我想是可能的，而且是应该的。但这比较玄远，想只简略地说说我的蠡测。我的一点不成熟的想法是由有关道德学和美学的粗浅认识而来。道德学是研究善恶的性质的，美学是研究美丑的性质的，我惯于小本经营，总愿意把无极、太极（即使有）画在胸前或背后，就是说，人本位，所以认为，不管善恶两端、美丑两端看来如何微妙，探挖，根柢总不能不在饮食男女的大欲之内。直截了当地说，人所喜爱的、推重的，总是有利于人生的。何谓"利"？一言以蔽之，不过是能使生活（指总的，枝枝节节的未必然）向上而已。这"上"包括多方面的内容，难于类举，只举两个方面为例。一方面是对己，丰富比贫瘠好，清新比混乱好，等等，好的一面是向上的。另一方面是对人，爱比恨好，聚比散好，等等，好的一面也是向上的。好的诗词作品之所以为好，我的想法，也是有使生活向上的感染力量，所以表现为情，要真，表现为境，要净，总的精神是执著于人生，或者再简化为一个字，"厚"。这厚是更深一层的理，读诗词，不知道也许关系不大，但既然不免于偏爱，能够问问所以然，总比不识不知好一些吧？追深一层的理，要靠思。孔老夫子说，"思而不学则殆"，所以思还要以学为基础。任何思方面的高的造诣都是以前人的思为阶梯爬上去的。所以思之前，先要多参考别人的意见。就诗词而言，别人的意见，有泛泛的，如上面提到的道德学和美学就是；还有专业的或切近的，那是有关诗词的述说和议论，因为直接，所以更重要。举王国维《人间词话》的两则为例：

> 尼采谓一切文学，余爱以血书者。后主之词，真所谓以血书者也。宋道君皇帝《燕山亭》词亦略似之。然道君不过自道身世之戚，后主则俨有释迦、基督担荷人类罪恶之意，其大小固不同矣。

> 南唐中主词，"菡萏香销翠叶残，西风愁起绿波间"，大有众芳芜秽、美人迟暮之感，乃古今独赏其"细雨梦回鸡塞远，小楼吹彻玉笙寒"，故知解人正不易得。

这都见得深，能够启发我们深入一层去领会。

可是这论南唐中主词的一则会引来一个问题，是：看法不同，不能都对，怎么能避免失误？我的想法是不会严重到失误。理由有二。其一是不怕不识货，就怕货比货，读多了，日久天长，好货自然会占上风。其二，万一出点小差错，比如把不很美的看作很美，推想也总是小德可以出入之类的，无妨放宽一些。至于再轻些，如有人喜欢"菡萏香销"，有人喜欢"细雨梦回"，则是公说公有理、婆说婆有理之类的，就更可以任随君便了。

最后说说，偏爱还会连贯地产生另外两种"利"。一种是有利于"熟"。因为爱就不忍释，于是霜晨月夕，路上窗前，就不免随口哼几句，这样日久天长，许多篇什就印在记忆上。这就会引来另一种利，正如俗话所说："熟读唐诗三百首，不会吟诗也会吟。"就是说，仿作就不怎么难了。语言的巧妙、繁富来自熟之后的拆改，诗读多了，熟了，也就不难拆改。大拆改是用零件拼，没有盗用的痕迹，可不在话下；小拆改呢，如"水田飞白鹭"变为"漠漠水田飞白鹭"，昔人也容许，甚至美其名曰点化。

钱理群

反思三题①

今天的汉语表白

这是一篇从大处思考的文章，思考的主题是20世纪中国文学为什么落后于世界。从历史的机会、现实的危机到未来的忧患——道来，娓娓而谈的语气里却闪烁着泪光和火光。这样的观点你有勇气接受吗——"一部中国现代思想文化史、文学史，在某种意义上可以说就是一部中国知识分子互相残杀的历史。"

钱理群（1939年生），原籍浙江，生于重庆。当代人文学者，北大教授，公共知识分子，鲁迅、周作人研究专家。著有《心灵的探寻》《与鲁迅相遇》《周作人传》《1948：天地玄黄》等，主编《新语文读本》。

历史的机会是怎样失去的？

还是在我与子平、平原一起提出"20世纪中国文学"的概念时，我们就曾思考过一个问题：尽管20世纪中国文学在其发端期，即有了"走向世界文学"的意向，而且确实出现了鲁迅这样的世界性的大作家——鲁迅的思想与文学和同时期世界思想、文学发展趋向是一致的，几乎达到了同一水平。但是，在以后的发展中，为什么我们的文学与世界文学的距离却越来越大了呢？这里的原因自然十分复杂，有待于多方面地深入研究。有一个事实却很值得注意，即我们错过了历史提供的三次机会。纵观20世纪世界历史的发展，我们发现，曾经有过三次全球性的重大历史事件，它们冲击着亿万人的心灵，改变了亿万人的命运，对世界政治、经济、文化、文学等的发展产生了决定性的影响。这就是第一、二次世界大战；大战后世界殖民帝国瓦解，第三世界兴起（包括越南战争与朝鲜战争）；以及国际共产主义运动在20年代的兴起，30年代的席卷全球，50年代的兴盛，60至70年代的危机，80年代的改革浪潮。这三次历史性事件，曾带来了全球性的大震荡，大分化，大瓦解，大困惑，同时也为世界思想与文学的大发展提供了绝好的机会。西方世界通过对第一、二次世界大战及越南战争、朝鲜战争的深刻反思，产

---

① 选自钱理群《压在心上的坟》，四川人民出版社，1997年版。

生了现代主义与后现代主义的哲学与文学艺术。随着世界殖民帝国的瓦解，"欧洲中心主义"的幻灭，又孕育着东、西方文化新的融汇。前几年发生的拉丁美洲文学的"爆炸"，显然与世界殖民帝国的瓦解，第三世界的兴起存在着内在的深刻联系。国际共产主义运动的危机，更是直接产生了帕斯捷尔纳克、昆德拉的文学。以上几个方面正是构成了20世纪世界文学发展的几个高峰。我们说20世纪中国文学与世界文学的差距，也主要是与上述世界文学高峰比较而言的。应该说，"历史"本没有亏待中国知识分子与中国作家。在第二次世界大战，殖民帝国的瓦解，以及国际共产主义运动的危机所造成的全球性震荡中，中国处于中心地带，无论"人"的命运变化，"人"的心理、情感、意识、观念的变革，"人性"的改造、扭曲、升华……"人际"之间，"人"与"自然"之间关系的嬗变，其深度、广度都是世界其他国家所难企及的。这本来是为思想与文学的现代化发展，提供了极好的前提、条件与机会的。然而我们不但没有抓住历史所提供的机会，将中国文学推向世界文学的前列，而且坐失良机，反而拉大了与世界文学的发展距离。且看看在历史提供的同等机会面前，当世界各国都在乘机对历史进行深刻反思，将本国思想、文化、文学艺术……推向新的水平时，我们在干什么吧。首先，总是有人跑出来设置种种的"禁区"，这也"不准"讨论，那也"不准"描写，又规定无数"清规戒律"。说穿了，无非是将"反思"历史的权利垄断在少数人手里，一切由他们做出"结论"，思想家、文学家的任务仅仅在于用逻辑的推理与形象的描写来"证明"先验的"结论"的"正确"。可悲的是，根深蒂固的奴性传统使得中国的知识分子与作家总是在这关系思想、文学生命与发展前途的关键问题上，作出屈辱性的让步。结果怎样呢？第二次世界大战结束了，我们的"抗战文学"且只有一片"颂歌"，根本不敢触及战争中的矛盾、苦难，更谈不上深刻的反思；标志着殖民主义政策破产的中华人民共和国成立了，我们的文学仍然高唱最肤浅的"凯歌"；"文化大革命"的浩劫过去了，我们的文学除了歌颂斗争的胜利，就是停留于感伤的悲叹。这不能不使我们想起鲁迅在本世纪20年代说过的话："中国人向来因为不敢正视人生，只好瞒和骗，由此也生出瞒和骗的文艺来，由这文艺，更令中国人更深地陷入瞒和骗的大泽中，甚而至于已经自己不觉得。"我以为鲁迅的批评切中了我们的20世纪中国文学（含当代文学在内）的要害。缺少思想与艺术的独立性，缺少"正视淋漓的鲜血"的胆识，陷于"瞒与骗"的大泽，这正是我们终于错过了三次历史机会的作家主观上的重要原因。而且可以断言，我们的文学如果继续地"陷入瞒和骗的大泽中"，与世界文学的距离还会继续拉大。当然，"取下假面，真诚地，深入地，大胆地看取人生"，仅仅是一个前提；还有一个是否按照文学艺术自身的特点与规律去"看到"与"写出"的问题。20世纪中国文坛上，也出现过一些敢于"取下假面，真诚地，深入地，大胆地看取人生"的作家与作品，但他们对于历史与现实的反思与描写，常停留于政治的、伦理的层次，常陷入对于现实及现实中的自我直接、简单的描摹，他们缺乏足够的思辨力量与艺术想象力，始终不能进入形而上的层次，创造出超越现实时空与自我的审美的艺术世界。以西方文学对二次世界大战的反思，与我们的抗战题材文学相比较，以拉丁美洲爆炸文学与我们的一些作品对民族革命的反思相比较，都可以明显地看出我们的作家在思辨地艺术地把握世界上的一些差距，而这又与我们这个民族思辨力、艺术想象力不足的弱点相联系。这就涉及我们的民族素质，知识分子的素质与作家素质上的一些更加根本的问题。正视这些差距与弱点，使我们清醒地认识到中国文学走向世界将是一个漫长而艰巨的过程，也会激励我们，做出更加自觉的努力，从根本上提高与改造民族与知识分子、作家的素质入手，逐渐缩短与世界的差距。我们现在迫切需要的是，清醒的反省、反思和自我批判精神，再不能阿Q式地始终"自我感觉良好"了。

现实的危机之一在哪里？

现在的中国文坛与中国知识界，一方面"自我感觉"过于良好，一方面，对于现实与他人，又充满了不满、不平，甚至怨毒、仇恨。试看今日之域中，何处不在怨气冲天地发牢骚。可悲的是，我们的文学艺术作品真成了"国民情绪的晴雨表"，也是充斥着绝对情绪化的牢骚、诅咒，充满了浮躁与绝望。我不否认，群众（与我们自己）的不满的合理性，在一定条件下，"不满"可以成为变革现实的动力；我也不否认，群众（与我们自己）的不满也一定要通过文学艺术得到发泄，群众能够通过各种形式（包括文学艺术）表达自己的不满，比之"万马齐喑"的专制的"平静"自然是一种历史的进步；我更懂得，不能只是指责文学艺术中的牢骚，而不去追究造成牢骚的现实社会的缺陷以至黑暗，那无异于保护"黑暗"。在这些方面，我们都必须与社会中确实存在的负面力量明确地划清界限。但我仍然要强调一点：作为一个现代知识分子与现代作家，不能停留于"发牢骚"的水平，在反映民众情绪的同时，又要防止为民众的非理性主义所裹挟、支配，从而失去了现代知识分子所应具有的科学的理性精神。否则，不仅是可悲的，而且是危险的。鲁迅在1925年"五卅运动"中发出的警告，在今天仍然"切中时弊"："我觉得中国人所蕴蓄的怨愤已经够多了，自然是受强者的蹂躏所致的。但他们却不很向强者反抗，而反在弱者身上发泄，兵和匪不相争，无枪的百姓却并受兵匪之苦，就是最近便的证据。再露骨地说，怕还可以证明这些人的卑怯……卑怯的人，即使有万丈的怒火，除弱草以外，又能烧掉什么呢？""我根据上述的理由，更进一步而希望于点火的青年的，是对于群众，在引起他们的公愤之余，还须设法注入深沉的勇气，当鼓舞他们的感情的时候，还须竭力启发明白的理性；而且还得偏重于勇气和理性"，"否则，历史指示过我们，遭殃的不是什么敌手，而是自己的同胞和子孙。那结果，是反为敌人的先驱……因为自己先已互相残杀过了，所蕴蓄的怨愤都已消除，天下也就成为太平的盛世"，"总之，我以为国民倘没有智，没有勇，而单靠一种所谓'气'实在是非常危险的"。我们"五四"以来的新文学，本来就有一个"启蒙""点火"的"革命传统"，而在激起"群众公愤"时，常常忽视了"理性精神"的注入，鲁迅的上述警告正是对历史教训的深刻总结。今天，由于种种原因，我们又面临着群众"蕴蓄的怨愤已经够多了"的现状，在这种情况下，看不到群众的"怨愤"有可能导致盲目的非理性主义的破坏，"文化革命"式的全民大残杀，以至"愚民的专制"，都是十分危险的。在这种情况下，首先在知识分子中提倡科学的理性精神，并通过知识分子，将理性与勇气注入民众中，是具有一种现实的迫切性的。当然，也许在一些放弃了文学的"启蒙"职能的作家看来，上述问题的提出，似乎与他们无关；而且，非理性主义在文学自身的发展中的意义与作用，自然也是不可忽视与否定的。但我想，无论作家在他创作时采取什么文学观念与创作方法，作为一个知识分子，是不可能根本不考虑现实问题的。那么，当人们思考现实时，强调科学的理性的精神，恐怕不会是无的放矢吧。总之，我们不可无"气"（满足于现状的麻木，也是可怕的），但却不可仅止于"气"，而无科学的"理"与韧性的"勇"。应该更进而着手于较为坚实的工作了。

未来的"忧患"是什么？

最近一段时间，我一面做着中国现代思想文化史、文学史的研究，一面时时陷入"历史循环"的恐怖中；于是，经常做关于未来的"噩梦"。

例如，我在研究中发现，一部中国现代思想文化史、文学史，在某种意义上可以说就是一部中国知识分子互相残杀的历史（详见《上海文论》1989年5期发表的《从"历史"引出的"隐忧"》一文）。我于是做了一个"梦"：在"不久的将来"，当今活跃在文坛与思想文化界的、持有不同的"救国方略"与观念、主张的"名流"，终于摆开阵势，进行"你死我活"的搏斗与厮杀……

这当然只是一个"梦"，一种预感。但却是有历史与现实的根据的。

周作人、鲁迅兄弟在考察中国知识分子与作家的历史、现状时，曾得出类似结论：周作人将"知识分子"与"皇帝""流氓"并列；鲁迅则说，在中国学界只有"官魂"与"匪魂"。

而我有时在默默地观察当今活跃于文坛与思想界的"名流"时——无论是比我长一辈的，与我同辈的，以及比我年轻一辈的，我都在他们身上发现了或多或少，或明或暗，或自觉或不自觉的知识分子的专制。人们说愚民专制的可怕在其"不受任何约束"的群体的"疯狂性"；知识分子专制的可憎就在其精细、严密的

"合法化"与"科学化"。但在崇尚独尊、大一统，排拒个性、自由、少数、异己、分离、多元……上，则与帝王专制、愚民专制毫无二致。

把"流氓气"与知识分子连在一起，似乎有些大不敬。当今之中国，许多先锋分子其实也是痞子，或带有或多或少的痞子气。在中国，"痞子"之多，及其在历史变革中所发挥的"特殊作用"，都可以看作是落后的经济、文化加于中国变革事业的"历史包袱"，或者说是一个不大不小的"历史的玩笑"。这样，作为经济、文化落后国家的知识分子，中国文人学者在不屑与"痞子"为伍的同时，自己身上也沾染"痞子"气（"流氓"气、"匪气"）。别的不说，只要认真读读当今许多"名流"的文章（作品），甚至我们自己的文章（作品），都不难发现其中的"痞气"（"流氓气""匪气"）。这本也是"古已有之"的，这就是中国传统的"策论"的文风。周作人曾说，"五四"以后，人们只注意了对于"八股"的批判，其实"策论"的流毒、危害是更大的；因为"同是功令文章，但做八股文使人庸腐，做策论则使人谬妄，其一重在模拟服从，其二则重在胡说八道也"。"策论"的文学"甜熟，浅薄，伶俐，苛刻"，"文章念起来不但声调颇好，也有气势"，但其实却是"舞文弄墨，颠倒黑白，毫无诚意，只图入试官之目，或中看官之意，博得名利而已"。这"策论"的"胡说八道""颠倒黑白"、讲"歪理"，就充满了"痞气"；"舞文弄墨"说白了也就是要流氓手段。值得注意的是，这"古已有之"的"策论"传统，与"五四"以后，特别是30年代以后日益发展的极"左"思潮结合在一起，就产生了所谓"帮八股"，在"文化革命"中达到了登峰造极的地步，而"帮八股"即是"流氓文化"的"革命化"，它与封建专制主义的"土八股""党八股"结合起来，对于中国知识分子的思维方式、心理素质、语言文风……的影响是极其深刻的。以致在今天一些"名流"的论辩文章中，都不时可以隐约见其痕迹，足见流毒之深广。问题是这类"痞气"十足的文章不只是"胡说八道"，而且常常给对方罗织罪名，暗含着杀机，这就十分可怕。"文化大革命"刚刚过去十年。我们把那十年叫做"文化浩劫"；如果不把中国知识分子及中国民族本性中根深蒂固的"帝王气"与"流氓气"彻底拔除，在一定的历史条件下，类似的"文化浩劫"是会"重来"的。我们就算是有几千年的文化老底子，但又经得起几番"浩劫"呢？我们即使不为子孙后代着想，为我们自己计划，也应该警惕和防止"重来"吧？

但愿以上所说，都是"杞人忧天"的"梦话"。

1989年3月10日

朱学勤

我们需要一场灵魂拷问①

　　"我们生活在一个有罪恶，却无罪感意识；有悲剧，却没有悲剧意识的时代。"因此，"我们需要一场灵魂拷问"。问题是：谁来拷问？拷问谁？拷问了之后呢？

　　朱学勤（1952年生），原籍上海。历史学者。著有《中国与欧洲文化交流志》《书斋里的革命》等。

　　真正的知识分子都是悲剧命运的承担者。胡风如此，胡风为之执幡护灵的鲁迅也是如此。他们要提前预言一个时代的真理，就必须承受时代落差造成的悲剧命运。从这个意义上说，时代需要悲剧，知识分子更需要悲剧。一个时代没有悲剧，才是真正的悲剧；有了悲剧，知识分子们竟如妇孺般哭成一片，又是对悲剧尊严的辱没。

　　对悲剧尊严的辱没岂止从今日开始？

　　1986年8月一个炎热的夜晚，巴金提笔祭奠自己的亡友——胡风。这个80多岁的老人颤巍巍地说：

　　"在那一场'斗争'中，我究竟做过一些什么事情？我记得在上海写过三篇文章，主持过几次批判会。会开过就忘记了，没有人会为它多动脑筋。文章却给保留下来，至少在图书馆和资料室。其实连它们也早被遗忘，只有在我总结过去的时候，它们才像火印似的打在我的心上，好像有一个声音经常在我耳边说：'不许你忘记！'我又想起1955年的事。"（巴金：《随想录·无题集》）

　　1955年发生了什么事？一个高级知识分子违背起码的文明生活准则，把另一个知识分子多年来给自己的私信统统抖搂出来，提供给当时世界上发行量最大的几家报纸之一——《人民日报》，制作了所谓"胡风反革命集团案"的第一批材料。接着，政府查抄胡风私宅，把更多的私人通信公之于众，并且分门别类，加上按语，抛出所谓第二批、第三批材料。然后，越来越多的知识分子一哄而起纷纷"向井口投掷石块'（巴金语），争先恐后地在那家报纸或其他报纸上发表讨伐

---

　　① 选自朱学勤《风声·雨声·读书声》，生活·读书·新知三联书店，1995年版。

胡风的文章，咬牙切齿，声声可闻。那两个月里发生的事情都辑录在《人民日报》上。翻一翻这家报纸1955年5月至6月的合订本，后代人既为那三批按语无限上纲罗织文网的强横逻辑而震惊，也为当时知识分子同类相残的可耻记录感到羞耻。请看这些文字：

> "看了《人民日报》公布的第二批材料后，愤恨的烈火把我的血液烧得滚烫。"

> "我看穿了胡风的心；除了受过美蒋特务训练的人，谁会这么想一想呢？"

> "胡风，你是九尾狐，你的主人是谁？当胡风向党和党所领导的文艺战线发动了猖狂进攻以后，不久就传来了台湾广播热烈的响应。"

> "请依法镇压胡风，而且镇压得必须比解放初期更加严厉。"

> "胡风娘家是中美合作所"，"他们不仅是狼种，而且似乎又当过狐狸的徒弟"，"要彻底消灭这批狼种"。

> "胡风是反革命的灰色蛇，胡风与胡适的区别是一种灰色蛇与白色蛇的区别。"

上述语言的作者，既有刚陨落不久的一代文坛巨擘，也有至今还饱享盛誉的人民剧作家；既有当时曾轰动一时的山药蛋作家，也有直到现在还当之无愧的所谓马克思主义史学权威。当然，也少不了后来被称为反革命文痞的姚文元。然而，在这这么些文字中，后来的读者能猜得出哪一句是出自姚文元之口吗？你拣最丑恶的猜，也会猜错。悲剧不在于谁比谁丑恶，而在于后来的迫害者与被迫害者在伤害最早也是最优秀的一个殉道者时，竟使用起同一类语言！

人常说，那三批按语是后来一切整人哲学、整人语言的开始，但是忘了补充一句：围绕三批按语发表的那些文章也是后来街头大字报语言的开始。这类文章，尤其是这类文章所使用的思维方式与日后红卫兵的语言、红卫兵的思维方式有什么差别呢？"狼种""狐狸""九尾狐""彻底消灭""严厉镇压"，30年后，红卫兵毫不犹豫地代之以"牛鬼""狗崽""炮轰""砸烂"！早在红卫兵学会糊大字报以前，大字报的语言不就已由他们的前辈准备好了吗？区别在于红卫兵使用这类语言，是由他们的教育决定的，而前一代人开创这类语言，则是由更为可悲的劣根性决定的。红卫兵从学会读报那天起，接受的就是这种语言教育。他们只有这一种语言，没有人教他们第二种语言。灾难过后，他们当然要低头忏悔，但他们至少还可说一句："我们的罪过是无知，而不是虚伪！"而一代文化巨擘，还有这个"家"，那个"权威"却不一样了，他们是说着另一种语言长大的。他们中的绝大多数人曾经亲履西土，受过系统的民主教育，起码是文明教育。他们应该知道使用这种语言，远远超出了他们所接受的教育规范。这不是文明人使用的语言，谁使用这种语言，谁首先就剥夺了他自己的内在尊严。当红卫兵忏悔的时候，他们也应该忏悔，甚至更应该忏悔！因为他们当时就应该知道使用这种语言，不是出自野蛮，就是出自虚伪。因而，也就更应该承担良心上的责任。

"狼种""九尾狐""灰蛇""白蛇"——一场真正的理论冲突和政治悲剧就是被这种几乎是村妇相讧的语言辱没了，冲淡了，冲淡成丑剧；然后，再向外蔓延，越出胡风事件的个人范围，在一个更为广阔的足够污染几十年文化氛围的空间内收敛还原，还原为整整一代知识分子的大悲剧。当后一代人重读那三批按语和那一批文章时，将难以抑制内心泛起的强烈的厌恶之情。人们甚至会这样说，连"丑恶"都可以分出档次：那三批按语虽然强横，却还留有强横者的气势，强横者的文采，尚可称"恶而不丑"；而一批助恶帮闲的文章呢，则落入更低一个阶次。它们虚假到了极点，也虚弱到了极点，助恶无作恶之"力"，助恶无作恶之"美"，只能称为"丑而不恶"！需要付出多么沉重的心理代价，后代人才能相信这就是我们中国唯一受过民主教育的那个阶层在当时使用的语言？等到这个阶层都已习惯于使用这类语言时，还有什么事情不会发生？费希特有言："基督教创始人对他的门徒的嘱咐实际上也完全适用于学者：你们都是最优秀的分子；如果最优秀的分子丧失了自己的力量，那又用什么去感召呢？如果出类拔萃的人都腐化了，那还到哪里去寻找道德善良呢？"（费希特：《论学者的使命》）中国社会的道德大滑坡就是这样开始的。1955年反胡风，1957年反右，1966年"文革"，一场接一场如雪崩股发生。整个社会像被人在山巅上推下的巨石，迅速向下滚动，直到最后滚入教育、文化、伦理乃至文明规范的崩溃深渊。从这类灾难中过来的一些知识分子现在都已学会如何控诉这些不公正的事件了。但从50年代中叶那次可耻的投降以来，他们哪一天不是在虔诚地等待这一切，召唤这一切，甚至参与制作这一切呢？他们掘土埋葬同类，随之亦挖出了自己的墓穴。1955年卖友求荣者，1957年落网；1957年漏网偷生者，1965年一网打尽；真可谓"天网恢恢，疏而不漏"！

会有人出来说，这是违心的，那是被迫的，请宽恕知识分子们在高压下的不光彩行为。即以胡风为例，他们承受的政治压力再高，也高不过胡风身为囚徒在监狱中的生死压力。1966年夏，胡风尚在服刑。官方来人要他揭发周扬问题，威逼兼利诱。人们都知道胡风与周扬宿怨已久，其锒铛入狱的悲惨遭遇与周扬不无关系。此时胡风揭发周扬，无论如何都不为过；此时胡风不揭发周扬，则可能加重刑期，甚至被推向极刑。是报复宿敌，以求获得"正当"的自由，还是顶着压力，甘冒生死之祸，保全一颗知识分子的良心？胡风的态度是：

今天的汉语表白

"不管报上说得怎么吓死人，我应该有我自己的看法，决不在这里为某个人说一句坏话或一句好话，问题是怎样就说怎么样。今天，周扬虽然被拎出来示众了，但我连拍手称快的心情都没有。像这样来批周扬他们，是言过其实的，难以服人。"（梅志：《胡风传》载《文汇》月刊1987年9月号）

一个囚徒在生死关头作出的回答，将使无数养尊处优者的所谓"违心之论"无地自容。这个囚徒不愧是鲁迅亡灵的护送者。当年那面护灵幡旗——"民族魂"只有在他这里才重放异彩。在这之后，这个囚徒因为他这种不与恶势力合作的精神吃够了苦头，饱受摧残，最后成了"一个神情木然的病人"（巴金语）。也许他是被剥夺了外在的尊严，但是他的内在尊严将永存。而其他人呢？还是费希特说得好："一个丧魂落魄、没有神经的时代受不了这种感情和感情的这种表现，它以犹豫忐忑、表示羞愧的喊声，把它自己所不能攀登的一切称为狂想，它带着恐惧的心情，使自己的视线避开一幅只能看到自己麻木不仁和卑陋可耻的画面，一切强有力的和高尚的东西对它产生的影响，就像对完全瘫痪的人的任何触动一样，无动于衷。"（《论学者的使命》）

还是回到巴金这里来吧。在那个炎热的夜晚，这位老人接着又说："我翻看过当时的《文艺月报》，又找到编辑部承认错误的那句话。我好像挨了当头一棒！印在白纸上的黑字是永远揩不掉的。子孙后代是我们真正的裁判官。究竟对什么错误我们应该负责，他们知道，他们不会原谅我们。50年代我常说做一个中国作家是我的骄傲。可是想到那些'斗争'，那些'运动'，我对自己的表演（即使是不得已而为之吧），也感到恶心，感到羞耻。"在一个没有罪感氛围的轻浮国度里，一个享有世界声誉的老人完全可以带着他的隐私或污迹安然离去，不受任何谴责。现在，他突然觉得自己的灵魂中有罪恶，不吐不快，终于说出了这一番富于忏悔意识的语言，这才是中国知识分子人格再造的开始。但也仅仅是开始。不幸的是，忏悔刚一举步，立刻就被一大片溢美之词甚至是阿谀之词包围了。有人说："这是中国散文的巅峰"，又有人说："这是中国文学史上的一部奇书"，等等，等等。相比世界历史上其他民族——远如德国，近如俄国——在大灾大难之后，知识分子灵魂拷问的惨烈程度，我们这个民族实在是不可救药了。浅浅地扎一针，都要撒上大把大把的麻药，我不知道，这究竟是一代知识分子的儿童心理症，还是他们确实患上了老年衰弱症？

我们生活在一个有罪恶，却无罪感意识；有悲剧，却没有悲剧意识的时代。悲剧在不断发生，悲剧意识却被种种无聊的吹捧、浅薄的诉苦或者安慰所冲淡。悲剧不能转化为悲剧意识，再多的悲剧也不能净化民族的灵魂。这才是真正悲剧的悲哀！

在这片乐感文化而不是罪感文化的土壤上，只有野草般的"控诉"在疯长，却不见有"忏悔的黑玫瑰"在开放。一个民族只知控诉，不知忏悔，于是就不断上演忆苦思甜的闹剧。从前是目不识丁的底层文盲；现在则轮到知识分子，这个"家"，那个"权威"。

他们中的很多人将终生念叨某年某月某人某张大字报中的某句话曾加害于己，却拒绝回忆自己远比红卫兵更早，就使用过红卫兵的手段伤害过远比自己优秀的同类。他们的"控诉"实质上是一种可怜的补偿要求，而不是那种高贵的正义之情。所以，他们从来只控诉别人对自己的不公平，却绝难控诉自己对别人的不公平。尤其是对社会的不负责任。

因此，在这个拥挤的国家里，你绝难看到有左拉式的人物左拉式的控诉——为素不相识者的冤屈而控诉，为社会良心的沉默而控诉。那才是真正的控诉。什么时候能听到有我们自己的左拉，在十里长街长啸一声："我控诉！"什么时候这个国家才真正有拯救的希望。

30多年过去了。当外界不公正事件持续发生时，这个国家的知识分子的内心世界也在持续发生一种隐蔽的、却更为可怕的裂变。我们对前者已经谈论得够多了，但对后者却谈论得太少，太少。让历史学家去争论外界压力与内心崩溃孰先孰后孰果孰因的关系吧。而在人类真正的良心法庭前，区别真诚作家与冒牌作家的标尺却只有一个，那就是看他是否具有起码的忏悔意识。没有忏悔意识的作家，是没有良心压力的作家，也就是从不知理想人格为何物的作家。从前他们没有理想人格的内在压力，当然就无从抵抗外在压力。一代博学鸿儒无可挽回地跌落进犬儒哲学的怀抱。现在他们没有理想人格的内在压力，当然就迷走于补偿性的外向控诉，却躲避内向忏悔，躲避严酷的灵魂拷问。世界史上的优秀民族在灾难过后，都能从灵魂拷问的深渊中升起一座座文学和哲学巅峰。唯独我们这个民族例外。没有卢梭的《忏悔录》，就没有18世纪法国浪漫文学的先河；没有托尔斯泰从忏悔走向《复活》，就没有19世纪俄国批判现实主义文学的巨大成功；没有萨特对沦陷时期巴黎知识分子群的《恶心》，就没有20世纪西欧存在主义文学与哲学的双向丰收。还记得萨特是怎么说的吗——是真正的知识分子，就应对一切未能挽回的事实负责。

让我们的知识分子继续控诉吧。控诉者将注定永远停留在被控诉者的水平。我们还会不断地出"诗人"，出"作家"，却绝不会出陀思妥耶夫斯基，出罗曼·罗兰，出托尔斯泰！

1988年10月

朱学勤

想起了鲁迅、胡适与钱穆①

　　从鲁迅想到今日好鲁迅者竟无一人继承了他的精神和风格，从胡适想到以不失正义的温和态度坚持自由主义，从钱穆想到人文礼教的传承。之所以想起这些，是因为大师已逝，相伴逝去的还有他们坚守一生的东西。

　　我时常想起鲁迅，想起胡适，想起钱穆，不太想得起梁实秋，林语堂，周作人。

　　对鲁迅，我的认识有过反复，感情上有过起伏。60年代至70年代是信奉，80年代则是怀疑、疏离，甚至有些厌烦，80年代最后一年起，方明白自己所处的年代还是鲁迅的年代。

　　20年前所形成的那种读者与作者的关系，即使是信奉，也无异于一场包办婚姻。那时，除了意识形态读物，你能够读到的另一种读物就是鲁迅。你对20世纪上半叶的了解如果不满于教科书的灌输，那就只能读鲁迅全集后面的注解。由此产生的热爱，是盲目的热爱，没有经过选择的热爱，与包办婚姻有什么两样？包办婚姻是不牢靠的，很容易被第三者插足。80年代以来，有多少精神世界的新鲜第三者打将进来？由此产生包办婚姻破裂，发生另一种选择，完全正常。不经受80年代的冲击，还固守在原来的状态，并不令人尊敬，而是一种很可怕的状态。

　　80年代结束，所有搅动起来的东西开始沉淀下来。这时逐渐对鲁迅发生回归，发生亲近。此时回归，可以说是出自切肤之痛，痛彻心扉之后的理解。除了他在30年代卷入左联宗派之争——这一点我至今还为他遗憾，鲁迅的人生选择历历在前，几乎每一步都不幸，每一步又难以避免。包括他那肃杀的文风，我一度以为是他个性使然，后来方明白是那样的现实环境逼出了那样的文风。甚至可以说，是那样的时代需要那样的文风。如果没有产生鲁迅及其文风，黑暗的年代除了黑暗，还将增加一个罪恶，那就是虚假。他正是以那样的文风忠实反映了那个时代的黑暗。反过来，现在读林语堂，读梁实秋，你还能想象就在如此隽永轻淡的文字边上，发生过"三·一八血案"，有过"民国以来最黑暗的一天"？当然，在

---

　　① 选自《被遗忘与被批评的——朱学勤书话》，浙江人民出版社，1997年版。

那样的心境中，鲁迅也消耗了自己。他是做不出也留不下钱锺书那样的学问了。

我怀念鲁迅，有我对自己的厌恶，常有一种苟活幸存的耻辱。日常生活降落的尘埃，每天都在有效地覆盖着这些耻辱，越积越厚，足以使你遗忘它们的存在。只有读到鲁迅，才会想到文字的基本功能是挽救一个民族的记忆，才能多少医治一点自己的耻辱遗忘症，迫使自己贴着地面步行，不敢在云端舞蹈。

此外，还有一个私心所为，那就是对文人趣味的厌恶。这可能是我的偏见。在鲁迅的同时代人中，多多少少都会读到那股熟悉的气味，唯独鲁迅没有。而鲁迅，本来是比他们中的任何一个更有资格过上那种精巧雅致的文人生活。在鲁迅的精神世界里，通常是文人用以吟花赏月的地方，他填上的几乎是老农一般的固执。他是被这块土地咬住不放，还是他咬住这块土地不放，已经无关紧要。要紧的是，他出自中国文人，却可能是唯一一个没有被中国的文人传统所腐蚀的人。这是一件很平淡的事，却值得惊奇。

我曾经以俄国的车尔尼雪夫斯基、别林斯基和陀思妥耶夫斯基的高度苛求过鲁迅。也是后来才明白，在一个没有宗教资源的世俗国度，鲁迅支撑起一个世俗精神能够支撑的高度，已经耗尽了他的生命。他是一座绝岭，拔地而起，前不见古人，后不见来者。想想看，中国人成天念叨鲁迅，有无一人真正继承了他的精神、他的风格？仅此一点，就说明了全部。在这块土地上，人人都能谈鲁迅，却是把鲁迅高高挂起，把他晾在高处，任其风干。鲁迅的生前并不快乐，鲁迅的身后更为凄凉。这样一个民族，居然能产生鲁迅，真是一个奇迹；这样一个民族，终于遗忘鲁迅，方显其自然本色。

如果有所谓中国文化长河，那么，先生也只是一个异数，突兀在那些语言泡沫之上，面容瘦削，独自漂浮。

鲁迅是留下了缺憾的。

现在知识界用以平衡鲁迅的是梁实秋，是林语堂，是周作人。而我以为，真正能够平衡鲁迅，在鲁迅之外树立另一价值坐标，同时也不辱没鲁迅的是胡适。

胡适的一生是坚持自由主义的一生。难能可贵的是，他是以与这一信仰相匹配的温和态度坚持了60年，却不失坚定。他既未被那个时代所激怒，在激怒中一起毒化，又未被逃遁那一时代的文人情趣所吸引。他完全有理由走向这两极的某一极，但是这个温和的人竟然做到了某种倔强性格做不到的事情——始终以一种从容态度批评着那个时代，不过火，不油滑，不表演，不世故。仔细想想，这样一个平和的态度，竟能在那样污浊的世界里坚持了60年，不是圣人，也是奇迹。胡适的性格，应与这一性格生存的60年环境放在一起，才会使人发现，这也是一件值得惊讶的事。

胡适学术建树一般，但是大节不坠，人格上更有魅力。鲁迅生前对他有过苛评，但在鲁迅身后，当后人问及胡适对鲁迅的评价，胡适却告诉来者，不能抹煞周氏兄弟在近代文化史上的独特贡献。雷震一案发生，胡适原来对雷震那样的活动方式有保留，用今日那些聪明人合情又合理的标准，他完全可以袖手旁观，指责雷震犯了"激进主义"病症。谁也没有想到，当被问及对此事的反应，胡适竟然那样地动了感情。他当场以宋人杨万里诗《桂源铺》作答：

> 万山不许一溪奔，拦得溪声日夜喧。
> 等到前头山脚尽，堂堂小溪出前村。

我曾经与我的导师谈论此事。老人当时病卧沉榻，正说着，突然从床上坐起，口诵此诗，热泪盈眶！

当今知识界流行的也是温和，是"费厄泼赖应该实行"。我们确实需要英国式的绅士风度，淘洗法国式的街垒偏好。我自己所作的那一份学术史清理，也是淘洗来自法国的意识形态毒素。但是胡适的温和却告诉我们，那样的绅士温和，是以正义而不是以世故为底色。

我还时时想起钱穆。

《八十忆双亲·师友杂忆》，那样的书名，未及开卷，就让人体味到儒家的生命观照，是那样亲切自然，身体发肤受之父母，精神生命则发育于师友。两种生命皆不偏废。

学者需读钱穆的学术专著，一般读者仅读钱穆回忆录即可获益匪浅。钱穆以研究中国文化史著称，他的回忆录本身就提供了一部中国近代文化变迁的可信注释。

钱穆没有读过大学。但是他在苏、锡、常度过的小学、中学生涯，同学中有刘半农、陈天华、瞿秋白，教师中有吕思勉等，一时人文之盛，令今日之牛津、剑桥博士亦羡慕不止。1941年夏，他回乡省亲，当时声望已不在吕思勉之下。吕思勉邀其回母校常州第五中学讲演，钱穆恭敬从命。一代国学大师，与当年的师长比肩而立，竟句句以学生自居。他谆谆告诫那些年轻的校友：

> 此为学校四十年前一老师长，带领其四十年前一老学生，命其在此演讲。房屋建筑物质方面已大变，而人事方面，四十年前一对老师生，则情绪如昨，照样在诸君之目前。此诚在学校历史上一稀遘难遇之事。今日此一四十年前老学生之讲辞，乃求不啻如其四十年前老师长之口中吐出。今日余之讲辞，深望在场四十年后之新学生记取，亦渴望在旁四十年前之老师长教正。学校百年树人，其精神即在此。

此情此景，当令今日之中学、大学羡煞，亦令只知今日不知昨日之新潮人物愧煞。

不止于此。他所描述的本世纪江南民间礼俗，乡民与士绅和睦共处的风俗，聚资义庄救贫恤孤，散财办学传接礼教，等等，或许能纠正新文化运动所传播的礼教吃人的偏见？至少能矫正张艺谋电影所制造的类似大红灯笼那样的偏差。

他在学问上与新文化运动分道扬镳，但是他公正地感谢新文化运动的中坚人物提携了他。顾颉刚回苏州探亲，发现了钱穆的才华，推荐他进燕京大学任教。一个没有大学文凭的乡间中学教师，一步登上大学讲台。后来，他与胡适失和，但并不影响胡适聘他任北大教授。所有这些回忆，反过来该能纠正一些时令学人对新文化运动及其人物批评过盛吧？

有趣的是，钱穆最出色的学生是余英时，可以说，没有当年胡适、顾颉刚一路人对钱穆的提携，也难有余英时今日对"五四"新文化思潮的批判。

鲁迅、胡适、钱穆，三人之间，一个与另一个相处不睦，却构成了30年代知识界的柱梁。他们以后，又出现了好几代人，每一代都是在廉价的阿谀中度过了他们的青春时代。但是事后回首，有哪一代能说他们所处的时代是令人羡慕的时代？我们这一代应该自我批判，但是这种批判，并不是为了腾出心理空间，来阿谀下面的一代。每一代人都应剔除"本代自恋症"，同时，也应避免那种廉价的"逐代阿谀症"。"逐代阿谀"，实际就是"逐代欺骗"，一代骗一代。比如说现在，我就不信，男读王朔女读琼瑶长大的一代，会超过50年前的那一代人，即使他们事后又补读了一点梁实秋、周作人、林语堂。我们是喋喋不休地重复梁实秋的雅舍、周作人的苦茶、林语堂的菜谱，还是老老实实地告诉他们，就在并不遥远的50年前，中国人曾经有过鲁迅的社会批判、胡适的自由思想与钱穆的严谨学业？三者合一，不说应该成为今日知识分子的性格组合，似也应该成为我们向学生介绍的一组昔日群象。三人己逝，只是平淡地背对着我们所处的时代——背对着这一个轻佻的当下，似也不想等我们的应答。

1995年6月3日于沪上

葛剑雄

长城的价值^①

> 葛剑雄是个历史地理学家，他以专业的眼光判断长城的价值，我们这些只在八达岭走过一回的游客最好听听专家的意见。
>
> 葛剑雄（1945年生），祖籍浙江绍兴，复旦大学教授。著有《中国人口发展史》《统一与分裂：中国历史的启示》《中国移民史》《往事与近事》等。

不知道长城的中国人大概绝少，但真正知道长城的中国人我敢断定也不多。

山海关有座孟姜女庙，据说孟姜女寻夫到此，哭倒了秦始皇筑的长城。在北京北面的长城又有不少地方同北宋的杨家将挂上了钩。而东起山海关，西到嘉峪关的万里长城往往被人糊里糊涂地拉到了秦始皇头上；无数游客会站在八达岭赞叹这"二千年来的奇迹"。其实这些都是民间艺人、文人雅士和胡编课本的冬烘先生们开的玩笑。

因为实际上秦长城在山海关以北二三百里，孟姜女在山海关不仅哭不倒长城，长城的影子也不会看到。北宋的军队最远只到达今天北京市的南郊，恐怕连杨家将这样的正规军都绝对不可能越过辽国的南京幽州而到它的北面去打游击。山海关至嘉峪关的长城筑于明朝，与秦始皇毫不相干。八达岭一段至多有五六百年历史，也不会找到二千多年前的遗迹。

近年来，长城的价值又有了最现代化的标准，因为据说它是一位美国宇航员在太空唯一能够用肉眼看见的地球上的建筑物。这是否提高了长城的身价呢？我看且慢得意。仔细分析一下，漏洞就出来了。因为大家都知道，今天的长城早已不是贯通万里的建筑了，很多地方已成断垣残壁，甚至已经毫无踪影了，残留的长城中相当一部分只剩下黄土堆积，与周围的荒野并无明显的区别。一句话，时至今日，长城早已不是地球上目标最显著、绵延最长、规模最大的建筑物了。而地球上有不少建筑物的形象不知要比长城明显多少倍，例如贯通西欧、北美的高速公路都是至少有四至六车道宽的高出地表的混凝土建筑，车辆不绝，标记林立，它

---
① 选自葛剑雄《往事与近事》，生活·读书·新知三联书店，1996年版。

们却没有进入这位宇航员的眼帘。值得注意的是，这位宇航员是用肉眼而不是用什么仪器看到长城的，迄今为止又没有发现长城或它的遗址对人的视觉有什么特异功能，那么这就只能归结于一系列的偶然因素：如这段长城正好没有被云雾遮盖，当时的光线正适宜观察，宇航员正在工作，并且他事先就知道地球上有长城这玩意儿。只要缺少其中的一项条件，宇航员就不可能宣布这一结果了。

如果这位太空人什么也没有看到，或者他看到的竟不是长城，而是别的什么建筑物，或者不是中国的建筑物，那么长城的价值是不是因此就会降低或取消了呢？看来大可不必担心，长城就是长城，它的价值应该由我们自己来确立，不必借助洋"伯乐"来重新发现。实际上这不过是一种一厢情愿，我想这位太空人只是如实陈述所见所闻，绝无有所褒扬当伯乐之意。我甚至怀疑是有人在翻译上做了手脚，只是没有看到过这条报道的原文，不敢妄断，但这样的事已出现不止一次了。

毫无疑问，长城是我国建筑史乃至人类建筑史上的一项奇迹。我们的先民在极其贫乏的物质条件下，用最原始、最简单的工具完成了如此浩大的工程，显示了他们的智慧、力量和决心。因此将长城及其遗址保存完好，并适当做些修复，供考察研究、参观游览是完全必要的。在某些地段依照民间传说做些布置，增添些趣味性、娱乐性甚至商业性也无不可。从爱护文物是一种爱国的表现这一角度讲，保护和维修长城的确是一种爱国行为。

但是由此引申下去，把长城同中华民族联系起来，把长城当作中华民族的共同象征，歌颂它在历史上起过如何大的作用，并得出修长城就是爱中华民族的结论却是违背历史事实的，也是无助于国家统一和民族团结的。在历史上，长城从来不是中华民族的共同象征。在中国正以改革开放的姿态走向世界的今天，长城更不可能成为中华民族的象征。

从战国时期秦国、赵国开始，到明朝末年修筑的长城，历来就是中原农耕民族对付北方游牧民族的军事手段。且不说长城沿线埋下了多少尸骨，耗费了多少财产，就是以军事上的作用而言，长城也没有完全达到中原统治者当初的目的，并不像有些人所描写的那么理想。实际上一旦中原王朝失去军事实力，长城就形同虚设。秦始皇死后匈奴人就越过长城，占领了河套地区；明朝后期清军出入长城如入无人之境，首都北京不时告急；真正沿着长城做武力对峙的例子并不多见。

长城固然多少遏制了北方游牧民族对南方的入侵和破坏，但同时也限制了民族间的交流和融合，固定了农牧业的界线。所以历史上修筑长城次数最多、工程量最大、质量最高的明朝，正是对北方和西北最保守、最无作为的王朝。随着长城的最终完成，明朝的势力再也没有越出嘉峪关一步。相反，能够把农业和牧业民族同时统一起来的政权就不需要也绝不会修筑长城。到了清朝，长城内外归于一统，残留的长城开始还曾作为地区间的关卡，以后就被完全废弃了。

到了康熙三十年（1691），离明朝最后一次修筑长城已近百年，古北口一带的城墙有不少地方损坏倒塌，总兵官蔡元上疏要求修筑，主管的工部等部门建议康熙皇帝予以批准。可是康熙却指责蔡元糊涂，"未谙事宜"，他说："帝王治天下，不能专靠地势的险要和工事的坚固。秦朝筑长城以来，汉、唐、宋都经常修理，那时难道就没有边患了吗？明朝末年，我们的太祖皇帝（努尔哈赤）率领大军长驱直入，明军望风瓦解，没有一路敢阻挡。可见巩固国防的根本，在于修德安民。民心顺了，国家就安定，边境自然巩固，这就是所谓'众志成城'。古北口、喜峰口一带我都亲自巡视过，长城已损坏的很多，要修的话工程浩大，能不给百姓带来损害吗？况且长城绵延数千里，得养多少兵才能守得住？"他认为蔡元认识不到这样的道理，提出的意见"甚属无益"，要有关部门注意。三十五年，康熙皇帝又明确表示："以往秦朝是靠建筑工程来修筑长城的，我朝施恩于喀尔喀蒙古，使他们防备北方边疆，较长城更为坚固。"这种气度比明朝皇帝不知恢宏了多少，这一政策也不知比秦始皇、汉武帝、明成祖英明了多少！持续近2000年的修筑长城从此画上句号，300年的风雨沧桑破坏了长城的雄姿，这固然使人遗憾，但这是中国历史上极其重要的一页，是一项划时代的进步，因为如果没有长城的废弃就不会有中华民族，就没有今天的中国。

如果讲秦朝人、汉朝人或明朝人爱长城是爱国，那还说得过去，因为他们所爱的国只能以长城为界，长城外面就不是他们的国了，而是另一个政权或民族的疆域了。但唐朝人、清朝人的爱国主义就绝不会受到长城的限制，因为长城外边同样是他们的国，所以讲唐朝人、清朝人爱长城是爱国就显得莫名其妙。20世纪80年代的中国，早已把长城南北的各族人民融合成了一个不可分割的整体，岂能再用历史上部分中原王朝狭隘的民族立场来认识长城？岂能用长城来象征中华民族？精神上的长城早已没有存在的基础，清除得越彻底对国家统一和民族团结越有利。而物质上的长城之所以不拆，并且还要适当修复，乃是因为它还有历史价值和文物价值。

作为象征，长城一方面可比喻为巨大、坚固、可靠、刚毅、不屈，所以一千多年前南朝的名将檀道济就自比为国家的"万里长城"，在我们的国歌中就有"把我们的血肉，筑成我们新的长城"这样的词句，我们也常将国家的军队比喻为钢铁长城。但另一方面，长城毕竟意味着封闭、保守，绝不能代表开放和进取。有人举出历史上曾经在长城沿线发生的经济文化交流，来证明长城并不影响开放，甚至还能促进和繁荣交流，这实在是强词夺理。凡是在长城起到防卫作用时，沿线就是这个政权的边疆和军事要地，而且长城沿线都不是经济文化发达的地方，为什么要在这里进行经济文化的交流呢？这正说明正常的交流得不到发展，双方只能在边界有限的几个地点做有限的交流。在长城沿线出现若干个经济文化相对发达一些的军事据点和贸易口岸，正是这类畸形繁荣的产物，而且这只有在双方保持和平时才有可能出现。还有人说，长城并没有阻挡人员的来往，不是有很多人出入于长城，还有不少人迁往长城外面。这话更是信口开河，因为史书上写得明明白白，没有官方的许可，任何人都不能自由出入长城上的关口，迁往塞外的人基本都是逃亡出境的。凡事总有优点和缺点，长城也不会例外，大可不必做这类画蛇添足的辩解。如果长城真的能促进开放 莫非我们今天也得再造它一条？

曾记得若干年前，因为外国有人说长城是中国历史上的边界，我们的政府文件和"两报一刊"（《人民日报》《解放军报》《红旗》杂志）都曾作过严厉的批驳。在此后相当长时间内，在这一点上绝对不许含糊的，信息处理类似的解释都会被指责为迎合"帝修反"的阴谋。所以在《中国历史地图集》内部本上没有一个朝代是以长城为界的，总得在长城以北再画出一点，就连长城作为农牧业分界线的说法也要受到批判，似乎古代花费了极大人力物力修筑的长城，只是为了今天让人们发思古之幽情。可是今天却又要把长城同抵抗外敌、同爱国主义联系起来，不知如何才能自圆其说？

究竟是筑起长城，守住长城对中国历史贡献大，还是将长城南北统一起来对中国历史的贡献大，这是不言而喻的。但从汉朝以来把长城作"天之所以限胡汉"的界线，把"天下"限于长城之内，流风余韵，是否还存在于某些现代中国人的思想深处？长城毕竟是中国历史的一部分，还是放在中国历史中来认识它的价值吧！

1988年8月，1995年7月略作修改

今天的汉语表白

279

葛剑雄

世界上不止有中文①

历史就是这样被伪造的，被统治者所伪造。据说，历史是个小姑娘，谁都可以按自己的愿望打扮她；又据说，历史其实是个妓女，只要是权势者就可以占有她；还据说，历史从来不计较胜利者。幸好，世界上不是只有一种文字。

写完了上一篇（《要是世界上只有中文》）觉得言犹未尽。特别是在将这两种书对照着顾看时，发现天朝大臣对中文的妙用不能不使人惊叹。英使携带的文件都是用英文书写的，有的附有拉丁文本，所以都得翻译成中文，才能进呈御览，这就使臣工们有了施展文字技能的机会。我们不妨将《纪实》所载原文的译文与《聘案》所载当时的译文作一对照。

东印度公司董事长佛兰西斯·培林爵士致两广总督的信

最仁慈的英王陛下听说：贵国皇帝庆祝八十万寿的时候，本来准备着英国住广州的臣民推派代表前往北京奉申祝敬，但据说该代表等未能如期派出，陛下感到非常遗憾。为了对贵国皇帝树立友谊，为了改进北京和伦敦两个王朝的友好交往，为了增进贵我双方臣民之间的商业关系，英王陛下特派遣自己的中表和参议官、贤明干练的马戛尔尼勋爵作为全权特使代表英王本人谒见中国皇帝，深望通过他来奠定两者之间的永久和好。特使及其随员等将要马上起

嘆咭唎国总头目管理贸易事咘哯谨呈天朝大人，恭请钧安。我本国国王管有呀哂咃嚧吨哱哂哂嗳呱等三处地方，发船前来广贸易。闻得天朝大皇帝八旬大万寿，本国未曾着人进京叩祝万寿，我国王心中十分不安。我国王称恳想求天朝大皇帝施恩通好，凡有本国的人来广与天朝的人贸易，均各相好，但望生理愈大，饷货丰盈。今本国王命本国官员公举辅国大臣吗嘎尔尼差往天津，倘邀天朝大皇帝赏见此人，我国王即十分欢喜，包管嘆咭唎国人与天朝国人永远相好。此人即日扬帆前往天津，带有进贡贵重物件，内有大件品物，路上难

① 选自葛剑雄《往事与近事》，生活·读书·新知三联书店，1996年版。

程。特使将携带英王陛下赠送贵国皇帝的一些礼物。这些物品体积过大，机器灵巧，从广州长途跋涉至北京，恐怕路上招致损伤，因此他将乘坐英王陛下特派的船只直接航至距离皇帝所在地最近的天津港口上岸。请求把这个情况转呈北京，恳祈皇帝下谕在特使及其随员人等到达天津或邻近口岸时予以适当的接待。

英王陛下给□国皇帝的信

英王陛下奉天承运，事事以仁慈为怀，践祚以后，除随时注意保障自己本土的和平和安全，促进自己臣民的幸福、智慧和道德而外，并在可能范围内设法促使全人类同受其惠。在这种崇高精神的指导下，英国的军事威力虽然远及世界各方，但在取得胜利之后，英王陛下对于战败的敌人也在最公平的条件下给以同享和平的幸福。除了在一切方面超越前代增进自己臣民的繁荣幸福外，陛下也曾几次派遣本国最优秀学者组织远航旅行，作地理上的发现和探讨。此种举动绝非谋求扩充本国已经足以满足一切需要的非常广大的领土，亦非谋求获取国外财富，甚至并非谋求有益本国臣民的对外商业。陛下志在研究世界各地的出产，向落后地方交流技术及生活福利的知识增进整个人类世界的知识水平。陛下常常派遣船只载动物及植物种子至荒瘠地区帮助当地人民。此外，对于一切具有古老文明国家的物质和精神生活，陛下更是注意探询研究以资借鉴。贵国广土众民在皇帝陛下统治

行，由水路到京不致损坏，并冀早日到京。另有差船护送同行。总求大人代我国王奏明天朝大皇帝施恩，准此船到天津或就近地方湾泊。我惟有虔叩天地，保佑天朝大人福寿绵长。

噗咕唎图表文

噗咕唎国王热沃尔日敬奏□国大皇帝万万岁。热沃尔日第三世蒙云三恩，噗咕唎国大红毛及佛郎西依毳尓呢雅国海主，恭惟大皇帝万万岁，应该坐殿万万年。本国知道中国地方甚大，管的百姓甚多，大皇帝的心里常把云下的事情、各处的人民照管，不但中国地方，连外国的地方都要保护他，他们又都心里悦服，内外安宁。各国所有各样学问各样技艺，大皇帝恩典都照管他们，叫他们尽心出力，又能长进生发，变通精妙。本国早有心要差人来，旨因本境周围地方俱不平安，耽搁多时。如今把四面的仇敌都平服了，本境平安，造了多少大船，差了多少明白的人漂洋到各处，并不是要想添自己的国土，自己的国土也够了；也不是为贪图贩卖便宜，但为着要见识普天下各地方有多少处，各处事情物件可以彼此通融，别国的好处我们能得著，我们的好处别国也能行著。恐各处地方我们有知道不全的，也有全不知道的，从前的想头要知道，如今蒙天主的恩可办成了。要把各处禽兽

下，国家兴盛，为周围各国所景仰。英国现在正与世界各国和平共处，因此英王陛下认为现在适逢其时来谋求中英两大文明帝国之间的友好往来。

草木土物各件都要知道，要把四方十界的物件各国互相交易，大家都得便宜。是以长想著要将各国的风俗礼法明白了。如今闻得各处惟有中国大皇帝管的地方一切风俗礼法比别处更高，至精至妙，实在是头一处，各处也都赞美心服的，故此越发想念著来向化输诚。

连英王所赠礼品单的序言也做了这样的手脚：

英王陛下为了向中国皇帝陛下表达其崇高的敬意，特从他的最优秀卓异的臣属中遴选出一位特使万里迢迢前来觐见。礼品的选择自不能不力求郑重以使其适应这样一个崇高使命。贵国地大物博，无所不有，任何贵重礼品在贵国看来自都不足称为珍奇。一切华而不实的奇巧物品更不应拿来充当这样隆重使命的礼物。英王陛下经过慎重考虑之后，只精选一些能够代表欧洲现代科学技术进展情况及确有实用价值的物品作为向中国皇帝呈献的礼物。两个国家皇帝之间的交往，礼物所代表的意义远比礼物本身更足珍贵。

红毛暎咭唎国王欲表明国王诚心贵重及尊敬天朝大皇帝无穷之大德，自其本国远遣贡差前来叩祝万岁圣安，特选国王之贵属亲族为其贡使办理此事。欲以至奇极巧之贡物奉上，方可冀万岁喜悦鉴收。又思天朝一统中外，富有四海，内地奇珍，充斥库藏，若以金银珠宝等类进献，无足为异。是以红毛暎咭唎国王专心用工拣选数种本国著名之器具，以表明西洋人之格物穷理及其技艺，庶与天朝有俾使用，并有利益也。虔祈大皇帝恕其物轻，鉴其意重，是所颙幸。

最可笑的还是军机处保存的一份"英使马戛尔尼谢恩书"，现照原格式（标点是新加的）录下：

暎咭唎国使臣吗嘎尔呢谢

大皇帝恩典。我们国王敬

大皇帝大福大寿，寔（实）心恭顺。如今蒙

大皇帝看出我国王诚心，准我们再具表文进献，寔

在是

大皇帝大寿万万年，我们国王万万年听

教训。这寔在是

大皇帝的恩典，也是我国的造化。

　　大皇帝又不嗔怪我们，又不限年月，我们感激欢
喜，口不能说，我国王也必
　　　感激，求
　　大人替我们奏谢（盖手印）
大皇帝恩典。
此呈系哆吗嘶哟哝亲手写

　　制造出这份"谢恩书"的具体过程我们已无从查考了，因为《聘冥》和《纪实》中都找不到记载，但大致还能推断。这位哆吗嘶哟哝又被称为"小哟哝"，清朝方面把他当成副使斯当东（当时译为哟哝）之子，实际上是随使团而来的一位13岁"见习童子"（Page）。这位童子"学习中文很有进步，除了偶尔充任口头翻译而外，并学会书写中国文字"。由于中国翻译不敢为英使缮写直接送至官方的文件，所以一些正式信件都是由这位童子重抄后才发出的（324页）。大概清朝人不了解英国的见习童子制度，就将这个使团中唯一的儿童当成副使之子，而且把他的位置置于使团的第三位，在拟定的"赏单"中就有几份是赏给"副使之子哆吗嘶哟哝"的，其中有一次"副使之子绘画呈览，赏大荷包一对"以及另外一批礼物是单独进行的，很可能就在安排这位"副使之子"单独活动时，假他之手炮制了这份"谢恩书"。因为我们可以肯定，即使马戛尔尼当时发出过表示感谢的信件，也绝不可能用这样的语句，并在文件上按上手印。所谓"绘画呈览"及由此而发的赏品，很可能就是诱骗这个孩子抄写这呈文的过程和代价。

　　我在第一次读到《东华录》中乾隆颁给英国国王的"敕谕"时，曾忽发奇想：要是世界上没有英文、法文、拉丁文、西班牙文、葡萄牙文等西方文字，或者发生了什么天灾人祸将这些文字记录的史料全部毁灭了，必定会有一批史学家根据清朝官方的记载考正出18世纪末年英国向清朝"称臣纳贡"的事实，作为大清帝国的声威已经越过欧亚大陆和英吉利海峡的证据，同时也可证明英国必定已内外交困，国势衰弱，所以不得不远航万里来顺输诚，以寻求清朝的庇护了。如果以后有一天，地球上有关20世纪六七十年代的其他文字记载全部毁灭了，只剩下中国当时的"两报一刊"（《人民日报》《解放军报》和《红旗》杂志），后人岂不是以为人类的理想在世界早已实现过，那就是"到处莺歌燕舞"的世界革命中心中国吗？

　　这固然是笑话，但如果历史上与中国的中原王朝发生过关系的国家和民族都有自己的文字记载，又都保存到今天，恐怕二十四史中的多数"四夷传""外国传"都得重写了，某些史学家所津津乐道的"史实"也只是如此的笑话而已。

　　当翻译上的功夫无法胜任时，就干脆根据自己的需要编造了。英使的船舱中挂着一幅乾隆的画像，徵瑞就编造了一段话上奏乾隆："嘆咭唎贡船舱内正中供奉圣容，外边装金，镶嵌珠石，外罩大玻璃一块，该贡使十分敬肃，不敢在此起

坐。"果然乾隆对英国人对他的崇敬深信不疑，并对这幅画的来历发生兴趣："徵瑞是否亦曾目睹？若未经看见，或于无意中作为闲谈，向彼询问船中所供御容从何而得。如果伊国诚心供奉，亦足以见其敬事之忱，不妨令其据实登答。"徵瑞接旨后既不敢继续欺骗乾隆，又无法向英国人多作打听，所以连英国使臣都觉察到了他的尴尬。徵瑞向乾隆报告，说英国人正在练习拜跪、态度极为恭顺，都是同样的手段。大臣们敢于作假固然是为了应付和讨好皇上，但皇上既需要别人欺骗他，也需要欺骗自己。在明知英国人的立场毫无改变，却要通知留京的王大臣，说经过训诫英国人已经"颇知悔惧"，"礼节极为恭顺"，就是一个明显的例子。

所以我很怀疑历史上的这类记载，至少有一部分是皇帝和臣子们串通了制造出来的，或者是在皇帝的授意或默许下的产物。中国近现代的政治家和官员中自不乏精于此道的高手，使我们得以重温历史。"文革"时报纸上常出现整版的"世界人民热爱毛主席"或"世界人民支持文化大革命"，图文并茂，具体生动，无数感人的例子曾经使人热血沸腾。如某国劳动人民如何冒着生命危险珍藏着宝像宝书，坚持早请示和天天读；苏联的老工人、老党员如何努力学习毛选，怒斥苏修叛徒集团的罪行。我记得还报道过这样一件事：在非洲某海港，一位黑人码头工人向我们的海员要毛主席像章。海员见他光着上身，不无犹豫，不知他将如何佩戴宝像。但这位工人在获得像章后，毫不犹豫地将它别在胸前的肌肉上，并振臂高呼"毛主席万岁"。现在看来，这类报道的真实性是可想而知的，但当时却曾使六亿人民备受教育鼓舞，至少我是深信不疑的，并且还将这些照片作为"复课闹革命"后教英语课的挂图。

我不想为自己当时的无知辩解，但却要为中国历史上无数可怜的官员和知识分子说句公道话，因为这不是他们的责任。试想，在一个完全封闭的环境中活了一世的人，又如何能想象出一个正确的外部世界呢？在一个"腹诽"（肚子里说坏话）都可以处死罪的专制社会里，又有谁敢怀疑皇帝的至高无上和绝对权威呢？在"文革"中，一份经过精心裁剪的《参考消息》是我唯一的外部消息来源，这还是作为中学教师的干部身份和"革命群众"才能享受的权利，听说小学教师就不够格了。而偷听"敌台"够得上反革命罪行，则既是一般人的常识，也已有身边的"反面教员"做了证实。知道了这些，今天的年轻人大概可以对我们少一点责难吧！

不过，在中国的大门已经打开以后，尤其是在改革开放的今天，再要用这样的理由来解释就站不住脚了。所以在有些人继续用乾隆皇帝的眼光看待历史，或用他的行事方式对待世界时，就不能不使人怀疑，他们是不是故意装聋作哑，或者有什么难言之隐？也正因为如此，我希望更多的人了解中国外交史上这一页，并且懂得这个最基本的事实：世界上不止有中文。

陈平原

学者的人间情怀①

知识分子的三条路：从政、述学、文化批判，各从所愿，只要干得像样。而学者过问现实政治，只是体现一种"人间情怀"，凭公民的良知发言。陈平原在反省一个令知识分子普遍焦灼的问题：在这个时代，知识分子能干什么？

陈平原（1954年生），广东潮州人。北大教授。著有《触摸历史——"五四"人物与现代中国》《千古文人侠客梦——武侠小说类型研究》《20世纪中国小说史》等。

60年前，鲁迅在回忆"五四"退潮后的心境时说："后来《新青年》的团体散掉了，有的高升，有的退隐，有的前进，我又经验了一回同一战阵中的伙伴还是会这么变化……"（《〈自选集〉自序》）这话常被引用，史家且坐实了谁高升谁退隐谁前进。以继续坚持思想启蒙和文化批判的鲁迅道路来否定前两者，似乎不大公允。我把这三条路抽离特殊语境，还原为普泛化的概念：从政、述学、文化批判（或者政治家、学者、舆论家），我以为鲁迅体验到的同一战阵中伙伴的变化，是大的政治变动或文化转型期必然出现的知识分子的分化——如今亦然。

鲁迅作以上表述时一腔悲愤，学者们更引申发挥，抨击"高升"者的堕落与"退隐"者的倒退。表面上是以是否有利于共产党领导的革命运动为评价标准，其实质则是坚持知识分子对社会的批判功能。有趣的是，将这段话普泛化后，可以清楚看出现代中国人的潜在思路：知识分子阶层特殊的社会责任感。我对此既受鼓舞又感不安。在我看来，这三条路都能走，很难区分正负高低，只不过各人性格、才情、机遇不同，选择的路向不一样而已。但至今仍有好些坚持"前进"的朋友，似乎对"高升"者和"退隐"者评价过苛。

中国传统士大夫追求内圣外王，做官是正途。只有做官，治国平天下的理想才可能实现，故读书人很少满足于单纯的"清议"。民国以来，一方面是仕途不大顺利（科举制度已被废除），一方面是西方政治思想的输入，不少读书人不再以做

---

① 选自陈平原《书生意气》，汉语大词典出版社，1996年版。

官为唯一出路，而是发展其文化批判性格（近乎"清议"）。当官的固然看不起知识分子，知识分子也看不起当官的，起码表面上形成了两种读书人间的对峙。清流们将政治视为肮脏的勾当，将学者文人的从政称为"堕落"，其结果只能人为地扩大政治权威与知识集团的距离。像闻一多《死水》所吟咏的，"这里断不是美的所在，不如让给丑恶去开垦"，毕竟不是好办法。我主张有能力有兴趣的读书人不妨从政，只是不该顶着"管理教授"或"管理研究员"的头衔，那显得对"政治"缺乏诚意和自信。游戏不同，规则当然也不同，清流可以监督、防止行政官员的腐化，但不该用学界的规则来约束、评判"混迹政坛"的"前学者"。所谓"一入宦途便无足观"，就像过去的"一为文人便无足观"一样，是一种情绪化的漫骂。我相信政治运作很不简单（起码比我的文学研究复杂多了），值得全身心投入。读书人从政，切忌"犹抱琵琶半遮面"，那样必然一事无成。

相对来说，知识者比较容易认同或欣赏学者（述学）和舆论家（文化批判）的角色。但这两者也自有其困境。20世纪初到抗战以前，好多知识分子自办报刊书局，形成了一种制约政府影响决策的舆论力量。从事这一活动的知识者，主要起文化批判和思想启蒙的作用，如梁启超、章太炎、陈独秀、胡适、鲁迅等；还有办《京报》的邵飘萍、办商务印书馆的张元济、力主教育救国的陶行知等，也属这一行列。这些"舆论家"（借用胡适的概念）可能并非专门学者，也不从事直接的政治运作，而是以在野派文化人身份对社会发言，形成一种独立的力量。"舆论家"的存在，是有条件的：首先，"人民有言论著作刊行之自由"；其次，报社书局有独立的经济来源；再次，政府不想或无能力要求"舆论一律"。没这三条，文化人不可能形成独立的政治力量。十年改革，文化学术界稍有生机，与一批并非专门学者的文化人的努力大有关系。不过，由于客观条件的限制，这批舆论家兼学术活动家先天不足后天失调。但我相信，随着中国社会逐渐正常运转，扮演这一角色（其职业可能是教授、作家、记者、编辑，也可能是公务员甚至政府官员）的知识者将发挥越来越大的作用：平时可以监督政府，沟通上下，宣泄不满；政治危机发生时则促成对立双方的对话与相互妥协，有利于社会的稳定。二三十年代有一批热心议政的知识者（如胡适为代表的英美留学生），被左翼人士讥为"小骂大帮忙"——其实这正是独立的舆论界的基本特征，改良政治与稳定社会的双重目标使其摒弃极"左"或极右。遗憾的是，国共两党水火不相容的政治、军事斗争，使得舆论界的独立性大大降低。

其实，从政或议政的知识者的命运，并非我关注的重心；我要讲的是，坚持"述学"的知识者，如何既保持其人间情怀，又能发挥其专业特长。

我的想法说来很简单，可以说是"卑之无甚高论"，不过我以为是可行的。首先是为学术而学术，其次是保持人间情怀——前者是学者风范，后者是学人（从事学术研究的公民）本色。两者既并行不悖，又不能互相混淆。这里有几个假设：①在实际生活中，有可能做到学术归学术，政治归政治；②作为学者，可以关心也可以不关心政治；③学者之关心政治，主要体现一种人间情怀而不是社会责任。当然，学科不同，学者处理学术与政治关系的方式也千差万别。相对来说，自然科学家和意识形态色彩不太明显的学科的专家，比较容易做到这一点，比如物理学家爱因斯坦和语言学家乔姆斯基都是既述学又议政，两者各自独立互不相扰。可人文学者和社会科学家就比较难在实际操作中让学术和政治完全脱钩。不过，述学与议政，二者在价值取向和思维方式上有很大区别，这点还是分辨得清的。先举几个例子。

20年代初，鲁迅在写作《热风》《呐喊》的同时，撰写《中国小说史略》。前两者主要表现作者的政治倾向和人间情怀（当然还有艺术感觉），后者则力图保持学术研究的冷静客观。从《小说史大略》到《中国小说史略》，一个突出的变化是删去其中情绪化的表述，如批评清代的讽刺小说"嬉笑怒骂之情多，而共同忏悔之心少，文意不真挚，感人之力亦遂微矣"。熟悉那一阶段鲁迅的思想和创作的读者，都明白"共同忏悔"是那时鲁迅小说、杂文的一个关注点；可引入小说史著作则显得不大妥当。因中国小说本来就少"忏悔录"，怎么能苛求清代讽刺小说；再说讽刺小说作为一种小说类型，本就很难表现"忏悔"。鲁迅将初稿中此类贴近现实思考的议论删去，表明他尊重"述学"与"议政"的区别。

原定20年不谈政治的胡适，1928年办《新月》，1932年办《独立评论》，直接议政。先是人权问题，接着是民权作用，后来又有对日外交方针、信心与反省、民主与独裁等一系列论争。当年声势很大，直接影响当局的政治决策。与此同时，胡适又写作了大批没有明显政治色彩的学术著作，如《菏泽大师神会传》《淮南王书》《醒世姻缘考》《说儒》等。十年间，胡适始终坚持两条战线同时作战：议政的文章越作越"热"，而述学的著作则越写越"冷"。

徐复观也是个长期既写论著又撰杂文的学者，余英时说"很少人能够像徐先生一样深入到政治与学术之中"（《血泪凝成真精神》）。徐氏的《杂文自序》说自己每周五天面对古人，两天面对当代。这话当然不能完全当真，不过他的《中国思想史论集》《两汉思想史》《中国艺术精神》等著作，与其杂文很有区别，此说大概不会有什么争议。杂文主要是针砭时弊并表达政见，而"学术行为，是专以求真为职志的"（《扩大求真的精神吧》）。徐氏的这一思路，与鲁迅、胡适相当接近；尽管这三人的政治理想大相径庭。

这里有几点容易引起误解，需要略加分辨。

人文科学不同于自然科学之处，就在于其无时无刻不受社会人生的刺激与诱惑。学者的社会经验、人生阅历乃至政治倾向，都直接影响其研究的方向与策略。如鲁迅撰小说史而不作骈文史，胡适研究禅宗只谈史实不论教义，都有其思想史背景，单从学术思路说不清。由人生体验而来的理解与感悟，对学者来说虽然很宝贵，但不能代替严谨的学术思考。我强调的是对学术传统的尊重（可以反叛），对学术规则的理解（可以超越），以及具体研究中操作的合理化。也就是说，学者选择学科选择课题时不可能不受现实人生的制约，可一旦进入具体研究，从搜集资料、设计理论框架到撰写论文，都要依循理性和科学的原则，尽量避免因为政治见解或现实需要而曲学阿世。完全纯净或彻底独立的"学术"并不存在，学术难保不因"自动挂钩"而为权势所用；也就是章太炎所说的"学术虽美，不能无为佞臣资"（《王文成公全书题辞》）。搞人文科学的，如履薄冰，陷阱太多了，即使成熟的研究者，也难保不立论偏颇或操作失误，但这与借学术发牢骚或曲学阿世，明显不是一回事。

像康有为那样"借经术以文饰其政论"，在政治史上有其意义，但在学术史上则只能算是"歧途"。有人想用心术之邪正来区分两类借学术谈政治的学者，我不大同意。就一时一地而言，此类背后有"影事"的文章可能反应甚好，让同一阵营的读者感觉"出气"；可从长远看，对学术发展弊多利少。政治局面不会因你在论文中安插几处借古讽今的"文眼"而略为改观，而你这几句苦心经营插科打诨的"妙语"，反而会损害论著的严肃性。在我看来，在研究过程中，政与学，合则两伤，分则两利。谈学术时正经谈学术，这样有理路可依循，有标准可评判，争论时也容易找到共同语言。弄成杂文漫画式的学术论著，你不知道他的游戏属于哪一类，无法对话。有政见或牢骚，可以写杂文或政论，为了"出一口气"而牺牲学术，实在不值得。上两代学者中不少人为了服从政治权威而放弃学术的尊严，难道我们这代人愿意为了反叛政治权威而牺牲学术的独立？若如是，殊途同归。之所以苦苦维护学术的独立与尊严，不外认为它比政治更永久，超越时尚与党派利益，代表人类对于真理的永恒不懈的追求。

还必须谈谈中国学者自身的非学术倾向。政治家要求学术为政治服务，这可以理解；有趣的是，中国学者也对"脱离政治"的学术不大热心，即便从事也都颇有负罪感。梁启超在《清代学术概论》中提倡"为学术而学术"的"学者的人格"，可任公先生首先自己就做不到这一点。在政治与学术之间徘徊，并非只是受制于启蒙与救亡的冲突，更深深植根于中国学术传统。除事功的"出世与入世"，道德的"器识与文章"，还有著述的"经世致用与雕虫小技"。作为学者，其著述倘若无关世用，连自己都于心不安。东林党人的"国事家事天下事事事关心"，是传统士大夫的精神写照，难怪其对无关兴亡的纯粹知识普遍不感兴趣。进入20世纪，"士"这一角色明显分化，出现许多专家型的读书人，可专业化思想仍未深入人心，连专家本人也对自己无益于人生（实际上是无益于政治生活）表示惭愧。夏衍的《法西斯细菌》、老舍的《四世同堂》、曹禺的《明朗的天》等，都让知识分子现身说法，批判专业思想。丁文江30年代的名言："治世之能臣，乱世之饭桶"——挺沉痛的忏悔与感叹，只是思维方式一如传统文人，以能否经国来判断学术之有用无用。我们已经习惯于批评学者脱离实际闭门读书，可我还是认定这一百年中国学术发展的最大障碍是没有人愿意并且能够"脱离实际""闭门读书"。这一点中外学者的命运不大一样。在已经充分专业化的西方社会，知识分子追求学术的文化批判功能；而在中国，肯定专业化趋势，严格区分政治与学术，才有可能摆脱"借学术谈政治"的困境。

我也承认，在20世纪中国，谈论"为学术而学术"近乎奢侈。可"难得"并非不可能不可取。我赞成有一批学者"不问政治"，埋头从事自己感兴趣的专业研究，其学术成果才可能支撑起整个相对贫弱的思想文化界。学者以治学为第一天职，可以介入，也可以不介入现实政治论争。应该提倡这么一种观念：允许并尊重那些钻进象牙塔的纯粹书生的选择。

当然，我个人更倾向于在从事学术研究的同时，保持一种人间情怀。我不谈学者的"社会责任"或"政治意识"，而是"人间情怀"，基于如下考虑。首先，作为专门学者，对现实政治斗争采取关注而非直接介入的态度。并非过分爱惜自己的羽毛，而是承认政治运作的复杂性。说白了，不是去当"国师"，不是"不出如苍生何"，不是自为真有治国方略才议政；而只是"有情""不忍"，基于道德良心不能不开口。这点跟传统士大夫不一样，在社会政治生活中，并不自居"中心位置"，不像《孟子》说公孙衍、张仪那样，"一怒而诸侯惧，安居而天下息"。读书人倘若过高估计自己在政治生活中的位置，除非不问政，否则开口即露导师心态。那很容易流于为抗议而抗议，或者语不惊人死不休。其次，我议政只不过是保持古代读书人以天下为己任的精神，是道德自我完善的需要，而不是社会交给的"责任"。也许我没有独立的见解，为了这"责任"我得编出一套自己也不大相信的政治纲领；也许我不想介入某一政治活动，为了这"责任"我不能坐视不管……如此冠冕堂皇的"社会责任"，实在误人误己。那种以"社会的良心""大众的代言人"自居的读书人，我以为近乎自作多情。带着这种信念谈政治，老期待着登高一呼应者景从的社会效果，最终只能被群众情绪所裹挟，淹没在一片震天动地的口号声中。如果说学者议政有什么意义的话，那就是非党非派、不阿谀不迎合的独立精神，以及其学术训练可能养成的理性态度和历史眼光。撇开这些而去争当"代言人"，说好听点，那已经转为"政治家"了。再次，我议政只是对自己负责。不说良心不允许，无法做到"凭栏一片风云气，来做神州袖手人"，那就只好开口，并不介意"说了等于白说"。或许我是第一流的专家，可在政治行动中我只是普通公民，没理由自信我认可的价值观念或政治策略就一定比别人高。大众传媒之关注名人，使得名人误以为自己真能承担政治斗争的领导责任。其实你的专业特长在政治活动中可能毫无用处，何苦给自己戴高帽？政治与学术是两种截然不同的游戏，各有各的规则与诀窍，现代人还敢自信写得好诗赋就当得好清官？

　　说到底，尊重那些已"高升""退隐"或"前进"的朋友的选择，可我自己更愿意在专业研究中"为学术而学术"，争取成为第一流的专家；而在社会生活中凭道德和良知表态发言，但没有领导政治斗争的欲望和义务——这就是今天我所要谈的"学者的人间情怀"。